GRUNDLAGEN DER GERMANISTIK

Herausgegeben von Hugo Moser
Mitbegründet von Wolfgang Stammler

18

Von Hrotsvit bis Folz und Gengenbach

Eine Geschichte
des mittelalterlichen deutschen Dramas

Zweiter Teil:

Religiöse und weltliche Spiele
des Spätmittelalters

von

David Brett-Evans

ERICH SCHMIDT VERLAG

CIP-Kurztitelaufnahme der Deutschen Bibliothek

Brett-Evans , David
Von Hrotsvit bis Folz und Gengenbach : eine
Geschichte d. mittelalterl. dt. Dramas

T. 2. Religiöse und weltliche Spiele des Spätmittelalters.
(Grundlagen der Germanistik; 18)
ISBN 3-503-01217-6

Dem Andenken an

WOLFGANG STAMMLER

ISBN 3 503 01217 6

© Erich Schmidt Verlag, Berlin 1975
Druck: Loibl, Neuburg (Donau)
Printed in Germany · Nachdruck verboten

„Die Histori dess passions, sonst gmeinlich das osterspil genannt, würdt durch die priesterschafft in rymen vnd actus wie ein Comedi gebracht, vnd erstlich vngefar vmb diss zyt mit hillff der Burgerschafft, mitt verwilligung vnd guottem gfallen der oberkeit gespillt, vnd dem gmeinen volck offenlich representiert in osterfyrtagen. Diss gfiel der oberkeit vnd dem gmeinen volck so wol, das es vffgenommen ward alle Fünff jar ein mal ze spilen."

Renwart Cysat, Collectanea

„Waren speziell in der griechischen Tragödie die Leiden des göttlichen Bockes Dionysos und die Klage des mit ihm sich identifizierenden Gefolges von Böcken der Inhalt der Aufführung, so wird es leicht verständlich, daß das bereits erloschene Drama sich im Mittelalter an der Passion Christi neu entzündete."

Sigmund Freud, Totem und Tabu

Inhalt

Vorwort

Das einleitende Wort zum zweiten Teil dieser Geschichte des mittelalterlichen deutschen Dramas darf um so kürzer ausfallen, als der erste Teil mit einem längeren Vorwort ausgestattet worden ist; und insofern als es mir um eine Rechtfertigung der Methodik meiner Darstellung ging, glaube ich das Wesentliche bereits an jener Stelle gesagt zu haben. Doch sei es mir angesichts der überwältigenden Fülle von Spieltexten, urkundlich belegten Aufführungen und sonstigen Zeugnissen vom regen Theaterleben des deutschen Mittelalters erlaubt, auf einen wichtigen Punkt zurückzukommen. Es gilt nämlich zunächst diese Masse von Material zu sichten und zu ordnen, dann aber kommt die Schwierigkeit, wenn nicht sogar Unmöglichkeit hinzu, die Fachliteratur auf allen Gebieten gleichmäßig kritisch zu behandeln. Allen Ernstes muß man sich fragen, ob Vollständigkeit in diesem Sinne zu erstreben nicht letzten Endes eine Illusion ist, ganz abgesehen davon, daß es nicht die Aufgabe des Literarhistorikers sein kann, das Überlieferte vollständig mitzuteilen. Wie bei jeder Art Geschichtsschreibung mußte auch hier eine Auswahl getroffen werden, und ich kann nur um Nachsicht bitten, wenn der Leser das eine oder andere Spiel vermißt oder zu knapp behandelt glaubt.

Dem wäre nur noch hinzuzufügen, daß das Vorwort meistens als letzter Teil eines Buches geschrieben wird, und ich gestehe gern, daß diese Zeilen die Regel bestätigen, denn es wird somit eine nochmalige Gelegenheit geboten, denjenigen, die bei der Arbeit am Druckmanuskript und an den Korrekturfahnen geholfen haben, meinen aufrichtigen Dank auszusprechen. Er gilt in erster Linie den Torontoer Kollegen Hartwig Mayer, Wolfgang Hempel und Eckehard Catholy. Danken möchte ich auch dem Verlag, vertreten durch Frau Dr. E. Kahleyss, für die Sorgfalt, mit welcher er die Herstellung der beiden Bände betreut hat.

Toronto, im Frühjahr 1975   D. B.-E.

Textausgaben

Für das Studium des mittelalterlichen deutschen Dramas sind folgende Textsammlungen von besonderer Wichtigkeit, da sie textliche Vergleiche in handlicher Form ermöglichen und zugleich eine Übersicht über die manchmal verwirrende Vielfalt an Material gestatten. Außerdem enthalten sie Spieltexte, die entweder schwer zugänglich sind oder sonst nicht gedruckt vorliegen. Im Laufe unserer Darstellungen mußten sie oft genannt werden und erscheinen daher wie folgt abgekürzt:

FRONING   *Richard Froning*, Das Drama des Mittelalters, 3 Bde., Deutsche National-Literatur 14, Stuttgart 1891 ff. (= Nachdruck in einem Bd., Darmstadt 1964).

HARTL   *Eduard Hartl*, Das Drama des Mittelalters, Deutsche Literatur in Entwicklungsreihen (nur Bd. 1, 2 und 4 erschienen), Leipzig 1937 ff. (= Nachdruck, Darmstadt 1964 ff.).

KELLER   *Adelbert von Keller*, Fastnachtspiele aus dem 15. Jahrhundert., 4 Bde., (Teil 1—3 u. Nachlese), Bibliothek des Litt. Vereins in Stuttgart, Nr. 28—30 u. 40, Stuttgart 1853 ff. (= Nachdruck, Darmstadt 1965 ff.).

KUMMER   *Karl Ferdinand Kummer*, Erlauer Spiele. Sechs altdeutsche Mysterien nach einer Hs. des 15. Jahrhunderts, Wien 1882.

LANGOSCH   *Karl Langosch*, Geistliche Spiele. Lateinische Dramen des Mittelalters mit deutschen Versen, Berlin 1957.

MONE I   *Franz Joseph Mone*, Altteutsche Schauspiele von der ältesten bis auf die neuere Zeit, Bibliothek der gesammten deutschen National-Literatur 21, Quedlinburg 1841.

MONE II   —, Schauspiele des Mittelalters aus Hss. hrsg. und erläutert, 2 Bde., Karlsruhe 1846 (= Nachdruck in einem Bd., Aalen 1970).

YOUNG   *Karl Young*, The Drama of the Medieval Church, 2 Bde., Oxford 1933, 2. Aufl. 1951.

Genaueres über die Ausgaben der besprochenen Spieltexte steht jeweils am Schluß des betreffenden Kapitels; dort finden sich auch die Seitenzahlen in den oben mit Kurztiteln verzeichneten Werken. Dabei waren allerdings auch Zuverlässigkeit und Zugänglichkeit zu berücksichtigen, so daß die älteren Einzelausgaben gelegentlich unerwähnt bleiben mußten. Hierüber kann sich der interessierte Leser leicht in den angeführten Editionen orientieren.

9. Heiligenspiele und Legendendramen

So verschieden ihre Weiterentwicklung im einzelnen auch verlaufen sollte, so gingen die meisten der bisher besprochenen Spiele doch unmittelbar aus den beiden höchsten Festen der Christenheit, aus den liturgischen Feiern der Oster- und Weihnachtszeit hervor. Seit etwa dem 12. Jahrhundert können wir aber an den Spieltexten sowie an manch anderen Dokumenten der Zeit deutlich ablesen, wie man allmählich dazu überging, weitere, z. T. auch ganz neue Themen aufzugreifen; und sobald der geistliche Dramatiker sich zu diesem Schritt bereit fühlte, stand ihm eine Fülle von geeigneten Stoffen zu Gebote. Zudem wird ihn die große Beliebtheit der bereits entstandenen Spiele — eine Beliebtheit, die übrigens im 13. Jahrhundert sichtlich zunimmt — bestimmt dazu angespornt haben, seinem Publikum etwas Neues vorzulegen. Auch in dieser Gattung dauerte es nicht lange, bis die Muttersprache der Zuschauer zu ihrem vollen Recht kam. Typisch sind vor allem Spiele, die die Wundertaten oder den vorbildlichen Lebenswandel von Heiligen auf die Bühne bringen. Damit werden noch neue Motive in die bunte Mannigfaltigkeit des religiösen Dramas hineinverwoben.

Allerdings lag das eigentlich Neue in der Dramatisierung dieser Themen, nicht in den Themen selber, die entweder direkt aus der Bibel übernommen oder nach gelehrten hagiographischen Schriften bearbeitet wurden — oder auf die vielen Legenden zurückgingen, die damals im Volk von Mund zu Mund gingen. Vergessen wir auch nicht, daß gewisse Legenden, etwa diejenigen, die von biblischen Gestalten wie Maria Magdalena und Lazarus handelten, bereits zum festen Inhalt der längeren Oster- und Passionsspiele gehörten. Was als kurze Szene oder gar als flüchtige Erwähnung begann, konnte sich aber im Laufe der Zeit zu einem selbständigen Spiel erweitern. Auf diese oder ähnliche Weise entstanden kleinere Stücke, die von Mirakeln und sonstigen legendären Geschehnissen handelten und die von Anfang an ausschließlich in der Volkssprache aufgeführt wurden. Andere dagegen werden zunächst aus Verdeutschungen von älteren lateinischen Heiligenspielen (→ I, S. 63) erwachsen sein.

Zwischen Heiligen- und Legendenspielen genau zu unterscheiden, ist wohl kaum möglich, vor allem, weil von früh an die Heiligenvitae den Stoff zu vielen Legenden geliefert haben. Außerdem stand ein Heiliger nicht im Mittelpunkt jeder dramatisierten Legende. Wie die anderen Dramen der Kirche war diese neue Spielgattung zunächst durchaus traditionsgebunden. Nicht selten blieb man der Quelle mit ebenso viel Treue und Sorgfalt verhaftet wie der Dichter eines Oster- oder Weihnachtsspiels dem Evangelientext, ja, die Parallele ließe sich noch weiter ziehen. Auf der frühesten Stufe dramatischer Entwicklung wurde nämlich manche lateinische Prosalegende in Verse umgegossen und als inoffizielle Ausschmückung der Liturgie gesungen. Doch können wir gleich einige nicht unbedeutende Unterschiede feststellen. Eine Neuerung bedeutete schon die Tatsache, daß diese Spiele nicht fest an eine bestimmte Jahreszeit gebunden waren, da die Festtage der Heiligen über das ganze Kirchenjahr verteilt sind. Wichtiger aber war, daß die manchmal etwas knapp gefaßten Lebensbeschreibungen heiliger Männer und Frauen wie auch die Geschichten von wunderbaren Ereignissen oft beträchtlich erweitert, sogar völlig umgestaltet werden mußten, wenn etwas Bühnenwirksames daraus werden sollte. Und das bedeutete, daß die Phantasie des Textdichters, nicht zuletzt sein Sinn für das theatralisch Wirkungsvolle, freier walten konnte.

War nun der geistliche Dramatiker einmal entschlossen, die traditionellen Spielzyklen zu verlassen, so gab es auch sonst gute Gründe dafür, zu Heiligenlegenden und ähnlichen Stoffen zu greifen. Von früh an hatte die Kirche gelehrt, daß das Zeugnis jener Christen, deren Glaubenstreue sich bewährt hatte — und zwar oft im Angesicht des Todes —, ebenso schwer wog wie die Aussagen der Patriarchen, Propheten und Apostel; und einen Heiliggesprochenen an seinem Namenstag mit einer kleineren dramatischen Darbietung seiner Taten und Erlebnisse zu ehren, war schließlich eine logische Fortsetzung der bereits relativ umfangreichen Spiele, mit denen man Christi Geburt und Auferstehung so eifrig feierte. Bei der Dramatisierung eines Heiligenlebens boten sich dem Textdichter verschiedene Möglichkeiten. Er konnte z. B. das Spiel um die Jugendzeit der Hauptfigur aufbauen, vor allem, wenn der betreffende Heilige in jungen Jahren bekehrt worden war. Nicht weniger effektvoll war es aber, wenn seine Beredsamkeit als Prediger und die von ihm vollbrachten Wunder herausgestellt wurden. Ein bereitwilliger Glaubenstod scheint von jeher ein beliebtes Thema gewesen zu sein, besonders wenn schauderhafte Folter- und Leidensszenen dazu gehörten —

und für diese wurde in vielen Spielen reichlich gesorgt. Eine weitere Variation bestand darin, die Wunderkräfte, die dem letzten Ruheplatz oder den Reliquien eines Heiligen zugeschrieben wurden, mit raffinierten Bühnenrequisiten und Regiekünsten schaubar zu machen. Und wenn das Spiel obendrein vom Schutzpatron einer lokalen Handwerkszunft oder vom Gründer eines naheliegenden Klosters handelte, konnte mancher Bürger um so stolzer auf seine Vaterstadt als Pflegestätte christlicher Frömmigkeit sein.

In den deutschsprachigen Ländern herrschte offenbar eine Vorliebe für relativ kurze Heiligen- und Legendenspiele, während man sie anderswo, besonders in Frankreich und in den Niederlanden, oft zu einer ansehnlichen Länge anwachsen ließ. In einigen französischen und flämischen Städten kam es sogar zu Legendenaufführungen, die mehrere Tage in Anspruch nahmen. Aber ob lang oder kurz, solche Spiele boten eine gute Gelegenheit, die Zuschauer zu erbauen — und obendrein ihren Glaubenseifer anzufeuern. Dabei konnte man zugleich in vollem Maße für Unterhaltung und Spannung sorgen, denn hier waren atemberaubende Episoden keine Seltenheit — und oft spielte sich die Handlung in weit entfernten, exotischen Gegenden ab. Um es kurz zu sagen: So sehr diese Spiele, in ihrer Art wohl die Vorläufer des modernen Volksstücks, es auch an dramatischen Finessen fehlen ließen, werden sie doch im allgemeinen recht wirkungsvoll gewesen sein.

Einer der ersten Heiligen, der die mittelalterliche Bühne als handelnde Person betrat, war, wie bereits erwähnt (→ I, S. 63), der hl. Nikolaus. Vor allem in Frankreich erfreuten sich volkssprachliche Nikolausspiele großer Beliebtheit. Seltsamerweise hat sich nichts Derartiges in deutscher Sprache aus dem Mittelalter erhalten, obwohl dieser Heilige auch bei den Deutschen in hohem Ansehen stand, wie allein aus der Tatsache zu ersehen ist, daß er in ihren weltlichen Spielen in mannigfaltiger Gestalt auftritt. Das früheste deutschsprachige Heiligenspiel, das uns erhalten ist, feiert jedoch eine Frau, die hl. Katharina. Schon zu Hrotsvits Zeiten, wie die dramatischen Werke der Dichterin selbst bezeugen, gewann das Ideal christlicher Beharrlichkeit stark an Überzeugungskraft, wenn das schwächere Geschlecht dafür zu leiden hatte. Dieser Gedanke wirkt noch deutlich als treibendes Motiv im **Spiel von der hl. Katharina,** das aus Mühlhausen im Thüringischen stammt und möglicherweise bereits um 1325 gedichtet wurde. Die erhaltene Handschrift gehört allerdings ins 15. Jahrhundert.

In ihren Hauptzügen ist die Handlung des Mühlhauser Katharinen-spiels charakteristisch für viele Heiligendramen des späteren Mittelalters. Im Mittelpunkt steht ein christlicher Märtyrer, der sich jeglicher Ver-lockung und Drohung heidnischer Verfolger mutig widersetzt, auch wenn ihm Folterbank und noch Schlimmeres bevorstehen. Daß die Heiden, die obendrein von einem skrupellosen Tyrannen angeführt sind, die Mächte der Finsternis verkörpern, versteht sich. Aber ihre bösen Absichten wer-den am Ende doch durch die Jugend und Standhaftigkeit des Heiligen vereitelt. Um seinen Triumph zu krönen, greift die Gottheit selber ein: der grausame Tyrann wird nun gezwungen, hilflos zuzusehen, wie seine Knechte auf wunderbare Weise zum neuen Glauben bekehrt werden. In der Schlußszene erscheint gewöhnlich eine Horde von Teufeln, die den Unmenschen seiner reichlich verdienten Strafe entgegenschleppen. Es handelt sich also auch hier um ausgesprochene Schwarz-Weiß-Technik, um eine Spielgattung, die, wie gesagt, in ihren üppigsten Auswüchsen man-ches mit den volkstümlichen ,Reißern' eines späteren Zeitalters gemein-sam hat.

Im *Ludus de beata Katherina,* wie das Spiel in der Mühlhauser Hand-schrift betitelt ist, sind diese Elemente alle in der einen oder anderen Form vorhanden. Nachdem sich die Heldin geweigert hat, den Bitten und Drohungen des Maxentius nachzukommen, erfolgt sein kaiserlicher Befehl, sie aufs Rad zu flechten. Aber im entscheidenden Augenblick ge-schieht ein Wunder: das Folterinstrument wird durch einen Blitz zer-trümmert, während die Henkersknechte erschrocken und hilflos da-stehen. Von dem Schock göttlicher Intervention erholen sie sich allerdings mit erstaunlicher Geschwindigkeit, denn nur wenige Momente später haben sie die Heilige bereits enthauptet. Hierauf erscheint eine Schar von Engeln und trägt den Leichnam hinweg zu den Abhängen des Ber-ges Sinai, wo sie ihn feierlich begraben.

Trotz derartiger Gewalttaten wirkt das Mühlhauser Katharinenspiel aufs ganze gesehen maßvoll und zurückhaltend, und die grauenvollen Vorgänge wurden wohl in der Hauptsache durch Mimik und beschei-dene Requisiten angedeutet — oder einfach der Einbildungskraft der Zuschauer überlassen. Zudem ist der deutsche Dialog mit liturgischem Latein durchsetzt, wohl ein Anzeichen dafür, daß das Spiel ursprünglich für eine Aufführung in der Kirche gedacht war. Nicht jeden der 702 Verse zeichnet nun freilich dieser feierliche und andachtsvolle Ton aus, ja, in den Teufelsszenen bricht hie und da ein ausgesprochen burleskes

Element durch. An einer Stelle hören wir z. B. von einem aus Pech und Schwefel gebrauten Höllentrank, den Luzifer seinen Teufelskumpanen verspricht, um sie zu frischen Taten anzuspornen; und in der Schluß- szene wird gezeigt, wie Maxentius und sein Gefolge von den Teufeln mit unverhohlenem Vergnügen zum Höllenfeuer weggeschleppt werden. In struktureller Hinsicht ist das Katharinenspiel denkbar einfach: eine Reihe von einzelnen Episoden, die durch Botenbericht aneinander ge- knüpft sind, was ebenfalls für die relativ anspruchslosen Bühnenver- hältnisse des Originals spricht. Immerhin sieht der erhaltene Text gut zwanzig Darsteller mit Sprechrollen vor.

Ganz ähnlich im Stil und Gehalt ist ein weiteres deutschsprachiges Hei- ligenspiel aus dieser Zeit, das **Spiel von der hl. Dorothea** (um 1345), und die Affinität läßt sich wohl zunächst durch die Herkunft der beiden Spiele erklären. Zwar liegt dieses Fragment von 270 Versen in einer Handschrift aus Kremsmünster in Oberösterreich vor, doch deutet vieles darauf hin, daß es ebenfalls im Mitteldeutschland entstanden ist, höchst- wahrscheinlich in Obersachsen, wo die hl. Dorothea besonders verehrt und gefeiert wurde. Wie im Katharinenspiel und manchem anderen Heiligendrama des Mittelalters ging man stofflich von der umfangrei- chen Hagiographie des Genueser Dominikanererzbischofs Jacobus de Voragine († 1298) aus, einer Sammlung von über 150 Heiligenlegenden, die unter dem Namen *Legenda aurea* (um 1270 entstanden) im ganzen Abendland weite Verbreitung und Beliebtheit fand. Und wiederum ist der Grundton des Spiels ernst und feierlich. Bei der Darstellung der Mächte des Bösen scheint man ganz bewußt auf grotesken Humor ver- zichtet zu haben — möglicherweise bedeutet das Fehlen dieser Elemente auch, daß die Anfänge des Dorotheenspiels noch weiter zurück im 14. Jahrhundert liegen. Andererseits erlaubt sich der Textdichter einige Freiheiten seiner Vorlage gegenüber, und was in der lateinischen *Le- genda* nicht mehr als einen Satz einnimmt, nämlich der Abfall der bei- den Schwestern Dorotheas aus Furcht vor Peinigung und Folterung, er- scheint bei ihm als eine kleine Szene, die er — wiederum im Unter- schied zu seiner Vorlage — etwas früher in die Handlung einflicht. Of- fenbar wollte er damit den Weg bahnen für eine spätere Szene, in der die Heilige ihre Schwestern zum wahren Glauben zurückführt.

Im ganzen wird die Geschichte der hl. Dorothea, die zunächst vom römi- schen Statthalter Fabricius leidenschaftlich umworben, dann aber, nach- dem sie seinen Liebesantrag abgewiesen und sich zum Christentum bekannt hat, auf seinen Befehl den Folterknechten übergeben wurde, streng und nüchtern dargestellt. Auch hier geht vom liturgischen Latein, das mit deutschen Sprechversen abwechselt, eine feierliche Stimmung aus; und da ferner das Fest der hl. Dorothea im tiefsten Winter (6. Februar) begangen wird, sind die Unbilden des Wetters und die herannahende Fastenzeit wohl weitere Gründe zur Annahme, daß das Spiel anfänglich als Erweiterung des in der Kirche abgehaltenen Gottesdienstes aufgeführt wurde. Zu Beginn des 15. Jahrhunderts hatte man aber die Aufführung, wie bei so vielen anderen religiösen Spielen, bereits auf einen öffentlichen Platz verlegt. Im Jahre 1413, so erfahren wir aus dem Bautzener Ratsprotokoll, brach „der gewandladen ziegeldach" unter dem Gewicht von schaulustigen Bürgern zusammen, die hinaufgeklettert waren, um „eine Comoedie de Passione S. Dorotheae" im Freien anzusehen. Daß es damals noch andere deutschsprachige Dorotheenspiele, vor allem in Sachsen und Böhmen, gegeben hat, geht aus mehreren Dokumenten der Zeit hervor. Dabei bleibt es freilich unklar, ob es sich hierbei um selbständige Kompositionen oder bloß Umarbeitungen des Kremsmünsterer Textes handelt.

Auch anderswo im deutschen Sprachraum wurden Spiele um beliebte Heilige in der Volkssprache gedichtet, nur sind wir äußerst dürftig darüber unterrichtet, und von dem, was sich an Spieltexten erhalten hat, besitzen wir nur einige Fragmente. An erster Stelle sei das **Spiel vom hl. Alexius** genannt, ein Werk, das allem Anschein nach ebenfalls im Thüringischen während der ersten Hälfte des 15. Jahrhunderts entstand, bald danach aber nach dem Rheingau verpflanzt wurde. Und wiederum liegt eine damals weit verbreitete Heiligenlegende in dramatisierter Form vor: die Geschichte vom römischen Patriziersohn, der auf eine reiche Braut und weltliche Ehren verzichtet, um von Almosen zu leben und seine in Armut und Elend verfallenen Mitmenschen zu trösten. Davon besitzen wir aber nur die einleitenden Szenen, insgesamt ein Bruchstück von 268 Sprechversen. Aus einem vorangestellten Personenverzeichnis, das über fünfzig Rollen enthält und auch einen feierlichen Einzug der Teilnehmenden vorschreibt, ist allerdings zu schließen, daß das vollständige Spiel ziemlich umfangreich gewesen ist, ein Eindruck, der dadurch verstärkt wird, daß die erhaltenen Szenen offenbar nur eine Art Prolog bilden. Erst etwa in der Mitte des Spiels — im Personenverzeichnis werden nämlich auch die einzelnen Darsteller alle nach der Reihenfolge ihres Auftretens aufgezählt — setzt die eigentliche Alexius-Handlung ein. Dabei fällt es auf, daß der Autor noch andere Quellen als die Alexius-Vita des Jacobus de Voragine benutzte: statt der namenlosen Adligen der *Legenda aurea* ist die Verlobte des Alexius in dieser Fassung eine Prinzessin von Falfundien (*puella filia regis Falfundie*). Wir können nur vermuten, daß das Alexiusspiel im späteren 15. Jahrhundert in einer der mittelrheinischen Städte, am ehesten wohl Mainz, mehrmals aufgeführt wurde.

In diese Jahrzehnte fallen auch die Anfänge eines innerschweizerischen Heiligenspiels, das allerdings keinen einheimischen Kirchensohn, sondern einen frommen angelsächsischen Herrscher feiert: Oswald, König von Nordhumbrien, der nach seinem Sieg über den keltischen Fürsten Cadwallon das Christentum in Nordengland einführte, um dann selber nur wenige Jahre später (641) gegen den heidnischen Penda von Mercien zu fallen. Schon früh hatten irische Missionare die Verehrung des angelsächsischen Heiligen in die Schweiz gebracht, wo er u. a. zum Schutzpatron der Stadt Zug wurde. Heute noch trägt die schöne spätgotische Stadtkirche seinen Namen. So handelte das Zuger **Spiel vom hl. Oswald** von einem Märtyrer, der sich einen besonderen Platz im religiösen Leben der dortigen Bürgerschaft erobert hatte. Es wird um 1480 entstanden sein — wohl auf Anregung des Zuger Pfarrherrn Johannes Eberhard, der gerade in diesen Jahren den Bau der St. Oswaldkirche energisch betrieb — und stützte sich zunächst weitgehend auf die Kirchengeschichte des Beda Venerabilis († 735). Noch im folgenden Jahrhundert wurde St. Oswald als Beschützer der Stadt gegen die Reformierten dramatisch gefeiert, und zwar offenbar in einer Fortsetzung desselben Spiels, das seinen Lebensgang und Märtyrertod sowie die vielen Wunder, die nachher an seinem Grab geschahen, mit großer Ausführlichkeit ausmalte. Damit kam der Spieltext auf einen Umfang von mehr als 8000 Versen, und es überrascht daher nicht, daß die Aufführung nunmehr zwei Tage benötigte. Von späteren Ausschmückungen stark überwuchert, lebte das mittelalterliche Oswaldspiel sogar bis ins 18. Jahrhundert fort, aber unsere spärliche Kenntnis der frühesten Fassung, wohl der von 1480, beruht ausschließlich auf einer unvollständigen, 1863 angefertigten (und bis jetzt auch unveröffentlichten) Abschrift eines szenenreichen Volksstücks, das der Zuger Kirchenmusiker und Schulherr Johannes Mahler um 1630 nach älteren Vorlagen zusammenstellte.

Weitere, wenn auch nicht immer sehr ergiebige Auskünfte über die Legendenspiele des ausgehenden Mittelalters bieten eine Handvoll verstreuter Belege aus Urkundenbüchern und dergleichen, wie beispielsweise ein

Eintrag des Marburger Stadtschreibers von 1481, der in aller Kürze berichtet, daß in diesem Jahr „in den ostirheiligen tagin" ein Elisabethenspiel von seinen Mitbürgern aufgeführt wurde. Auf ähnliche Weise werden auch Dramatisierungen der Legende von der hl. Barbara bezeugt.

Als Heiligenspiele im weiteren Sinne sind noch einige wenige Stücke anzusehen, die ganz am Ende des Mittelalters zu Papier gebracht wurden. Von diesen sind zwei sogar nahe beieinander in einer Augsburger Handschrift des frühen 16. Jahrhunderts aufbewahrt; und im Unterschied zu den soeben besprochenen Spielen wurden diese Spätlinge nun ausdrücklich für die Fastnacht verfaßt — oder, vielleicht genauer, nach älteren Vorlagen neu bearbeitet, so daß die engere Beziehung zu Geistlichkeit und Kirche wohl nicht mehr vorhanden war. Bei alledem sind sie jedoch weit davon entfernt, weltliche Spiele im modernen Sinne zu sein, und es ist überhaupt eine Eigentümlichkeit des deutschen Fastnachtstheaters, daß es sich nicht selten mit ernsthaften, sogar religiösen Themen befaßte. Daß das Geistliche vom Weltlichen geschieden werden könnte, ja, geschieden werden sollte, war ein Gedanke, der in humanistischen und theologischen Kreisen die Gemüter bereits zu beunruhigen begann. Aber der Durchschnittsbürger kümmerte sich wenig um die Auseinandersetzungen der Gelehrten. Nach der langen Fastenzeit um so schaulustiger und festfreudiger, sah er nicht den geringsten Widerspruch darin, religiöse Stoffe auch mitten in einer Zeit überschäumender Lustbarkeit auf die Bühne zu bringen.

Von diesen Heiligenspielen, die ins fastnächtliche Repertoire übergingen, ist das **Spiel vom Kaiser Constantinus** vermutlich das älteste. Enthalten ist es in einer Münchener Handschrift des 15. Jahrhunderts, wo es ausdrücklich als „ein fasnachtspil" bezeichnet wird. Was aber Inhalt und Stil anbelangt, so ist die Überschrift des Kopisten ‚Die Juden und Christen streit vor keiser Constantinus' weit treffender, denn das Stück weist nun tatsächlich mehr Gemeinsamkeit mit einer Disputation auf als mit einem Drama. Ob es wirklich, wie einige Forscher so zuversichtlich behaupten, zu den dramatischen Werken des Hans Folz (→ S. 169) zu rechnen ist, bleibt dahingestellt. Eines aber ist sicher: das religiöse Element tritt stellenweise stark hervor, was wiederum die ambivalente Haltung des Fastnachtsdramatikers — und mit ihm auch seines Publikums — unterstreicht. In dieser Hinsicht ist der üblich gewordene Kurztitel auch etwas irreführend, denn dem Spiel liegt eigentlich eine Dramatisierung der Silvesterlegende zugrunde, die man offenbar dem *Passional*, einer besonders umfangreichen Legendensammlung des späten 13. Jahrhunderts, entlehnt hatte. Dabei handelt es sich um den historischen Papst Silvester I. († 335), der durch seine außerordentliche Beredsamkeit und Überzeugungskraft zahlreiche Juden zum christlichen Glauben bekehrt haben soll. Im übrigen bleiben die Ursprünge dieses kleinen Spiels dunkel. Daß den Nürnberger Zünften die Erlaubnis erteilt wurde, eine „historia Constantini und Helene mit der disputacion Silvestri wieder die jüden" aufzuführen, erfahren wir aus einem Eintrag im Ratsprotokoll vom 22. August 1474; und es kann mit Sicherheit angenommen werden, daß wir es hier mit demselben Spiel zu tun haben, zumal das Jahr 1473 im Text erwähnt wird, und zwar so, als ob nicht lange danach eine Aufführung stattfinden sollte.

Von einer dramatischen Handlung im üblichen Sinne kann kaum die Rede sein, und Konstantin und seine Mutter Helene, angeblich die Hauptpersonen des Spiels, sind eigentlich nur passive Zuschauer auf der Bühne. Im Mittelpunkt steht ein längeres, im ganzen auch recht ermüdendes Streitgespräch zwischen einem Juden und einem Christen; und wenn die beiden ihre Sache mit hitzigen Worten verfechten, kommt es an mehr als einer Stelle zu jenem virulenten Antisemitismus, der die Massen des späteren Mittelalters immer wieder zu Gewalttaten gegen die ‚Mörder Christi' aufstachelte. Erst als ein Ochse auf die Bühne geführt und vom Juden geschlachtet wird, kommt die ‚Handlung' endlich in Gang. Aber auch dies geschieht nur, um den Vertreter des Christentums auf die Probe zu stellen. Als Wundertäter ganz im Stil des neutestamentlichen Christus vermag dieser das Tier ins Leben zurückzurufen, was dann vollkommen genügt, um die Juden zu bewegen, der mosaischen Religion zugunsten des Christentums abzuschwören. Ja, mehr noch: nun geben sie sich dem Geist der Karnevalszeit mit einem solchen Eifer hin, daß sie sich bereits auf ihre erste Kostprobe von Fastnachtwurst und Schweinebraten freuen! Um das Spiel zu Ende zu bringen — und gleichzeitig das Publikum daran zu erinnern, daß es doch um fastnächtliche Unterhaltung geht —, treten in der Schlußszene zwei Bauern auf und bitten die Anwesenden, sich für Tanz und andere Lustbarkeiten bereit zu machen.

In seiner überlieferten Form kann das **Spiel vom hl. Georg** — ‚Ain Hüpsch Spil von Sant Jörigen', wie es in der Handschrift heißt — kaum vor 1495 entstanden sein. Hier wird in fast 1700 Versen die bekannte Geschichte vom Heiligen und seinem Kampf mit dem Drachen dramatisiert. Da aber der unbekannte Verfasser offenbar nicht gewillt war, auch nur das unbedeutendste Detail der Legende wegzulassen, ist ihm die Handlung zu fast epischen Proportionen angeschwollen. Für die Spätzeit ist solche Weitschweifigkeit freilich durchaus typisch, und doch erinnert „der Geist der Handlung", um mit einem Erzähler des 20. Jahrhunderts zu reden, vage an ein früheres Zeitalter, an den Glaubenseifer der Kreuzfahrer. Das Spiel beginnt mit einer Reihe ausgedehnter Szenen, die den Zuschauern lebhaft vor Augen führen sollen, wie sehr das unglückliche Land Libyen unter den Verwüstungen des Drachens gelitten hat. Es ist schon so weit, daß seine elenden Einwohner durch das Los entscheiden müssen, wer nun das raubgierige Ungeheuer mit einem Sohn oder einer Tochter zu sättigen hat. Schließlich kommt der König selbst an die Reihe, seine einzige Tochter herzugeben. Auch diese düstere Wendung wird nicht ohne einen Schuß Humor dargestellt, wohl zunächst in der Absicht, die barbarischen Gebräuche des Heidentums lächerlich zu machen. Eine verschrumpelte alte Kammerfrau, die der König an Stelle seiner wunderschönen Tochter in den Drachenschlund schicken will, lehnt die Ehre ab; und es stellt sich bald heraus, daß sie Nigromantie — und dazu auch Kuppelei treibt. Ein Teufel stürmt blitzschnell herein, um sie zu einem noch schlimmeren Schicksal wegzuschleppen. Für die „schöne Elia" scheint es keinen Ausweg mehr zu geben, und die Szene, in der sie zart und liebevoll Abschied von den Eltern nimmt — so naiv und unbeholfen das alles auch ausgemalt wird —, ist ganz und gar auf Rührseligkeit abgezielt. Der Moment, wo der hl. Georg einzugreifen hat, ist gekommen, nur muß zuerst ein Engel erscheinen und ihn auffordern, sich eilends ins Königreich Libyen zu begeben. Auch muß zuvor die unglückliche Prinzessin Elia ihrem heidnischen Glauben abschwören, was zu einem längeren Dialog zwischen ihr und ihrem Retter führt, in dem die Überlegenheit des Christentums in einer Art Disputation dargelegt wird. Erst dann kann sich der Held anschicken, den Drachen zu erschlagen. Das Spiel schließt mit der Bekehrung des libyschen Königs und all seiner Untertanen. Nicht zum ersten Mal in diesen Spielen tritt eine Vorliebe für theologische Streitfragen zutage, die allerdings viel eher in der Frömmigkeit des engagierten Laien als in klerikaler Gelehrsamkeit zu wurzeln scheint.

Im ganzen wirkt das Stück formlos und öde, selbst wenn die etwas mechanischen Sprechverse gelegentlich durch Sprichwörter und ähnliche volkstümliche Redensarten belebt werden. Auch sonst schreitet die Hand-

lung in einem recht gemächlichen Tempo voran. Zu Beginn des 16. Jahrhunderts fiel das Urteil jedoch weit günstiger aus, nicht zuletzt, weil es
hier auch um ein visuelles Erlebnis ging, zu dem Kostüme und sonstige
Requisiten das ihrige beitrugen. Außerdem besaß der Zusammenstoß
zwischen Christen und Heiden eine starke Aktualität: drangen doch gerade in diesen Jahren die Türken nach Ungarn vor, so daß die Außenposten des Reiches bereits bedroht waren. Als Bühne wird wohl ein einfaches Gerüst gedient haben; und wie in den meisten Fastnachtsspielen,
sollten die Darsteller nur in dem Moment hervortreten, wo sie ihre Verse
rezitierten. Sobald sie nicht mehr direkt an der Handlung beteiligt waren, hatten sie sich zur hinteren Bühne zurückzuziehen. So blieben sie,
kaum anders als in den älteren religiösen Spielen, während der ganzen
Aufführung in voller Sicht des Publikums.

Im **Spiel von der hl. Helene** (um 1500) wird eine der fruchtbarsten
Legendenquellen des Mittelalters aufgegriffen: die Geschichte von Christi Kreuz, das kurz nach der Kreuzigung durch die Hinterlist der Juden
entfernt wurde, dann lange Zeit verborgen blieb, bis es Helene, die Mutter Konstantins des Großen, auf einer Wallfahrt zu den Heiligen Stätten wiederentdeckte. Daß das Stück in der Augsburger Handschrift die
Überschrift ‚Das Heilig Kreutz Spil‘ führt, bedarf also keiner näheren
Erklärung. Laut einer szenischen Anweisung mitten im Text zerfiel das
über 2000 Verse umfassende Spiel in zwei Teile, die an aufeinanderfolgenden Tagen aufgeführt wurden. Wir haben es daher vermutlich mit
einer stark erweiterten, jedoch nicht ganz vollständigen Fassung eines
früheren Helenenspiels aus dem 14. Jahrhundert zu tun. In der Augsburger Handschrift fehlt nämlich die einleitende Szene, doch kann deren Inhalt — eine Teufelsszene, in der sich Luzifer mit seinen Knechten berät —
aus einer späteren Dialogpartie erschlossen werden. Darauf folgt eine
Szene an den Ufern der Donau, wo das kaiserliche Heer unter Konstantin sich zum Kampf gegen die Heiden stellt. Den Sieg tragen die Christen davon, und nun kann die hl. Helene unbehindert ihre Reise nach
dem Heiligen Land antreten. Der morgenländische Hintergrund wird
freilich nur vage angedeutet, der Verfasser war offensichtlich weit mehr
daran interessiert, sein Publikum durch eine abwechslungsreiche Handlung in Spannung zu halten.

Ob nun als Literaturdenkmal oder soziales Zeitdokument betrachtet,
bietet uns dieses in behaglicher Breite ausgeführte Helenenspiel ein ungemein getreues Spiegelbild der engbegrenzten, kleinbürgerlichen Welt,

in der es konzipiert wurde. Zwar herrscht von Anfang bis Ende eine ernste Grundstimmung vor, und doch wird der Stoff hin und wieder mit einer so rührenden Naivität angepackt, daß das Dargebotene — allen guten Absichten des Dramatikers zum Trotz — nicht einer gewissen Komik entbehrt. Das gilt zunächst für die sehr beträchtlichen Entfernungen, die im Verlauf der Handlung zurückgelegt werden müssen — und die bezeichnenderweise nicht mit den Augen des kriegerischen Abenteurers oder gar des frommen Pilgers gesehen werden, sondern vom Standpunkt des nüchtern berechnenden Kaufherrn aus. Gleich bei der Ankunft der hl. Helene im Heiligen Lande wird uns z. B. vorgeführt, wie eine Gruppe von ängstlichen Juden auf Mittel und Wege sinnt, das versteckte Kreuz vor den spähenden Augen der Christen geheimzuhalten. Dabei kommt man auf den Einfall, die lästige Besucherin von ihrem Vorhaben abzubringen — und zwar durch das Angebot eines Handgelds für die Heimfahrt! Dieser Plan wird allerdings eiligst fallengelassen, sobald Näheres über die zahlreiche Dienerschaft bekannt wird, die sie überall hin begleitet. In einer späteren Szene — die Parallele mit den Maulhelden, die in den Osterspielen das Grab bewachen, ist wahrscheinlich nicht ganz zufällig — rüsten sich die Juden mit viel Aufschneiderei zum Kampf gegen die Christen. Aber als sie den herannahenden Feind auch nur erblicken, geben sie Fersengeld. Mit einem Wort, die kühnen Taten, die hier gefeiert werden, stehen in krassem Widerspruch mit der entschieden unheroischen Lebensanschauung des Autors.

Der erste Teil schließt damit, daß die hl. Helene das Kreuz in der Nähe des Kalvarienberges auffindet. Die übrige Handlung — der Teil, der am zweiten Tag aufgeführt werden sollte — stellt die Versuche der Juden dar, die kostbare Reliquie wiederzugewinnen. In einer Reihe von Bühnenschlachten werden diese nun völlig besiegt. Das Kreuz verbleibt im Besitz von Kaiser Heraklius, der sein Vorhaben verkündet, es mit Pomp und Staat in Jerusalem aufzurichten. Eine Schlußszene versetzt uns wiederum in die Tiefen der Hölle, wo zähneknirschende Teufel hilflos vor Wut toben. Auf ein spätmittelalterliches Publikum mag die Konfrontation zwischen widerstreitenden Religionen und Parteien ihre Wirkung nicht verfehlt haben, und doch läßt beispielsweise ein Vergleich mit dem *Ludus de Antichristo* (→ I, S. 76 f.) sofort erkennen, wie die hohen Ideale der Stauferzeit, vor allem, der würdevolle, zielbewußte Ton, in dem die Ansprüche des westlichen Christentums einst behauptet worden waren, nun jegliche tiefe Relevanz verloren hatten.

An der Spitze der Heiligenhierarchie stand von jeher die Jungfrau Maria; und in den Spielen der Oster- und Weihnachtsliturgie war ihr als Gottesmutter bereits eine wichtige, wenn auch nicht gerade zentrale Rolle zugefallen. Aber es entstanden auch dramatische Kompositionen, meistens liturgischer Art, die an den ihr gewidmeten Festtagen, wie beispielsweise Mariä Reinigung (2. Februar), Mariä Himmelfahrt (15. August) oder ihre Darbringung als dreijähriges Mädchen im Tempel (21. November), dargestellt werden sollten. Ein typisches Beispiel dieser Gattung, selbst wenn die Volkssprache hier wahrscheinlich stärker vertreten ist als in den meisten anderen Marienspielen, bietet das **Sterzinger Spiel von der Verkündigung** aus dem 15. Jahrhundert, das in einer tirolischen Sammlung von Spieltexten vorliegt. Um diese Zeit war das Stück allerdings bereits einem größeren Osterspiel einverleibt worden. Es konnte immerhin auch als kleines Spiel für sich aufgeführt werden und war wohl ursprünglich als Beitrag zur Feier des betreffenden Heiligentages, zum Fest der Mariä Verkündigung (25. März) gedacht. In der Hauptsache besteht es aus einer Disputation zwischen Repräsentanten des Judentums und Propheten des Alten Testaments, die letzteren zunächst durch Isaias, später durch Ezechiel vertreten. Durch eine Ankündigung des *praecursor*, daß die Zeit der Verkündigung unmittelbar bevorsteht, wird das kleine Spiel beendet, ohne daß die Rolle der Hl Jungfrau, die mit ihrem Sohn schon früh auftritt, eine besonders wichtige gewesen wäre.

Im religiösen Leben des späteren Mittelalters kommt ihr dann eine neue Bedeutung zu — und damit wird auf der geistlichen Bühne auch die Marienrolle einer Verwandlung unterzogen. Als Ausdruck der Volksfrömmigkeit erscheinen jetzt immer mehr Spiele, die aufs engste mit der damals weit verbreiteten Marienverehrung zusammenhängen. Für den besonderen Platz, den die Gottesmutter im Herzen der mittelalterlichen Christenheit einnahm, gibt es kein beredteres Zeugnis als die *Miracles de Notre Dame* aus dem 14. Jahrhundert. In mannigfaltiger Variation wollen diese französischen Spiele — es sind insgesamt etwa vierzig erhalten, von denen die meisten gut 1500 Verse umfassen — die Hl. Jungfrau vor allem als Fürbitterin der sündigen Menschheit verherrlichen; und zu diesem Zweck bringen sie eine Vielfalt von Geschehnissen aus ihrem Leben, die anschaulich demonstrieren, wie Maria ihren in Not geratenen Verehrern mit rettender Hilfe beisteht. Aus den deutschsprachigen Gebieten hat sich dagegen kaum etwas Vergleichbares erhalten, obschon der Marienkult auch dort eifrig betrieben wurde, sogar einen unverkennbaren Einfluß auf das volkssprachliche Drama ausübte.

In Brabant und Flandern, Landschaften, die um diese Zeit kulturell wie auch politisch noch immer zum ‚Heiligen Römischen Reich deutscher Nation' gehörten, scheinen Verehrungen der Hl. Jungfrau in dramatischer Form eine besondere Blüte erlebt zu haben, und auf flämischem Boden entstanden nun ganze Spielzyklen, die ihr gewidmet waren. Ein wichtiges Zentrum für die Aufführung dieser Spiele, die wohl in erster Linie als grandioser Abschluß der jährlichen Prozession zum Schrein Unserer Lieben Frau verfaßt wurden, war die wohlhabende Textilstadt Brüssel. Hier wurden 1448 die frühesten uns bekannten Spiele über die Hl. Jungfrau inszeniert, ein siebenteiliger Zyklus, in dem die einzelnen Stücke je ein freudiges Erlebnis der Gottesmutter zum Hauptthema hatten. Das erste Stück behandelte die Verkündigung, und so schritt man thematisch bis zur Himmelfahrt Mariä weiter. Nur wenige Jahre danach folgte ein ähnlicher Zyklus über die Sieben Leiden Mariä (‚De zeven droefheden van Maria'), in dem wir sicherlich eine Art Fortsetzung zu sehen haben. Sehr charakteristisch für beide Zyklen ist, daß sie eine siebenjährige Spielperiode voraussetzen, und zwar folgendermaßen, daß in jedem Jahr ein anderes Spiel dargeboten werden sollte, bis der ganze Zyklus durchgespielt worden war. Um die Mitte des 16. Jahrhunderts wurden sie immer noch in dieser Form aufgeführt.

Die Texte des ersten und des siebten Spiels im Brüsseler Zyklus über die Sieben Freuden Mariä sind die einzigen, die vollständig überliefert sind. Das erstere von diesen flämischen Spielen — **De eerste blischap van Maria** — verlangt etwa vierzig Darsteller, alle mit Sprechrollen, und erreicht damit einen Umfang von 2080 Versen, so daß wir uns zugleich eine ungefähre Vorstellung vom Stil und Inhalt der unmittelbar darauffolgenden Spiele machen können. Offenbar wollte man mit diesem Zyklus nicht bloß das Leben der Hl. Jungfrau dramatisieren. Es geht vielmehr darum, eine gelehrte Interpretation der biblischen Geschichte ins Visuelle zu übertragen, eine Interpretation, die zunächst einen kausalen Zusammenhang zwischen dem Sündenfall und der Verkündigung aufzeigen und darüber hinaus auf die Erlösung hinweisen will. Vom dramatischen Standpunkt aus war das gewiß ein kühnes Unterfangen. Und nebst der immer wiederkehrenden Exegese des Alten Testaments als Vorbedeutung des Neuen wird mehrmals hervorgehoben, wie die Erlösung nicht allein von Christus kommen wird, sondern auch von der Mutter, die ihn gebar. Deshalb läßt man die Handlung im Reich Luzifers beginnen, wo die gefallenen Engel Rache an der Menschheit planen, und auf diese Szene folgt, wie in den umfangreichen Passionsspielen, die Vertreibung Adams und Evas aus dem Paradies.

Dem modernen Leser mag es wohl scheinen, daß das Dargestellte in einem recht gemächlichen Tempo fortschreitet, zumal der Dramatiker zunächst liebevoll bei einer Reihe von Ereignissen aus dem Pentateuch verweilt, bei Ereignissen, die erst mit den Klagen der Patriarchen vor dem Höllentor abgeschlossen werden. Doch ist dies alles nur als erklärendes Vorspiel zum Hauptthema beabsichtigt. Daß die Hauptperson, die Hl. Jungfrau, erst relativ spät vor den Zuschauern auftritt, erklärt sich nicht nur aus den soeben erwähnten theologischen Erwägungen, sondern auch daraus, daß man den Gang der Handlung möglichst lückenlos darstellen wollte. So wird zuerst eine Szene eingefügt, in der ihre Eltern Joachim und Anna aus der Heimat vertrieben werden. Ja, die Verkündigung, die ‚erste Freude' der heiligen Mutter, wird bis zur letzten Szene aufgespart und sollte offensichtlich als dramatischer Höhepunkt des ganzen Spiels empfunden werden. Außerdem wurde diese Schlußszene — nach den Bühnenanweisungen zu urteilen — in einer Art und Weise inszeniert, die für die Wechselbeziehungen zwischen Drama und bildender Kunst im ausgehenden Mittelalter sehr aufschlußreich ist: als Maria den Engel Gabriel empfängt, kniet dieser respektvoll vor ihr, während sie selber sitzen bleibt und in ihrem Psalter demütig weiterliest, eine Darstellung, die in mehreren Gemälden aus dieser Zeit ihr genaues Gegenstück findet.

Den Leitgedanken dieses ersten Brüsseler Marienspiels bildet also der unerschütterliche Glaube an die Erlösung der Menschheit, die durch Christi rettende Tat verbürgt ist — und davon soll die Verkündigung ein erstes verheißungsvolles Anzeichen sein. Den Zuschauern wird dies im folgenden noch eindringlicher durch mehrere allegorische Episoden veranschaulicht, und insofern die Eigenarten der Nationen in ihren mittelalterlichen Dramen zum Ausdruck kommen, zeichnen sich die religiösen Spiele der Niederlande vor allem darin aus, daß biblische Stoffe des öfteren in eine Form eingekleidet werden, die über ihre unmittelbare Bedeutung hinausweist. So wird beispielsweise in *De eerste blischap* vorgeführt, wie Seth nach dem Tod Adams aus dem Paradies zurückkehrt. Er bringt ein Reis vom Baum der Erkenntnis mit, das er dann sorgfältig unter den Kopf seines im Grabe ruhenden Vaters pflanzt, und davon, so

lautet die Prophezeiung der Engel, wird ein neuer Baum hervorsprie-
ßen, der die Erlösung der Menschheit bewirken soll, d. h. derselbe Baum-
stamm wird eines Tages das Holz für das Kreuz Christi liefern.

Eng verbunden mit solchen Allegorien in dramatischer Form ist die Per-
sonifizierung abstrakter Eigenschaften, etwa menschlicher Tugenden und
Laster, eine Technik, die in den Niederlanden auch sehr beliebt war. In
der Paradiesszene des Brüsseler Spiels tritt z. B. eine als ‚Neid‘ verklei-
dete Figur auf und treibt die Schlange an, Eva zu versuchen, während
in einer späteren Episode eine verlumpte, an Krücken humpelnde Bett-
lergestalt, die auf den Namen ‚Bitter-Elend‘ antwortet, zunächst ‚Innig-
Gebet‘ um Hilfe fleht. Darauf bohrt diese ein Loch in den Himmel —
mittels einer dünnen Holz- oder Tuchdecke, direkt über den Darstellern
ausgespannt, ließe sich eine solche Bühnenanweisung wohl buchstäblich
ausführen, — und auf diese Weise wird die dringende Bitte des ‚Bitter-
Elend‘ an ‚Barmherzigkeit‘ weitergeleitet. Durch ‚Gerechtigkeit‘ und
‚Wahrheit‘ unterstützt, legt diese dann Fürbitte für die Erlösung der
Menschheit bei Gott ein. So wird das Ringen der guten und bösen
Mächte um die Seele des Menschen bereits angedeutet. Etwa vier Jahr-
zehnte später ging aus derselben allegorisch-dramatischen Tradition der
Niederlande ein wahrhaftes Meisterwerk dieser Gattung hervor: das
Moralitätenspiel *Elckerlyck,* von dem vermutlich das viel bekanntere
englische *Everyman* abstammt.

Das siebte Spiel des Brüsseler Zyklus — **De zevenste blischap van Onzer
Vrouwen** (1454 zum erstenmal aufgeführt) — war der letzten und höchsten Freude der Hl. Jungfrau, ihrer Aufnahme mit Leib und Seele in
die himmlische Glorie, gewidmet. Damit kommen wir zu einem Thema,
das in mehreren anderen volkssprachlichen Dramen behandelt wurde.
Aus dem deutschen Sprachraum ist vor allem das **Innsbrucker Spiel von
der Himmelfahrt Mariä** zu erwähnen, dessen Text in der Innsbrucker
Sammelhandschrift von 1391 (→ I, S. 114) erhalten ist, und wiederum,
ähnlich wie die übrigen Spiele in dieser Sammlung, liegt eine Abschrift
— oder möglicherweise eine Bearbeitung — einer noch früheren Komposition aus dem Thüringischen vor. Dem Verfasser ging es offenbar eher
darum, eine religiöse Legende mit den Grundsätzen christlicher Doktrin
in Einklang zu bringen als ein dramatisches Werk im engeren Sinne zu
schreiben, was zweifellos zu der sehr beträchtlichen Länge des Spiels
(3168 Verse — und dabei immer noch unvollendet!) beigetragen hat.
Den Ausgangspunkt dieses Werks bilden verschiedene Legenden um die

Himmelfahrt Mariä, die durch das ganze Mittelalter hindurch große Beliebtheit im westlichen Christentum genossen haben. Nach diesen Legenden soll die Hl. Jungfrau drei Jahre nach Christi Himmelfahrt gestorben sein. Es wird ferner erzählt, wie ein Engel mit einem Palmenzweig aus dem Paradies drei Tage zuvor zu ihr herabstieg, um ihren bevorstehenden Tod anzukündigen; daraufhin kehren die Apostel unter der Führung von Johannes aus allen Teilen der Erde zurück, um sich um ihr Sterbebett zu versammeln. Und es sind ebenfalls die Apostel, die die Jungfrau Maria im Tal zu Josaphat zu Grabe tragen. Auf dem Weg werden sie aber von Juden überfallen, die den Leichnam zu verbrennen versuchen. Es geschieht ein Wunder. Die Frevler werden zurückgeworfen und mit Blindheit geschlagen. Drei Tage später wird die heilige Mutter von ihrem Sohn weggeführt und ins Himmelreich aufgenommen.

In der Innsbrucker Fassung hat man solche Marienlegenden noch weiter ausgebildet, und zwar zunächst durch die Anfangsszenen, die die Apostel als Bekehrungsboten im Heidenland zeigen. Einer weiteren volkstümlichen Tradition des Mittelalters zufolge wird auch dargestellt, wie „die zwelff botten Christi" das Glaubensbekenntnis gemeinschaftlich aufsetzen; und unmittelbar darauf folgt eine Szene, in welcher sie der Reihe nach hervortreten, um je einen der zwölf Glaubenssätze zu rezitieren. Nach den Missionsreisen der Apostel schreitet die Handlung langsam und gemessen dem Tod und Begräbnis der Hl. Jungfrau entgegen, ein Abschnitt, für den der Verfasser allein etwa 1500 Verse braucht. Endlich kommen wir zur Himmelfahrt Mariä, nach welcher die Apostel noch einmal in alle Weltteile hinausziehen. Die Schlußszenen bringen die Belagerung und Zerstörung von Jerusalem, ein Thema, das an sich keinen direkten Zusammenhang mit dem Vorhergehenden hat — es sei denn, man wollte zeigen, wie diejenigen, die der christlichen Lehre widerstehen, unfehlbar durch Gottes Hand gestraft werden. Und wie wir bereits gesehen haben, lag für viele mittelalterliche Dramatiker und ihre Zuschauer nichts näher als die verhaßten Juden — und das nicht nur aus Glaubensfanatismus — in aller Öffentlichkeit auf der Bühne zu geißeln. Dieser Teil der Handlung beginnt mit der Bekehrung des Heidenkönigs Titus, dessen Gefolgsmänner mit festlicher Pracht in den Ritterstand erhoben werden. Als gut christliche Ritter rüsten sie sich, um das Judenvolk zu bezwingen. Damit läßt der Verfasser die Belagerung von Jerusalem beginnen, aber gerade an dieser Stelle bricht der Text mit einem lakonischen *et cetera. explicit ludus de assumptione* ab. Man kann sich freilich des Eindrucks nicht ganz erwehren, daß der Kopist eher das

Interesse an seiner Aufgabe verloren hatte als daß ihm die fehlenden Verse nicht vorlagen.

Schon der Umfang dieses Spiels weist deutlich genug darauf hin, mit welchem Eifer die Deutschen des Mittelalters sich der Marienverehrung hingaben; und die Tatsache, daß das bedeutendste Fest zu Ehren der Hl. Jungfrau im Hochsommer (15. August) begangen wurde, wird sicherlich auch zur allgemeinen Beliebtheit solcher Dramatisierungen ihres Lebens beigetragen haben. Denn es ist wohl anzunehmen, daß das Innsbrucker Marienspiel im Freien aufgeführt wurde, selbst wenn Genaueres über die Darstellungsweise — trotz der zahlreichen lateinischen Regieanweisungen — nicht erschlossen werden kann, ja, aus diesen geht mit Sicherheit nur hervor, daß die Aufführung durch eine grandiose Prozession eingeleitet wurde. Und wie so oft in diesen Spielen trat ein *praecursor* auf, der den Eintritt der Hauptcharaktere ankündigte und ihre Bedeutung für den weiteren Ablauf der Handlung erläuterte. Außerdem gab es eine nicht näher angegebene Anzahl von *vialatores,* also ‚Wegweiser‘, die mit den heutigen Umzugsordnern zu vergleichen wären und deren Aufgabe zunächst darin bestand, die große Festprozession von der Kirche bis zum Aufführungsplatz zu geleiten. Daneben mußten sie auch dafür sorgen, daß die verschiedenen Gruppen von Darstellern — Apostel, Juden, Heiden, Kriegsknechte und dergleichen mehr — die ihnen zugewiesenen ‚Orte‘ mit Würde und Anstand einnahmen. Nach dieser feierlichen Eröffnung geht das Spektakuläre allerdings stark zurück, denn, sobald jede Gruppe ihre ‚burg‘ (so werden die einzelnen Bühnenorte in diesem Text bezeichnet), bezogen hat, wird die Handlung auf längere Strecken bloß durch Monologe oder Choraldialoge angedeutet.

Aus dem Mittelalter hat sich nur noch ein einziges Himmelfahrtsspiel in deutscher Sprache erhalten, aber leider in einer derart fragmentarischen Form, daß es für den weiteren historischen Zusammenhang von geringer Bedeutung ist. Diese aus Amorbach stammende Handschrift wurde nämlich von Buchbindern in der Zeit nach der Reformation arg verstümmelt, und alles, was von einem Spieltext, der offenbar um 1400 nach einer noch früheren Vorlage abgeschrieben wurde, rekonstruiert werden kann, sind ein paar unzusammenhängende Dialogpartien, darunter eine durch allegorische Figuren dargestellte Konfrontation zwischen Ecclesia und Synagoga. In thematischer Hinsicht ist man vielleicht berechtigt, an eine Verbindung mit dem soeben besprochenen Innsbrucker Spiel zu denken, und doch scheint das **Amorbacher Marienhimmelfahrtsspiel** im großen und ganzen ein selbständiges Werk gewesen zu sein, das vermutlich auf alemannischem Boden entstand.

Zum Marienkult im weiteren Sinne gehört schließlich auch die Theophiluslegende, die in der Volkssprache zum ersten Mal von dem Trouvère und Fabliauxdichter Rutebeuf in seinem *Miracle de Théophile* (um 1284) dramatisiert wurde. In vieler Hinsicht, vor allem, was Tendenz und Aufbau betrifft, nimmt dieses kleine französische Stück die späteren Marienmirakelspiele vorweg, und zwar manchmal so genau, daß einige Literarhistoriker darin eine Art Prototyp für das ganze Genre erblicken wollen. In ihren Grundzügen ist die Geschichte von Theophilus freilich ebensosehr ein Lobgesang in Legendenform auf die wunderbaren Kräfte, welche die Menschen des ausgehenden Mittelalters so gern der Hl. Jungfrau zusprachen, insbesondere ihre Macht, für den reuigen Sünder Vergebung und Erlösung zu erlangen. Vom 10. Jahrhundert an fand diese ursprünglich griechische Legende in lateinischen wie auch volkssprachlichen Fassungen weite Verbreitung über ganz Europa; und wie in so vielen mittelalterlichen Legenden handelt es sich um eine in ihrem Kern wohl historische Gestalt, einen anatolischen Bistumsverweser, der um die Mitte des 6. Jahrhunderts gelebt haben soll. Von diesem Theophilus wird erzählt, daß ihm das Domkapitel beim Tode seines geistlichen Herrn die Bischofswürde anbot, eine Ehre, die er jedoch ablehnte, da er es vorzog, ein demütiger Knecht Gottes zu bleiben. Aber bald danach nahm der neue Bischof, ein pedantischer und herzloser Tyrann, ein geringes Vergehen des Theophilus zum Vorwand, ihn seiner Pfründe zu entsetzen. Die schwere Beleidigung und die Furcht vor Spott und Schmach, so berichtet die Legende weiter, bringen Theophilus dazu, einen Pakt mit dem Teufel zu schließen. Damit hofft er, sein verlorenes Amt zurückzugewinnen. Als Entgelt muß er dem Höllenfürsten seine Seele verschreiben. Bei alledem ist Theophilus im Grund genommen ein guter Mensch, und er wird nun bald von Gewissensbissen geplagt. Innig fleht er die Gottesmutter um Hilfe an. Seine Bitte bleibt auch nicht unerhört. Durch das Eingreifen der Hl. Jungfrau wird ihm der Teufelspakt, auf dem bereits seine Unterschrift steht, auf wunderbare Weise zurückgegeben, und so vermag er mit knapper Not den Mächten der Finsternis zu entkommen. Der Schluß der Legende schildert, wie ein reumütiger Theophilus, seines Seelenheiles nunmehr sicher, in den Schoß der Kirche zurückkehrt.

An sich ist es kaum zu verwundern, daß dieser Teufelsbündler immer wieder als „mittelalterlicher Faust" apostrophiert wurde, obgleich die Ähnlichkeiten eigentlich kaum über die Idee eines Pakts mit dem Bösen hinausgehen. Zudem geht die Tendenz der mittelalterlichen Legende ganz eindeutig dahin, die Gläubigen vor den Schlingen des Teufels zu warnen. Von dem unstillbaren Wissensdurst des Humanisten weiß unser Theophilus absolut nichts, noch steht er der Religion auch nur im geringsten skeptisch gegenüber. Im Gegenteil, die Triebfeder seines Handelns ist zunächst gekränkter Stolz, der sich im weiteren Verlauf der Geschichte in eine unerschütterliche Entschlossenheit verwandelt, das ihm zugefügte Unrecht zu bekämpfen.

Für die große Beliebtheit der Theophiluslegende in den deutschsprachigen Ländern bürgt schon allein die Tatsache, daß nicht weniger als drei volkssprachliche Dramatisierungen dieses Stoffes auf uns gekommen sind. So beträchtlich sie in mancher Hinsicht voneinander abweichen, gehen doch alle drei vermutlich auf denselben Archetyp zurück, auf ein Theophilusspiel, das allem Anschein nach in der zweiten Hälfte des 13. Jahrhunderts am Niederrhein entstand. Während aber der Archetyp wohl in erster Linie auf einer lateinischen Fassung der Legende fußte, weisen die erhaltenen Texte in deutscher Sprache bereits gemeinsame Züge mit den französischen Theophilusspielen auf. Es ist sogar auffallend, daß der älteste Text — der sogenannte **Wolfenbüttler Theophilus** (in einem Teil der Fachliteratur auch als ‚Helmstedter Theophilus' bezeichnet), der um 1300 auf ostfälischem Boden geschrieben wurde — ganz ähnlich wie das Stück Rutebeufs die Zuschauer gleich mitten in die Handlung versetzt. In einem einleitenden Monolog erzählt Theophilus zunächst von dem Unrecht, das ihm widerfahren ist, und nur wenige Verse danach taucht der Gedanke an eine Beschwörung des Teufels auf. Hier geschieht es aber nicht bloß aus Verzweiflung, denn dieser niederdeutsche Theophilus ist nicht mehr der gutherzige, demütige Priester der griechischen Urlegende, sondern ein verbitterter, im Grunde genommen auch habgieriger Pfründner, der vor nichts zurückschrecken wird, um seine Rachepläne gegen den neuen Bischof durchzuführen. In einer späteren Szene — und dafür ist in den französischen Theophilusdramen auch ein Gegenstück vorhanden — kommt allerdings eine moralisierende Predigt vor, und zwar gerade an der Stelle, wo der Held von Reue ergriffen wird.

Der Wolfenbüttler Theophilus liegt in einer einzigen Abschrift vor, die erst im 15. Jahrhundert — wohl zunächst als Andachtslektüre — angefertigt wurde, doch weist manches im Text darauf hin, daß man ursprünglich an eine Aufführung dachte. Hinzu kommt, daß dieser namenlose norddeutsche Dramatiker aus dem frühen 14. Jahrhundert mit den praktischen Bedürfnissen des Theaters genügend vertraut war, um die kleineren Details, die in der älteren Legende, vor allem, in den lateinischen Fassungen, so reichlich vorhanden sind, stark zurückzuschneiden. Ja, es ließe sich sogar einwenden, er habe den Stoff etwas zu drastisch gekürzt, denn außer Theophilus treten nur noch drei Personen auf: Satan, die Hl. Jungfrau und Christus. Immerhin hat er gerade genug beibehalten, um den Fall des Theophilus in Ungnade und seine nachherige Rehabilitierung glaubwürdig zu machen; und da die ganze Handlung in knapp 750 Verse gefaßt ist, fehlt es auch nicht an einer gewissen Strenge der Form. Im übrigen ging sein Können nicht über den Durchschnitt der Zeit hinaus. An Stelle von Handlung bietet er meistenteils ein Nacheinander von Monologen, in denen die einzelnen Personen ihre Gedanken und Gefühle deklamieren, aber nur selten greifen seine Monologe ineinander über, um einen richtigen Dialog zu ergeben. Als dramatische Schwäche wiegt jedoch noch schwerer, daß der Verfasser nicht imstande war, in einer so menschlichen Gestalt wie Theophilus, dem Sünder, dessen Gewissen zu Umkehr und Besserung zwingt, etwas Leben einzuhauchen. Es waren wohl derartige Unzulänglichkeiten, die einen der Kopisten dazu bewog, die Handschrift mit einem abschließenden Reimpaar zu versehen:

> *ach wat was ik vro,*
> *do ik sach finito libro.*

Als nächstes Theophilusdrama folgt chronologisch der sogenannte **Stockholmer Theophilus,** der ebenfalls auf norddeutschem Boden entstanden sein wird, seinen Namen jedoch dem heutigen Aufbewahrungsort der Handschrift, der Königlichen Bibliothek in der schwedischen Hauptstadt, verdankt. Das Spiel selbst gehört sicherlich noch ins 14., die erhaltene Abschrift — wohl die Arbeit eines skandinavischen Schreibers im Auftrag eines niederdeutschen Gönners — dagegen ins ausgehende 15. Jahrhundert. Als dramatisches Werk betrachtet, steht es der Wolfenbüttler Fassung in manchem nach, denn dieser Autor war offenbar unfähig, auch nur den kleinsten Teil der Handlung durch Anspielungen oder Hinweise darzustellen. So muß er gleich am Anfang weit ausholen, um sein Drama in Gang zu bringen. Zunächst wird uns der alte Bischof, amtsmüde und gebrechlich, vorgeführt, danach die anderen Domstiftler:

ein Propst, ein Dekan und neun Kanoniker, die die Wahl eines Nach-
folgers miteinander besprechen, bevor sie einer nach dem anderen mit
gebührender Umständlichkeit ihre Stimme abgeben. Darauf zeigt eine
weitere Szene, wie Theophilus seine Amtsbrüder frech herausfordert —
wiederum eine bezeichnende Abweichung von der Urlegende, aber keineswegs die einzige in diesem Text — und infolgedessen seiner Pfründe
verlustig erklärt wird. Doch weit davon, das Ganze glaubwürdiger oder
gar lebensnäher zu gestalten, werden die Umrisse der Handlung durch
eine solch breite Ausmalung eher verwischt; und ebenso wenig vermochte
der Autor die Beweggründe, aus denen heraus seine Charaktere handeln,
überzeugend hervorzuheben.

Bei weitem das interessanteste und wirkungsvollste der drei Spiele ist
der **Trierer Theophilus** (um 1450), der uns leider unvollständig erhalten
ist. Auch hier fehlt es keineswegs an der redseligen Breite, die so typisch
für das spätmittelalterliche Drama ist; und doch ist es bei alledem eine
warmherzige, lebensstrotzende Redseligkeit, die den Verlauf der Handlung immer wieder neu belebt und gelegentlich zu Augenblicken ausge-
lassener Fröhlichkeit führt. Wie in der Stockholmer Fassung setzt die
Handlung mit der Bischofswahl ein, nur war der Verfasser des Trierer
Textes von vornherein an den einzelnen Mitgliedern des Domkapitels
als Menschentypen weit mehr interessiert als an den genaueren Details
des Wahlvorgangs. Wir glauben gerne, daß er selber einem Domstift angehörte und sich daher für die Einzelbilder, die uns einige recht auf-
schlußreiche Einblicke ins geistliche Leben der Zeit gewähren, auf eigene
Beobachtungen stützen konnte. Von dem einflußreichen Dekan und dem
weltlich gesinnten Kellermeister bis zu den bescheidenen Vikaren stehen
sie alle lebendig vor uns, jeder in seiner Art ein deutlich erkennbares
Individuum mit eigenen Wünschen und Meinungen, die im Dialog kräftig und ungehemmt zum Ausdruck gebracht werden. Nach einer strengen
Visitation wirft Theophilus dem neuen Bischof Beffchen und Chorrock
entrüstet vor die Füße und wird sofort seines Amtes enthoben. Bitterlich
beklagt er sein Los, während er — laut einer der vielen Regiebemerkungen — eine Straße in der Nähe des Doms entlang spaziert.

Damit wird auch ein Szenenwechsel angegeben: wir befinden uns in
einer Schankstube, wo Theophilus und einige lustige Gesellen bei einem
Glas Bier sitzen. Der fröhlichen Tafelrunde schließt sich ein Schwarz-
künstler an, und alle schrecken auf, als dieser erzählt, wie er einst vom
Teufel in die Kunst der Nigromantie eingeweiht worden sei. Theophilus

wird von unersättlicher Neugier erfaßt, und auf seine dringende Bitte hin tritt schließlich, gewandt und scharfzüngig, der Teufel in eigener Person vor ihn. Mit beißendem Hohn, der eines neuzeitlichen Mephisto würdig wäre, fährt er den Klerus an, der, so behauptet er, den Mächten der Finsternis ewig dankbar sein sollte — denn ohne das Böse müßten sich die Geistlichen wie die Bauern tagaus, tagein hinter dem Pflug abmühen. Und für denjenigen, der ihn gerade im Augenblick wegrufen wollte, als es ihm nach viel Mühe und Not gelungen war, die Seele des Königs von Indien in seine Schlingen zu verstricken, hat er nur Flüche übrig.

Der Pakt mit dem Teufel wird vereinbart, und an dieser Stelle tritt das Bedürfnis jener Zeit nach konkreter Faßbarkeit und Anschaulichkeit auf charakteristische Weise zutage. Ein Famulus bringt Tintenhorn, Gänsekiel und Pergament. Theophilus sucht sich zunächst ein scharfes Messer aus, um seine Feder zu spitzen; und erst dann — und nicht ohne Bedenken — macht er sich daran, den vom Teufel erforderten Schuldbrief auszuschreiben. Er wird gleich mit Gold und Silber beschenkt. Im weiteren wird ihm ein Schlaraffenleben auf Schloß Ovelgunne in Aussicht gestellt, wo ihm allerlei weltliche Vergnügungen, darunter eine Schar schöner Frauen, zu Gebote stehen. Zu Beginn der nächsten Szene — nach 824 Sprechversen — bricht der Text ab, aber es liegt bereits mehr als genug vor, um die Absichten des Verfassers zu würdigen. In erster Linie waren diese lehrhafter und ernster Art, so sehr er sich auch bemühte, seine Zuhörer zu unterhalten. Nicht augenfällige Bußübung wie Beichte und Kasteiung, sondern wahre Reue, nicht der äußere Anschein christlicher Demut, sondern ein wahrhaft reuiges Herz führt zu Seelenheil und einem Leben voller Seligkeit nach dem Tode. Dies war eine Botschaft, die auch anderswo im geistlichen Drama verkündet wird. Um so kräftiger schlug sie jetzt ein. Sie vermochte die Zweifel eines Zeitalters, das nicht mehr mit der unerschütterlichen Festigkeit des Hochmittelalters glaubte, wenn nicht zu beheben, so doch zu beschwichtigen; und als greifbare Wirklichkeit auf der Bühne dürfte ihre Wirkung um so größer gewesen sein. So gesehen ist die Trierer Fassung der Theophiluslegende bei allen Mängeln ein Werk von einiger historischer Bedeutung und ein durchaus würdiges Gegenstück zu den französischen Marienmirakelspielen.

Einzigartig in der Geschichte des mittelalterlichen deutschen Dramas ist das nächste Spiel, das wir hier zu erörtern haben, ein Spiel, das die wunderbaren Kräfte der Hl. Jungfrau ebenfalls mit Inbrunst und Hingebung feiert: von allen erhaltenen Spieltexten ist es nämlich der einzige, in dem der Dichter ausdrücklich mit Namen genannt wird. Es handelt sich um das **Spiel vom Sündenfall** — ein Titel, der allerdings nicht in der Wolfenbüttler Handschrift steht, sondern 1855 vom ersten Herausgeber geprägt wurde — und um dessen Verfasser, einen gewissen Arnold Immessen, der seinen Namen in die einleitenden Verse des Prologs als Akrostichon eingeflochten hat. Was wir sonst von ihm wissen, ist nicht allzu viel. Er war zweifellos geistlichen Standes und dazu ein Mann von beträchtlicher Gelehrsamkeit; und es ist ferner anzunehmen, daß er in der Gegend um Göttingen zu Hause war, nicht zuletzt wegen der niederdeutschen Mundart, die uns auf jeder Seite des Textes begegnet. Auch scheint eine urkundliche Erwähnung vorzuliegen. In den Urkunden der Nikolaikirche zu Alfeld steht nämlich, daß im November 1486 die dortigen Ratsherren gewisse Gelder von „dem ersamen hern Arnde van Ymessßen" entgegennahmen, während ein Johannes Bockenem — so nennt sich der Kopist am Schluß von Arnolds Spiel — als ‚Altarist‘ (= Meßdiener) im Kloster Frankenberg bei Goslar von 1491 bis 1508 bezeugt ist. So dürfen wir uns mit einiger Phantasie vorstellen, wie dieses Drama in den achtziger Jahren des 15. Jahrhunderts in einer der blühenden Kleinstädte zwischen dem Harz und Hannover — vielleicht in Goslar selber, in Alfeld oder Einbeck, vielleicht sogar in Hildesheim — aufgeführt wurde. Das Hauptthema dieses umfangreichen Spiels ist aber nicht, wie die jetzt üblich gewordene Bezeichnung angibt, der Sündenfall, sondern die Erlösung; und aus einer Szene, in welcher Melchisedek zuerst Brot und Wein auf dem Altar opfert und sich danach gelehrt über das Wesen des Abendmahls ausläßt, wäre vielleicht zu schließen, daß es zunächst als Beitrag zur Feier des Fronleichnamsfests gedacht war.

Von der Erschaffung der Welt und dem Sündenfall ausgehend, stellen die ersten Szenen Ereignisse aus dem Pentateuch dar, darunter die Ermordung Abels, die Sintflut und Abrahams Opfer; und von hier aus fließt die Handlung gemächlich weiter bis zur Klage Adams aus den Tiefen der Hölle. Seine herzzerreißenden Wehrufe werden von David vernommen, der in der nächsten Szene die größten der Propheten herbeiruft: Isaias, Jeremias, Ezechiel und Daniel. Auf die Aufforderung Salomos schließen sich diesen noch andere Propheten an, und zusammen beten sie alle zu Gott für Adam und das ganze Menschengeschlecht. Das immer wiederkehrende Thema ihrer Prophezeiungen ist jedoch nicht das Kommen Christi, sondern die Geburt der Jungfrau, die als Mutter des Heilands die Menschheit erlösen wird. Und wenn das Spiel mit der Darbringung der dreijährigen Maria im Tempel schließt — und unmittelbar darauf David sie mit überschwenglichen Worten lobpreist, wird ein Hauptanliegen des Dramatikers klar erkennbar. Als geschultem Theologen, der er zweifellos war, geht es Arnold vor allem darum, seiner Zuhörerschaft darzulegen, daß das Kommen der Jungfrau, an sich eine große und notwendige Begebenheit, ebenfalls einen vorherbestimmten Platz in der göttlichen Ordnung hat. Damit knüpfen wir — und keineswegs zufällig — an ein Thema an, das uns bereits im Brüsseler Zyklus begegnet war. Auch sonst besteht manche Affinität mit *De eerste blischap van Maria* (→ S. 22), wenngleich andererseits nicht der geringste Hinweis darauf vorliegt, daß das flämische Spiel Arnold bekannt war, geschweige denn, daß er ihm textlich verpflichtet wäre. Solche Ähnlichkeiten, so auffallend sie auch manchmal sind, erklären sich wohl eher aus der damals weitverbreiteten exegetischen Behandlung der Heiligen Schrift — und dann ferner, wie eigentlich auch zu erwarten wäre, aus der Tatsache, daß beide Spiele mehr oder weniger das gleiche Thema zum Inhalt haben.

Bei Arnolds Zeitgenossen, vor allem bei gelehrten Fachgenossen, wird der *Sündenfall* als ein ausnehmend sinnvoll aufgebautes Werk gegolten haben; und es ist nicht zu leugnen, daß die mannigfaltigen biblischen Stoffe zweckbewußt zu einem wohlproportionierten Ganzen zusammengefügt worden sind. Auch im Dialog flackert hier und da ein Funken Leben auf, zumal durch die kernige niedersächsische Mundart eine ausgesprochen regionale Atmosphäre verbreitet wird. Dazu tragen ferner einige lokale Anspielungen bei. Bei Salomos festlicher Bewirtung der Königin von Saba wird z. B. das berühmte Einbecker Bier ausgeschenkt — und von den Gästen gebührend gelobt! Aber im allgemeinen war Humor nicht Arnolds Stärke, und der Grundton seiner Darstellung bleibt ernst und gewichtig. Es war eben das Werk eines Scholastikers und berufsmäßigen Theologen. Mit einer Gesamtzahl von fast 4000 Versen ist es obendrein eines der längsten Spiele dieser Art aus dem deutschen Mittelalter, ein Umfang, der sich freilich eher auf eine Neigung zu behaglicher Breite zurückführen läßt als auf die epische Fülle des Dargebotenen. Damit ist nicht gesagt, daß es nur als Lesedrama konzipiert wurde, ja, gewisse Stellen im Text scheinen durchaus für eine Aufführung zu sprechen, selbst wenn die erhaltene Handschrift — übrigens die einzige, die wir von diesem Text besitzen — das Aussehen einer Abschrift hat, die dem einzelnen Leser als Erbauungsbuch dienen sollte. So mag der *Sündenfall* auch als gelehrter Beitrag zu den Kontroversen verfaßt worden sein, die gegen Ende des 15. Jahrhunderts um die Doktrin der unbefleckten Empfängnis entbrannten. In den Mittelpunkt der Volksfrömmigkeit rückte nämlich gerade in diesen Jahren ein wahrhafter Kult um die Erbsündenfreiheit der Mutter Christi, ein Kult, der sich bei vielen in der Verehrung der hl. Anna als Gebärerin der Jungfrau ausdrückte. Und es ist bezeichnend, daß die Mutter Marias gegen Ende des Spiels in eigener Person auftritt.

Mehr oder weniger gleichzeitig mit Arnolds Spiel wurde im **Spiel von Frau Jutten** eine andere beliebte Legende dramatisiert, diesmal allerdings eine, die außerhalb der geheiligten Tradition stand, und durch einen sonderbaren Zufall ist uns wiederum der Name des Verfassers überliefert. Dieser zweite identifizierbare Dramatiker des ausgehenden Mittelalters war ein Geistlicher namens Dietrich Schernberg, der zwischen 1483 und 1502 in der thüringischen Reichsstadt Mühlhausen mehrfach urkundlich bezeugt ist. Sein um 1480 entstandenes Stück behandelt einen seit dem frühen 14. Jahrhundert weitverbreiteten Stoff, der für viele die Aura eines authentischen historischen Geschehens besaß: die Legende von der Päpstin Johanna, von dem ersten und einzigen Weib, das je als Nachfolger Petri eingesetzt wurde. Durch Ehrgeiz, Intelligenz und Entschlossenheit bringt sie es bis zum höchsten Amt des Christentums, aber bald danach gebiert sie ein Kind, was ihr Geheimnis — und damit auch die Abscheulichkeit ihres Betrugs — vor aller Öffentlichkeit enthüllt. Von einer Schar lüsterner Teufel wird sie stracks zu Luzifer in die Hölle geschleppt. Doch wird Christus durch die innigen Bitten der Jungfrau Maria und des hl. Nikolaus schließlich zu Barmherzigkeit bewogen. Die Seele Juttens wird gerettet, und so wird noch einmal die wunderbare Macht der Mutter Christi, für einen sündigen Menschen Fürbitte bei Gott einzulegen, vor den Augen der Zuschauer offenbart.

Es wird wohl zunächst der Gedanke an Maria als gnadenreiche Helferin gewesen sein, der Schernberg zum Dramatiker werden ließ, nicht sein Talent, das auf diesem Gebiet nicht allzu groß war. Um diesem Mangel abzuhelfen, griff er — wie viele mittelalterliche Textdichter vor ihm — zu Motiven und Szenen aus anderen Spielen. Ja, stellenweise scheint dieser in der dramatischen Dichtung seiner Zeit offenbar sehr belesene Mann ganze Partien fast Wort für Wort anderweitig entlehnt zu haben. So ist z. B. die Fürbitte Marias — und übrigens auch die Antwort Christi darauf — im wesentlichen den Stockholmer und Helmstedter Theophilus-

spielen nachgebildet, während die Teufelsszenen recht viele Berührungspunkte mit verschiedenen Auferstehungs- und Kreuzigungsdramen zeigen, vornehmlich mit dem Alsfelder Passionsspiel (→ S. 84 f.), dem Redentiner Osterspiel (→ I, S. 131 f.) und Erlau IV (→ I, S. 128 f.). Und mit
kaum weniger Freude an abstoßenden Details werden auch hier die
Höllenqualen, die Luzifer und seine Kumpanen an Jutta zu verüben ge-
denken, in aller Ausführlichkeit geschildert.

Für andere wichtige Teile der Legende stand dem Autor allerdings kein
dramatisches Modell zur Verfügung, und an diesen Stellen verläuft die
Handlung in einer Reihe von lose aneinander geknüpften Szenen. Einzelne
Partien dieser Szenen sind ihm nicht schlecht geraten. Nach einem kurzen Vorspiel in der Hölle wird uns vorgeführt, wie die als Mann ver-
kleidete Jutta in Begleitung ihres Buhlen Clericus sich anschickt, die
geistliche Laufbahn einzuschlagen — und hier dürfen wir nicht vergessen, daß in den Augen eines mittelalterlichen Publikums allein das An-
legen von Männertracht für eine Frau als schwere Sünde galt. Jutta und
Clericus ziehen miteinander nach Frankreich, wo sie auf „der hohen
Schulen gen Paris" studieren wollen. Von einem gelehrten Magister werden sie in die sieben ,artes liberales' eingeführt, und etwa 120 Verse später haben sie sich bereits den Doktorhut erworben. Es folgt eine Szene,
in der Papst Basilius beide herzlich empfängt. Bald darauf werden sie zu
Kardinälen ernannt. Beim Tod des Papstes kommen die Kardinäle zusammen — eine Anlehnung an die Wahlszenen des Theophilusspiels ist
hier deutlich zu spüren — und wählen Jutta auf den Heiligen Stuhl.
Aber kurz danach wird sie entlarvt und muß die gerechte Bestrafung
über sich ergehen lassen. Wie Theophilus ruft sie Maria um Hilfe an, und
am Schluß wird ihre gequälte Seele in den Himmel aufgenommen.

An unbewußter Komik fehlt es freilich nicht, vor allem, wenn der Verfasser einen ehrwürdigen Kardinal erklären läßt, daß man zur nächsten
Papstwahl einen besonderen Thron bauen sollte, um künftighin alle
Zweifel zu beheben, ob der neue Amtsinhaber „ein han oder ein henne"
sei. Und doch entspricht es dem gelehrten Eklektizismus des Autors
durchaus, daß sogar die phantastische Idee eines päpstlichen ,Prüfstuhls'
bereits im theologischen Schrifttum des 15. Jahrhunderts — und noch
früher — aufgetaucht war. So seltsam und anregend die Legende von der
Päpstin auch ist, wirkt Schernbergs Spiel doch aufs ganze gesehen unbeholfen und leblos — und nicht bloß deshalb, weil ihm ein Gefühl für das
Dramatische abging. Als Reimschmied war er auch nicht sonderlich be-

gabt, und die rund 1750 Verse, die er für die Darstellung des Stoffes braucht, gehören stellenweise zu den trockensten und eintönigsten, die das deutsche Drama des Mittelalters aufzuweisen hat.

Die Handschrift von Schernbergs Spiel ist längst verschollen, und wir kennen das Werk nur durch einen launenhaften Zufall der historischen Überlieferung. Etwa achtzig Jahre nach der Abfassung des Juttenspiels brachte es Hieronimus Tilesius (1529—66), Superintendent zu Mühlhausen und ein besonders leidenschaftlicher Verfechter der protestantischen Lehre, wieder ans Licht. Da ihm dieser Stoff das Papsttum wie auch die Grundlehren des Katholizismus von der verwerflichsten Seite her zu zeigen schien, beschloß er, das Spiel als antipäpstliche Streitschrift zu veröffentlichen. Seine Ausgabe von 1565 („Gedruckt zu Eisleben durch Andream Petri") enthält den Text und dazu eine polemische Vorrede. Diese bildet die Hauptquelle für das wenige, das wir über die Entstehung des Spiels wissen. Von Tilesius erfahren wir nämlich, daß es 1480 „durch einen Mespfaffen Theodoricum Schernberck in einer Reichstadt gemacht vnnd geschrieben" wurde und ferner daß „es offentlich zur selben zeit also gespielet vnd agiert ist worden". Daß der Autor des Juttenspiels weit davon entfernt war, die göttliche Sendung des Papsttums zu bezweifeln, dürfte aus jedem Vers des Werks eindeutig hervorgehen. Als gläubiger Katholik und tief religiöser Mensch wollte er — beispielsweise im Gegensatz zur trostlosen Botschaft der Weltgerichtsspiele (→ S. 38 ff.) — das Gnadenwerk Christi und der Hl. Jungfrau unterstreichen. An Christus und seine göttliche Mutter wird sich der wahrhaft Reuige, so sündenbeladen er auch sein mag, nie vergebens wenden. Außerdem ist es auffallend, daß sogar in den Szenen, die sich in Rom abspielen, nicht die geringste Spur einer Kritik an den Mißständen am päpstlichen Hof vorhanden ist, wie wir sie in französischen Spielen aus dieser Zeit finden. Das Schicksal des Schernbergschen Spiels ist aber sehr bezeichnend für die Einstellung der Reformatoren zum religiösen Drama. Auf ihre Veranlassung hin wurden Spieltexte gedruckt, um gelesen zu werden, nicht zuletzt, weil sie nunmehr zur ‚Tendenzliteratur' gehörten.

Texte

Das Spiel von der hl. Katharina: hg. O. Beckers, Das Spiel von den zehn Jungfrauen und das Katharinenspiel, Germanistische Abhandlungen 24, Breslau 1905. — *Das Spiel von der hl. Dorothea:* hg. H. Schachner, Zeitschrift für dt. Philologie 35 (1903), S. 186—93. — *Das Spiel vom hl. Alexius:* hg. H. Rueff, Das Osterspiel der Berliner Handschrift (mit einem Excurs über das Alexius-Fragment), Berlin 1925, S. 208—16. — *Das Spiel vom hl. Oswald:* s. J. Baechtold, Geschichte der dt. Literatur in der Schweiz, Frauenfeld 1892, Anmerkungen zu S. 389. — *Das Spiel vom Kaiser Constantinus:* KELLER Nr. 106. — *Das Spiel vom hl. Georg:* KELLER Nr. 126. — *Das Spiel von der hl. Helene* (Das Heilig-Kreuz-Spiel): KELLER Nr. 125. — *Sterzinger Spiel von der Verkündigung:* hg. A. Pichler, Über das Drama des Mittelalters in Tirol, Innsbruck 1850, S. 5—6 (nur im Auszug). — *De eerste blischap van Maria:* hg. H. J. E. Endepols, Vijf geestelijke toneelspelen der Middeleeuwen, Amsterdam 1940, S. 55—150. — *De zevenste blischap van Onzer Vrouwen:* hg. H. J. E. Endepols, a. a. O., S. 153—234. — *Innsbrucker Spiel von der Himmelfahrt Mariä:* MONE I, S. 19—106. — *Amorbacher Marienhimmelfahrtsspiel:* hg. R. Heym, Bruchstück eines geistlichen Schauspiels von Marien Himmelfahrt, Zeitschrift für dt. Altertum 52 (1910), S. 1—56. — *Wolfenbüttler Theophilus:* hg. R. Petsch, Theophilus. Mittelniederdeutsches Drama, in drei Fassungen, Heidelberg 1908, S. 11—38. — *Stockholmer Theophilus:* hg. R. Petsch, a. a. O., S. 39—73. — *Trierer Theophilus:* hg. R. Petsch, a. a. O., S. 74—103. — *Das Spiel vom Sündenfall:* hg. O. Schönemann, Der Sündenfall und die Marienklage, Hannover 1855, S. 1—126; hg. Fr. Krage, Arnold Immessen. Der Sündenfall, Heidelberg 1913. — *Das Spiel von Frau Jutten:* KELLER Nr. 111; hg. Ed. Schröder, Dietrich Schernbergs Spiel von Frau Jutten, Kleine Texte für theologische und philologische Übungen 67, Bonn 1911; hg. M. Lemmer, Texte des späten Mittelalters und der frühen Neuzeit 24, Berlin 1971.

10. Weltgerichtsspiele und Moralitäten

Was geschehen würde, wenn die Welt einmal zu Ende käme und die Sündigen vor dem Jüngsten Gericht stehen müßten, war eine Frage, die den mittelalterlichen Menschen unablässig beschäftigte. Es ist ein Motiv, das bereits in althochdeutscher Zeit mit dem in mancher Hinsicht rätselhaften *Muspilli* anhebt; und um die Mitte des 12. Jahrhunderts war ja das theologische Wissen um die Letzten Dinge im Tegernseer Antichrist (→ I, S. 76 f.) auf besonders eindrucksvolle Weise dramatisch gestaltet worden. Weder aus Deutschland noch aus seinen Nachbarländern ist uns ein zweites hochmittelalterliches Stück bekannt, das irgendwie mit ihm zu vergleichen wäre, und während das Vorbild eines lateinischen Dramas andere angespornt haben mag, Ähnliches in der Muttersprache zu wagen, hätten die Dramatiker der Spätzeit dem *Ludus* in seinen Hauptzügen kaum folgen können, da er zugleich als Tendenzstück im Dienst der staufischen Reichspolitik wirken wollte. Die alte Weissagung vom Kommen des Antichrist war aber nicht nur eine im Volk weitverbreitete Vorstellung vom Weltuntergang. Sie gehörte auch ganz wesentlich zur mittelalterlichen Dogmatik, und im westlichen Christentum war der Brauch aufgekommen, an den vier Sonntagen vor Weihnachten eschatologische Themen im Rahmen des Gottesdienstes zu behandeln, Themen wie Himmel und Hölle, die Unsterblichkeit der Seele und vor allem das Kommen Christi, der als höchster Richter über die Menschheit Gericht halten würde. Daß im Laufe der Zeit kleinere Spiele daraus erwuchsen, ist an sich denkbar, zunächst kurze dialogisierte Erweiterungen der Antiphonen und Responsorien, die in der Adventszeit gesungen wurden, dann regelrechte Antichrist- und Weltgerichtsspiele, die um die biblischen Quellen der Legende (insbesondere 2. Thess. 2,3 ff. und Matth. 24,5 ff.) aufgebaut waren. Wie die anderen liturgischen Dramen dieser Zeit wurden diese ausschließlich in der Kirche aufgeführt. Möglicherweise wurden Spiele dieser Art bereits im 11. und 12. Jahrhundert gedichtet. Anhand der textlichen Überlieferung können wir dies allerdings kaum weiter als bis ins 14. Jahrhundert zurückverfolgen, in eine Zeit also, wo das Deutsche sich längst neben dem Latein der Liturgie behauptet hatte.

Eines der ältesten deutschsprachigen Spiele, das sich das Jüngste Gericht zum Hauptthema nimmt, stammt aus der Schweiz, wo vom Osterspiel von Muri an eine lebhafte dramatische Tradition in der Volkssprache bezeugt ist. In seiner frühesten Gestalt muß das Spiel bereits im 14. Jahrhundert entstanden sein, vermutlich in Luzern oder im Aargau, aber wir kennen es hauptsächlich durch zwei bedeutend jüngere Fassungen. Das **Berner Weltgerichtsspiel** (eigentlich aus Luzern, aber jetzt in der Burgerbibliothek zu Bern aufbewahrt) ist in einer Handschrift aus dem Jahr 1465 überliefert, während der sogenannte **Rheinauer Jüngste Tag** zwei Jahre später im Benediktinerkloster Rheinau bei Schaffhausen niedergeschrieben wurde. Das Rheinauer Spiel ist uns übrigens nur durch F. J. Mones Abdruck von 1846 bekannt, da die von ihm benutzte Handschrift inzwischen verlorengegangen ist. Von den beiden Fassungen bietet die Berner den vollständigeren Text. Wir können jedoch ziemlich sicher sein, daß sie nicht zur Aufführung bestimmt war. Sie ist nämlich mit anderen geistlichen Lesestücken zusammengebunden, und auch sonst sieht sie nicht nach einem Regiebuch aus. Daß die Vorlage aus dem 14. Jahrhundert dagegen als Bühnenstück verfaßt wurde, ist wohl anzunehmen. Ganz im Stil der alttestamentlichen Spiele setzen beide Fassungen mit einer feierlichen Prozession von Propheten und Kirchenvätern ein. Einer nach dem anderen — Joel, Zephanja, Hiob, dann ‚Gregorius‘ und ‚Jeronimus‘ — treten sie auf und verkünden den kommenden Tag der Sühne. Mit mächtigem Trompetenschall künden vier Engel an, daß diese Prophezeiungen gleich in Erfüllung gehen werden, und laden dabei die Sündigen vor den Stuhl des hohen Richters „in das tal ze Josephat". Die Toten werden auferweckt. Darauf erscheint Christus selber, um zu Gericht zu sitzen. Die Guten werden wegen ihrer Standhaftigkeit gepriesen und auf ein Weiterleben in ewiger Seligkeit vorbereitet. Die Hl. Jungfrau tritt auf, nach ihr die zwölf Apostel, und Christus heißt sie zu seiner Rechten sitzen. Als gestrenger Richter befaßt er sich dann mit den Bösen, die erbarmungslos zu ewiger Verdammnis verurteilt werden. Jetzt sind alle Wehrufe umsonst. Auch ihr verzweifeltes Flehen vermag ihn nicht zu rühren, und die Sündigen werden dem Höllenfürsten ausgeliefert. Dabei wird den Teufelsknechten befohlen, nichts aus ihrem Repertoire von Folterqualen wegzulassen, eine freie Erweiterung des Dramatikers — und zugleich ein Hinweis darauf, daß das Böse, wenn es auch nicht „stets das Gute schafft", so doch nicht ganz zwecklos existiert. Das Los der Verdammten bewegt zuerst Maria, dann Johannes, Fürsprache für sie einzulegen, aber der Weltenrichter bleibt unerbittlich.

Andererseits empfand das mittelalterliche Publikum offenbar keinen Widerspruch dabei, daß im folgenden Abschnitt die Apostel einer nach dem anderen den rettenden Christus lobpreisen. Bei jedem wird hervorgehoben, daß er in seiner Weise auch das Martyrium erleiden mußte und sich dadurch ein Recht auf ewige Seligkeit erworben hätte. Zum Abschluß wird eine Hymne der Freude angestimmt, und die Geretteten treten im Triumph durch die Himmelspforte ein. Kaum einer der rund tausend Verse, in denen diese düstere Vision dargestellt wird, schwingt sich zu den Höhen dramatischer Dichtung auf, und doch zeugt das ganze Werk mit eigentümlicher Gewalt von der Allmacht solcher eschatologischen Vorstellungen.

Ebenfalls schweizerischer Herkunft ist ein weiteres Spiel um die Weltherrschaft des Antichrist, ein Spiel, das nun allerdings von außen betrachtet in eine ganz andere Richtung tendiert, denn hier erscheint die Legende in das weltliche Gewand fastnächtlicher Unterhaltung gekleidet. Bei alledem ist **Des Entkrist Vasnacht** eher als religiöses Spiel anzusehen — und das nicht bloß, weil es fest in den eschatologischen Anschauungen der Zeit wurzelt. Wir kennen es allerdings nur in einer späteren, in einem Münchner Codex des 15. Jahrhunderts enthaltenen Fassung, die vermutlich als Beitrag zur Nürnberger Fastnacht gedacht war. Daß das Spiel ursprünglich aus der Schweiz stammt, geht jedoch aus mehreren Anspielungen im Dialog, ja eigentlich aus dem ganzen Inhalt hervor. Kurz, der erhaltene Text ist die fränkisch-bayrische Bearbeitung einer ,politischen Moralität', die mit großer Wahrscheinlichkeit 1354 in Zürich zuerst auf die Fastnachtsbühne kam; und die Art und Weise, wie man hier die alte christliche Legende ins Politische umsetzte, bietet eine in manchem auffallende Parallele zum Tegernseer Antichrist, selbst wenn eine direkte Beeinflussung nicht nachweisbar ist — und vermutlich auch nie existierte. Ganz und gar in der Tradition des deutschen Fastnachtsspiels steht dagegen die volksetymologische Umdeutung der Sagengestalt.

Der *Entkrist* entstand wohl zunächst in der Absicht, die Eidgenossen vor den Konsequenzen einer allzu reichsfreundlichen Politik zu warnen, denn der als ,dramatis persona' auftretende Kaiser — mit Namen wird er nirgends im Text genannt — kann kein anderer sein als der Luxemburger Karl IV. (reg. 1346—78), der 1353 ein Bündnis mit dem zu einer Offensive gegen die Eidgenossenschaft ausholenden Herzog Albrecht von Österreich abgeschlossen hatte. Und im Verlauf der Handlung wird nun dieser namenlose Herrscher mit großzügigen Versprechungen von Reichtum, Macht und Ruhm, darunter die Herrschaft über Jerusalem, Ungarn

und „das kunikreych von Salern" (= Neapel) gelockt. Darauf folgt eine
besonders eindrucksvolle Szene, in welcher der Antichrist auf die Bitte
des Kaisers hin dessen verstorbenen Vater, den „künig von Pehaim",
beschwört, diesmal eine deutliche Anspielung auf Karls IV. Vater, Johann († 1346). Auch dieses nigromantische Kunststück verfehlt nicht die
erhoffte Wirkung, und der Kaiser unterwirft sich bereitwillig dem Antichrist. Hinter dieser Gestalt dürfte sich ebenfalls eine bekannte historische Persönlichkeit verstecken: der römische Volkstribun und Humanist
Cola di Rienzi († 1354), der 1350 in Prag eintraf, um Karl als Bundes-
genossen für ein geeintes Italien — und damit für einen neuen Zug nach
Rom — zu gewinnen. Auch die kaiserlichen Ratgeber, darunter ein „Bi-
schoff Gugelweyt", d. i. Dietrich von Kugelweit († 1367), Bischof von
Sarepta und Finanzminister Karls IV., fallen der Schmeichelei des Antichrist zum Opfer und werden ihm hörig. Einzig die Propheten Enoch
und Elias leisten ihm Widerstand; und wie in der traditionellen Legende
— und auch im Tegernseer *Ludus* — müssen beide dafür den Märtyrertod erleiden.

So ist an mehreren Stellen dieses merkwürdigen Spiels deutlich eine anti-
kaiserliche Haltung zu spüren. Oder vielleicht genauer: die falschen Be-
rater des Kaisers werden hier angeprangert; und da nicht wenige von
ihnen geistlichen Standes waren, wird auch mit Kritik an kirchlichen
Mißständen nicht gespart. Es liegt also nahe, den Ur-*Entkrist* für das
Werk eines Eidgenossen zu halten, der im Durchziehen der kaiserlichen
Truppen auf dem Weg nach Rom eine ernste Gefahr für die Stadt Zürich — und darüber hinaus für benachbarte Städte und Verbündete —
erblickte. In dieses relativ kurze Stück — es besteht insgesamt aus 518
Sprechversen — ist allerdings nur ein Teil der Antichristsage aufgenommen worden, vielleicht ein Anzeichen dafür, daß der Text, der uns ja
auf Umwegen erreicht hat, ursprünglich zu einem längeren Legenden-
drama gehörte. Oder ist die gekürzte Form eher dadurch zu erklären,
daß im späteren Mittelalter die Antichristlegende im einzelnen manche
Verwandlung erfuhr und, dem Vorbild des unbekannten Tegernseer
Dramatikers folgend, vor allem im deutschen Kulturraum gern mit Kai-
sersage und Reichspolitik verknüpft wurde? Einheitlich im Aufbau ist
der *Entkrist* auf jeden Fall nicht. In starkem Kontrast zur gemächlich
fortschreitenden, mit erläuternden Monologen durchsetzten Einleitung
bringt die Schlußpartie ein abwechselndes Nacheinander von Personen;
und es tauchen hier Namen auf, die, wenn für uns heute auch nur noch
teilweise durchsichtig, ganz offensichtlich — und zwar manchmal in ka-

rikierter Form — auf Persönlichkeiten anspielen, die um die Mitte des 14. Jahrhunderts politisch tätig waren.

Aber bereits ein Jahrhundert später, als man diesen Stoff zur Unterhaltung der Bürger von Nürnberg umarbeitete, war seine Aktualität längst verblaßt. Dabei erhebt sich die interessante Frage, wie ein auf die Zürcher Verhältnisse von 1353—54 zugeschnittenes Stück in einem ganz anderen Milieu und zu einem ganz anderen Zeitpunkt sinnvoll aufgeführt werden konnte. Die Antwort hierauf ist wohl sehr einfach: von frühester Zeit an hatte die Schreckensgestalt des Antichrist die Phantasie des Mittelalters ergriffen — und vermochte es auch weiterhin, selbst wenn die politische Aktualität solcher Spiele sowie die damit verknüpften lokalen Anspielungen nicht mehr verstanden wurden. Vergessen wir auch nicht, daß für den Zuschauer des 15. Jahrhunderts der Dialog nicht immer die Hauptsache war. Alles in allem kann man sagen, daß die im Münchner Codex erhaltene Fassung des Spiels ein nach den Maßstäben der Zeit abwechslungsreiches, farbenprächtiges Theaterstück darstellt. Das gilt zunächst für die Partien, in denen Geister beschworen und Tote auferweckt werden. Aber auch die Hinrichtungen, die die Schergen des Antichrist vornehmen, wurden vermutlich vor den Augen des Publikums durch Pantomime simuliert; und sicherlich werden Kostüme und Bühnenrequisiten dazu beigetragen haben, die visuelle Wirkung des Ganzen zu erhöhen. Ja, aus einer Stelle im Dialog — szenische Anweisungen als solche sind nicht vorhanden — scheint hervorzugehen, daß der Antichrist bei seinem ersten Auftritt hoch zu Pferd hereinreitet. Es besteht also die Möglichkeit, daß es sich hier um eine Aufführung im Freien handelte. Aber der Reiz des kleinen Spiels lag vor allem in der Wahl des Stoffes; und hier hat der moderne Leser über die holprigen Sprechverse hinwegzusehen und sein Augenmerk auf die erschreckende Vision im Hintergrund zu richten.

Weitere Antichristspieltexte aus dem deutschen Sprachraum haben sich nicht erhalten, obwohl der Stoff ganz sicherlich von anderen deutschsprachigen Dramatikern des Spätmittelalters aufgegriffen wurde; und wir wissen auch ferner, daß in scholastischen Kreisen metaphysische Spekulationen über den Weltuntergang und das Wirken des Antichrist eifrig angestellt wurden, bei den Deutschen vielleicht eifriger als anderswo in Westeuropa. So sind Aufführungen derartiger Spiele in mehreren Gegenden belegt, beispielsweise in Xanten, wo „das alte groze spil vomm Uff- und Untergang des Antichrist" mindestens zweimal — 1473 und

1481 — inszeniert wurde, und in Dortmund, wo 1513 die Zünfte ein Fastnachtsspiel über den Antichrist und das Jüngste Gericht präsentierten. Wir erfahren auch von einem Antichristspiel, das 1469 zu Frankfurt am Main über die Bühne ging und dazu stark antisemitisch gewesen sein dürfte, denn es wird ferner berichtet, daß die Frankfurter Stadtväter sich genötigt fühlten, während der Aufführung Schutzmaßnahmen für die Sicherheit des Judenviertels zu treffen.

Die Vorstellung von einem strengen und unversöhnlichen Christus, der die Guten erhöht und die Bösen verwirft, gehört auch zum Kern der neutestamentlichen Parabel von den klugen und törichten Jungfrauen; und vielenorts war es üblich geworden, den betreffenden Bibeltext (Matth. 25,1—13) während der Adventsgottesdienste vorzulesen, da man in den Wochen vor Weihnachten nicht nur der kommenden Feier der Geburt Christi gedachte, sondern sich auch mit Andachtsübungen und der Betrachtung des ewigwährenden himmlischen Lebens befaßte. So kommt es nicht von ungefähr, daß auch in den bildenden Künsten jener Zeit, vor allem in Skulpturen innerhalb und außerhalb der Kirche, das Motiv von den zehn Jungfrauen — die Klugen, die ihre Lampen schmücken, und die Törichten, die sich sorglos dem Weltlichen hingeben — erscheint, und zwar mit einer Häufigkeit, die nur zu deutlich unterstreicht, wie sehr diese Parabel das ganze spätere Mittelalter hindurch bei Reich und Arm beliebt war. Wohl zunächst wegen ihrer leichten Verständlichkeit, aber auch wegen der Eindringlichkeit ihrer Botschaft sprach sie die Menschen jenes Zeitalters ganz besonders an.

Im Rahmen der Liturgie wurde die Parabel von den zehn Jungfrauen schon relativ früh dramatisiert, in Frankreich möglicherweise bereits vor 1100. In einer Handschrift des beginnenden 12. Jahrhunderts aus Limoges liegt uns nämlich der sogenannte *Sponsus* vor, eine Art liturgisches Oratorium, in dem lateinische Gesänge mit kunstvollen Versen in der Volkssprache abwechseln, die durchaus zu den weltlichen Teilen der Handlung passen: einer Teufelsversammlung und einer Krämerszene mit Ölverkauf. Auf eine Dramatisierung des gleichen Stoffes in deutscher Sprache müssen wir noch gut zwei Jahrhunderte warten, denn das **Eisenacher Spiel von den zehn Jungfrauen** wurde erst im frühen 14. Jahrhundert gedichtet. Von dem Verfasser wissen wir kaum mehr, als daß er vermutlich ein Dominikanermönch in Eisenach war. Wie bei so vielen mittelalterlichen Spieltexten hat sich die Urfassung auch hier nicht erhalten. Das Spiel ist uns nur aus zwei jüngeren Bearbeitungen bekannt, deren Texte stellenweise nicht unbeträchtlich voneinander abweichen. Die ältere von ihnen, in der Handschrift als *Ludus de decem virginibus* bezeichnet, besteht aus 576 Versen und wurde um 1370 zu Papier gebracht. Aufbewahrt ist sie in demselben Mühlhauser Codex, der das bereits besprochene Katharinenspiel (→ S. 11 f.) enthält. Der jüngere Text, eine um 90 Verse längere Bearbeitung, läßt sich genau auf das Jahr 1428 datieren. Diese Fassung stammt aus dem Oberhessischen; und nicht zum ersten Mal in unserer Darstellung handelt es sich um eine Abschrift, die wohl in erster Linie den Bedürfnissen des Einzellesers dienen sollte, also nicht als Regieexemplar gedacht war.

Spätere Erweiterungen und Zusätze können jedoch den strengen Charakter des Originals nicht verhüllen, das offensichtlich aus der Feder eines Geistlichen von ausgesprochen asketischer Lebensanschauung stammte. In manchem wird sein Werk dem *Sponsus* aus Limoges nahegestanden haben. Auch er ging von einem lateinischen Text aus, den er mit erläuternden Versen in der Volkssprache versah, was natürlich keineswegs zu bedeuten hat, daß er sich das französische Spiel unmittelbar zum Vorbild nahm. Im Gegenteil, eine den Ölverkauf darstellende Szene hat bei unserem Eisenacher Textdichter offenbar gefehlt. So gering das erzählerische Element in den zugrunde liegenden Matthäusversen auch ist, er vermochte doch ein Choraldrama von etwa 500 Versen daraus zu gestalten, und zwar, soweit wir es beurteilen können, mit nicht wenig Geschick und Erfindungsgabe. Ein beliebter Kunstgriff des Verfassers bestand darin, bestimmte Worte oder Wendungen aus dem Mund des einen Protagonisten unmittelbar darauf von einem anderen wiederholen zu lassen. Dabei waren es meistens die Jungfrauen, die einzeln oder im Chor das Wort ergriffen. Auf diese Weise wurde den Zuhörern ein Einblick in die Beweggründe und Absichten der Charaktere gegeben. Auch jene Gedanken, die dem Dramatiker besonders am Herzen lagen, etwa der Hinweis auf die erbarmungslose Strenge Christi oder die Vergeblichkeit der Fürbitte Marias, wurden durch rhetorische Wiederholung hervorgehoben. Ein anderes Stilmittel, von dem er gern Gebrauch machte, war die Antithese.

In den erhaltenen Fassungen wird das Gleichnis, wie bereits angedeutet, noch breiter ausgeführt. Um die Handlung in Gang zu bringen, werden die Jungfrauen von einem Engel ermahnt, sich auf das himmlische Gastmahl vorzubereiten. Die Klugen eilen weg, um Öl für ihre Lampen zu besorgen, während die Törichten ihre tugendhaften Schwestern als „alte tempeltreten" (etwa ‚Frömmlerinnen') verspotten. Leichten Herzens kosten sie die Freuden des Diesseits aus — Tanz, Ball- und Würfelspiel. Damit steigt, wenn auch nur flüchtig, ein Bild der Wonnen des Frühlings, der Festlichkeiten auf dem Dorfanger zu Ehren des einziehenden Maimonats vor uns auf; und wenn dieses weltliche Treiben an die sündige Maria Magdalena der Passionsspiele (→ I, S. 144 f.) erinnert, so ist die Ähnlichkeit wohl nicht ganz zufällig. Gegen Ende des Spiels wird die Seligkeit der klugen Jungfrauen im Augenblick, wo sie ihre himmlischen Kronen empfangen, mit der Verzweiflung ihrer leichtfertigen Schwestern, die jetzt eine nach der anderen um Gnade und Vergebung flehen müssen, wirkungsvoll kontrastiert. Bei Christus dem gerechten Richter finden sie aber kein Gehör. Auch die Fürbitte der Hl. Jungfrau, die demütig vor ihrem eigenen Sohn kniet, wird abgewiesen. Nun tritt Luzifer hervor, um die Törichten für sich in Anspruch zu nehmen, und damit geht die Handlung ihrem Höhepunkt entgegen. Die Gnadenverweigerten richten eine letzte herzzerreißende Bitte an die Umstehenden, und Beteuerungen, daß sie nunmehr wahrhaftig reuig sind, mischen sich mit Wehrufen und Selbstanklagen. In diesem Augenblick scheint es, als überkomme den Dramatiker selbst die Furcht vor seiner eigenen Vision, in welcher der gläubige Christ in vollem Besitz der Heilswahrheit doch hilflos in den Abgrund der Verzweiflung gestürzt wird. Immer wieder tritt in seiner Vorstellung die furchtbare Härte dieser Doktrin zutage. Und doch spricht andererseits echtes Mitleid, ja sogar Gram über das Los der Verdammten aus den abschließenden Versen, die übrigens nicht in die üblichen Reimpaare, sondern in wuchtige, an das Nibelungenlied erinnernde Strophen gefaßt sind. Ein ergreifender Klageruf der törichten Jungfrauen bringt das Ganze zu Ende:

des sy wy ewiclichen vorlorn,

und in dieser einzigen Zeile wird die Lehre des ganzen Spiels eindrucksvoll zusammengefaßt und hervorgehoben.

Es ist in der Tat eine Lehre, die weit über den Ruf nach Wachsamkeit und Buße hinausgeht, wie ihn die meisten geistlichen Hirten jener Zeit unermüdlich verkündeten. Im schroffsten Ton wird hier davor gewarnt, daß selbst die göttliche Gnade nichts für diejenigen tun kann, die ihre Aussichten auf Seelenheil leichtsinnig verscherzen. Und es war gerade die bitterharte Logik dieser Doktrin, die bekanntlich den Landgrafen Friedrich den Freidigen so erschreckte, als er im Jahre 1322 „am Sonnabend, vierzehn Tage nach Ostern" bei einer Aufführung des Zehnjungfrauenspiels im Tiergarten zu Eisenach zusehen mußte, wie Christus die fünf Törichten mitleidlos vom ewigen Leben ausschloß. Entrüstet stand er von seinem Platz auf, und noch bevor er den Spielraum verließ, soll er — nach der ‚Düringischen Chronik‘ des Johannes Rothe († 1434) — in Verzweiflung ausgerufen haben: „Was ist der Christenglaube, wenn Gott sich nicht über uns erbarmen will, wenn Maria und alle Heiligen für uns bitten!". Bald danach verfiel er, von Glaubenszweifeln gequält, in tiefe Schwermut. Nach fünf Tagen traf ihn ein Schlaganfall, an dessen Folgen er noch zwei Jahre dahinsiechen sollte. Streng und unerbittlich war die Anschauung vom Menschengeschick, die hier zum Ausdruck kam, erschütternd ihre Wirkung auf die Menschen, wenn sie auf der Schaubühne feste Formen annahm.

Aus Urkundenbüchern und dergleichen sind uns weitere Aufführungen bekannt: 1492 spielte man z. B. zu Lichtmeß ein Zehnjungfrauenspiel in Frankfurt am Main, und um 1500 in Oudenaarde kam ebenfalls eine Dramatisierung der Parabel auf die Bühne. Dieses flämische Stück ist von besonderem Interesse, weil hier, wohl unter dem Einfluß der Moralitätenspiele, die Jungfrauen allegorische Namen wie Glaube und Hoffnung, Eitelkeit und Hoffart führen. In einigen längeren Dramen des ausgehenden Mittelalters ist die Wirkung des düsteren Eisenacher Spiels noch deutlich zu spüren. Das Künzelsauer Fronleichnamsspiel (→ S. 74 f.) — eine umfassende Darstellung der Heilsgeschichte, die sich frei und ungeniert zahlreiche andere Dramen der Zeit zu eigen macht — bringt in den Schlußteilen sogar ein ganzes Zehnjungfrauenspiel, das sich weitgehend, manchmal fast Wort für Wort, auf den Eisenacher Text stützt, während im Alsfelder Passionsspiel von 1501 (→ S. 84 f.) mehrere Wechselreden der ‚prudentes‘ und ‚fatuae‘ für die Disputation zwischen Ecclesia und Synagoga übernommen worden sind.

Ein verhältnismäßig später Sproß am Stamm des religiösen Dramas ist das im vorhergehenden schon mehrmals gestreifte Moralitätenspiel, das erst um die Mitte des 14. Jahrhunderts als spezifisch neue Spielgattung historisch erkennbar wird. In aller Kürze wäre die Moralität wohl als „eine Allegorie in dramatische Form gekleidet, und zwar so, daß eine Moral daraus hervorgeht" zu definieren, also praktisch gesehen, eine theatralische Ausschmückung jener ausgesprochenen Vorliebe für Allegorie, die in der Dichtung, Malerei und Bildhauerei des späteren Mittelalters immer wieder anzutreffen ist. Im Hinblick auf die Ausdrucksweise der mittelalterlichen Regiekunst bedeutet es zunächst, daß Abstrak-

tionen wie Leben und Tod, Geiz und Nächstenliebe, oder Reichtum und
Armut in menschlicher Gestalt auftreten, um den ewigen Kampf um die
Seele des Menschen zu veranschaulichen. Solche personifizierten Begriffe
sind zeitlos, besitzen sogar eine Gültigkeit, die wir heute noch im Zeitalter des Unglaubens für uns akzeptieren können. Und gerade hier zeigt
sich ein sehr bedeutsamer Unterschied zu den bisher besprochenen Spielen, die in der Hauptsache ein Zurschaustellen, vielleicht genauer, ein
Wiederbeleben von Charakteren aus der Heilsgeschichte oder religiösen
Legenden anstrebten. Mit anderen Worten: In den Oster- und Passionsspielen ging es vor allem um eine Wiederholung des einmal Geschehenen,
um eine unendliche Fülle von historischen Ereignissen und Personen —
und diese versuchte man von etwa der Mitte des 14. Jahrhunderts an
möglichst naturgetreu auf die Bühne zu bringen. Dagegen stehen die
Personen und die Handlung der Moralität völlig außerhalb von Zeit
und Raum.

Es sei noch ein folgenschwerer Unterschied hervorgehoben. Während die
kürzeren geistlichen Spiele im allgemeinen als Bestandteil einer Gesamtdarstellung, als einzelne Episoden in einem gewaltigen alt- und neutestamentlichen Panorama anzusehen sind, bildet das Moralitätenspiel
im eigentlichen Sinne eine in sich geschlossene Einheit. Und das bedeutete, daß der Dichter einer Moralität seinen Stoff in mancher Hinsicht
nach eigenem Gutdünken zu gestalten hatte: Handlung und Aufbau des
Stücks konnte er selber bestimmen — und er brauchte sich dabei nicht
unbedingt an herkömmliche Spieltypen zu halten. Hier zeigen sich bereits Ansätze zu einer radikal anderen Auffassung des Dramatischen,
Ansätze, die sich allerdings erst in den Tagen der Renaissance zur vollen Blüte entfalten sollten. Hinzu kommt, daß das Moralitätenspiel seinem Wesen nach mehrere Züge mit dem Streitgespräch gemeinsam hat.
Auch hier wird Beweis und Gegenbeweis angeführt, Argument gegen
Argument ausgespielt; und das führte seinerseits dazu, daß in der Moralität dem gesprochenen Text weit größere Bedeutung zukam als im traditionellen religiösen Drama, das, vor allem in seiner späteren Entwicklung, das Visuelle stark hervorhob. So stellte die neue Spielgattung gewissermaßen höhere geistige Anforderungen an das Publikum — und
weist damit vorgreifend auf den anspruchsvollen intellektuellen Grundton des frühhumanistischen Theaters hin.

Aber schon im ausgehenden Mittelalter war das Denken der Zeit in Bewegung geraten; und die Suche nach neuen, gültigen Wertbegriffen in

Glaubensfragen wie auch in der Ethik — eine Suche, die u. a. die Moralität als neue Spielgattung entstehen ließ — war ja selber ein wichtiger Faktor in der künftigen Befreiung des Dramas von den Fesseln kirchlicher Dogmatik. Ob das, was in der Folgezeit aus neuem Lebensgefühl heraus geschaffen wurde, nun wirklich in allem so grundsätzlich anders gewesen ist, wird der nüchtern beurteilende Literarhistoriker eher dahingestellt sein lassen. Er könnte jedenfalls darauf hinweisen, daß das Problem von Gut und Böse den Dramatiker auch weiterhin stark beschäftigen sollte, und zwar noch lange nachdem man aufgehört hatte, schöpferische Anregung im christlichen Glauben zu suchen.

Was das Drama des Mittelalters anbelangt, gibt es auch sonst gute Gründe, die soeben dargelegten Unterschiede nicht allzu scharf herauszustellen. Die Moralitäten — nicht weniger als die umfangreichen heilsgeschichtlichen Dramen — waren schließlich in der Doktrin und Weltanschauung der vorreformatorischen Kirche tief verwurzelt. Vergessen wir auch nicht, daß Begebenheiten und Personen bereits in der Frühzeit des geistlichen Spiels nicht selten in einer Art und Weise dargestellt worden waren, die den Zuschauer eine andere, tiefere Bedeutung hinter dem äußeren Schein wahrnehmen ließ. Hatte nicht ein einfaches Kruzifix in den Anfängen des Osterdramas den Leichnam Christi versinnbildlicht? An sich war der Gebrauch allegorischer Figuren auch kaum etwas Neues. Derartige Gestalten sind uns bereits im Berliner Osterspiel (→ I, S. 122) und im Maastrichter Passionsspiel (→ I, S. 158) begegnet, ja, in mancher Hinsicht wäre der Tegernseer Antichrist als das erste Moralitätenspiel innerhalb — und wohl auch außerhalb — des deutschen Kulturraums zu bezeichnen. Und es ist sicherlich kein Zufall, daß charakteristische Züge dieses Genres in einer späteren Umarbeitung der Legende, im Zürcher *Entkrist,* noch deutlich vorhanden sind.

Im deutschsprachigen Spiel tritt die bereits im lateinischen Kirchendrama des Hochmittelalters latente Tendenz zur Darstellung von Abstraktionen allerdings relativ spät zutage; und das, was im folgenden daraus hervorging, unterscheidet sich vielfach von den Moralitäten, die im 14. und 15. Jahrhundert in England und Frankreich entstanden. Wiederum macht sich die schwer definierbare, doch überaus bedeutsame Eigenart der mittelalterlichen Nationen geltend. Aus dieser Zeit gibt es z. B. in deutscher Sprache nichts, was auch nur entfernt mit einem dramatisch-dichterisch so bedeutsamen Bekenntnis zum gläubigen Christentum wie *Everyman* (um 1490 entstanden) verglichen werden könnte, noch begegnet uns ein allegorisches Drama, das Spektakuläres und Esoterisches in gleicher Weise miteinander verbindet wie *La Condamnacion de Bancquet* (1508 erstmals gedruckt). Bei näherem Zusehen fällt es aber auf, daß nicht wenige der deutschen Spiele, die in die Geschichte des mittelalterlichen Dramas als ‚Moralitäten' eingegangen sind, zur Aufführung in der Fastnachtszeit bestimmt waren. Einige von diesen sind nun ganz und gar allegorisch und führen bewährte Themen wie etwa den Streit zwischen Wein und Wasser vor, um dem Zuschauer die Vorzüge von Mäßigkeit und Nüchternheit einzuschärfen; andere wollen ebenso didaktisch wirken, gebrauchen aber mitunter einen naiven, manchmal sogar recht derben Volkshumor und zeigen auch sonst eine Neigung zum Weltlich-Realistischen. Zu diesen Moralitäten (eine Bezeichnung übrigens, die im deutschen Sprachgebrauch — im Gegensatz zum französischen ‚moralité' erst nach Ausgang des Mittelalters eingeführt wurde) gehören immerhin einige, die durch eine religiös-ethische Lehrhaftigkeit charakterisiert sind, und von diesen soll nun die Rede sein.

Ähnlich wie ihre englischen und französischen Gegenstücke, sind die sittlich-lehrhaften Moralitäten auf deutschem Boden vor allem ein Phänomen des 15. Jahrhunderts, selbst wenn ihre Ursprünge bis ins 14. zurückreichen — und sie noch im 16. eine durchaus beliebte Gattung waren. Im allgemeinen scheinen sie eher das Werk von ernsthaft gesinnten Laien, von Kaufleuten und Handwerkern, gewesen zu sein als von Geistlichen; und es überrascht daher nicht, daß die kulturellen Interessen des deutschen Bürgertums sich um so stärker und schärfer in diesen Spielen widerspiegeln. Von den Traditionen der Scholastik und der mittellateinischen Literatur blieben sie allerdings nicht unberührt. Ausgeprägt ist vor allem der Einfluß der *altercatio*, eines von der Antike geerbten, während des ganzen Mittelalters eifrig gepflegten Genres, in dem eine Debatte zwischen zwei, gelegentlich auch mehreren Protagonisten ausgetragen wird, etwa der Streit des Leibes mit der Seele, des Winters mit dem Sommer oder gar des gefräßigen Karnevals mit dem Fasten. Es ist ferner zu vermuten, daß in mancher deutschen Moralität die nach den strengen Regeln der Rhetorik und Stilistik geformten Perioden frühhumanistischer Prosawerke nachgeklungen haben, zumal diese nicht selten als Dialog oder Gerichtsverhandlung gestaltet waren.

Auch ‚die kunst von dem hailsamen sterben'— so der Titel eines im 15. Jahrhundert viel gelesenen Sterbebüchleins, aus dem die Angst jener Zeit vor einem jähen, unvorbereiteten Tod noch erschütternd zu uns spricht —

geht nicht spurlos an den Moralitäten vorbei. Denn mit dessen zentralem Gedanken, nämlich, daß der gute Christ sein Leben auf ein gottgefälliges Sterben hin ordnen sollte, war der mittelalterliche Mensch durch zahlreiche Blockbuchausgaben sowie eine wahrhafte Fülle von Traktaten über die ‚ars moriendi‘ durchaus vertraut. Nahe damit verwandt war ein anderes Thema, das dramatische Möglichkeiten in sich barg und eine ebenso weite Verbreitung im Bürgertum gefunden hatte: die Disputation, in welcher Leben und Tod einander gegenübertreten. Dabei ist vor allem an den *Ackermann aus Böhmen* (um 1400) des Johannes von Tepl zu denken, der in dieser beliebten Form — kunstvoll aufgebaute Rede und Widerrede lösen sich fortwährend in dramatischer Verlebendigung ab — den Menschen im Streit mit dem allmächtigen Herrscher Tod auftreten läßt. Es war überdies die Zeit der Totentänze, jener bildlichen Darstellungen vom Sensenmann, der von jedem Einzelnen ohne Rücksicht auf Stand und Ansehen unerbittlich seinen Zoll fordert; und es ist wohl kein Zufall, daß die auf einen ernsthaften Grundton abgestimmte Fastnachtsmoralität gerade in Lübeck und Basel — beide um diese Zeit blühende Handelsstädte, die die eindrucksvollsten Totentanzdarstellungen des Mittelalters besaßen — eine bescheidene Blüte erlebte.

An Spieltexten hat sich jedoch sehr wenig erhalten, und eine Hauptquelle unserer Kenntnis von der deutschen Moralität des ausgehenden Mittelalters bildet ein Verzeichnis von insgesamt 73 Spielen, die alle in der Hansestadt Lübeck aufgeführt wurden — und zwar von der exklusiven ‚Zirkelbruderschaft‘, einer Gruppe von theaterfreundlichen Patriziern, die sich erstmals 1379 zu diesem Zweck zusammenschlossen. Die Urkunden der Bruderschaft reichen allerdings nicht weiter als bis ins Jahr 1430 zurück, setzen sich aber von dieser Zeit an mehr oder weniger ununterbrochen bis 1515 fort. Endgültig aufgelöst wurde die Gesellschaft erst um 1535, so daß ihre Spieltätigkeit sich über gut anderthalb Jahrhunderte erstreckte. Vor allem hatte die Bruderschaft den Zweck, alljährlich eine Moralität in der Fastnachtswoche zu präsentieren. Dazu wurden zwei Zirkelbrüder beauftragt, einen geeigneten Spieltext zu verfassen. Falls sie sich dieser Aufgabe nicht gewachsen fühlten, war es ihnen gestattet, den Auftrag weiterzugeben — oder wie eine Satzung der Bruderschaft es bündig ausdrückt: sie sollen „dichten edder dichten laten". Für die Proben und die Aufführung selbst mußten zwei andere Mitglieder die Verantwortung tragen. Laut einer Verordnung vom Jahre 1499 wurde es den zwölf jüngsten Zirkelbrüdern zur Pflicht gemacht, aktiv am Fastnachtsspiel teilzunehmen, eine Maßnahme, die freilich darauf hinzuweisen scheint, daß die Begeisterung für das Theater bereits im Abflauen war.

Die Titel der aufgeführten Stücke sind Jahr für Jahr im Verwaltungsbuch der Gesellschaft eingetragen, daneben auch manchmal ein oder zwei kurze deskriptive Sätze, aber nur selten werden wir über den genaueren Inhalt dieser Spiele informiert. Bei einigen — z. B. das 1454 aufgeführte Spiel „van dem gulden vluse dat Josoen wan" — und das im folgenden Jahr dargebotene Spiel „van Paris van Troe unde van den dren nakeden juncfruwen" — handelte es sich offenbar um Dramatisierungen klassischer Sagen, andere dagegen werden wohl Bearbeitungen beliebter Schwankstoffe gewesen sein, wie aus folgender Beschreibung eines Spiels vom Jahre 1462 zu entnehmen ist: „van dem olden wyve, de den duvel banth". Aber im allgemeinen spricht dieses Repertoire der Zirkelbruderschaft dafür, daß man sich in Lübeck — vor allem von den achtziger Jahren des 15. Jahrhunderts an — mit durchaus ernsten Themen befaßte. Arm an Handlung, aber dafür um so reicher an moralisierender Diskussion, stellten diese norddeutschen Moralitäten sicherlich keine hohen literarischen Anforderungen. Wie die englischen ‚interludes' der Tudorzeit, mit denen sie nun tatsächlich einige Züge gemeinsam haben, entstanden sie wohl zunächst als gesellschaftliche Unterhaltung in den Häusern des Patriziats.

Wie diese Spiele nun in relativ kurzer Zeit, vermutlich bereits um 1420, zum charakteristischen Merkmal der Lübecker Fastnacht wurden, läßt sich im einzelnen nicht mehr feststellen. Allem Anschein nach war der Brauch, kleine Schauspiele vor dem Anfang der Fastenzeit zur allgemeinen Volksbelustigung zu agieren, süddeutscher Herkunft, und doch zeigt sich das lübische Theaterwesen in manchem den Niederlanden verpflichtet. Auch dort hatten sich gegen Ende des 14. Jahrhunderts ähnliche Gesellschaften gebildet, die sogenannten ‚Cameran van Rhetorica', in denen sich wohlhabende, kunstverständige Bürger zu dichterischen Übungen und Vorträgen zusammenfanden; und da diese ‚Rhetorikerkammern' z. T. aus noch älteren Choralgesellschaften und geistlichen Bruderschaften hervorgegangen waren, blieb die Verbindung mit dem kirchlichen Drama bestehen, ja, im 15. und 16. Jahrhundert machte man sich eifrig daran, eigene Spiele zu verfassen und aufzuführen. Aber die ‚rederijker', wie sie sich nannten, wollten damit nicht bloß für Geselligkeit und Unterhaltung sorgen; ihnen ging es auch um das sittliche Wohl ihrer Mitbürger, und dieses gemeinsinnige Anliegen fand auf dramatisch-theatralischem

Gebiet einen für die Zeit sehr charakteristischen Ausdruck in den ‚spelen van sinne', allegorischen Darstellungen, die vorzugsweise religiöse oder moralische Fragen behandelten, und auch sonst artverwandt mit den deutschen ‚Moralitäten' waren. So mußten z. B. die Preisbewerber auf einem 1539 in Gent veranstalteten Dichterwettkampf ein Spiel über das folgende Thema verfassen: „Was dem sterbenden Menschen am meisten Trost gewährt." Auch in der Darstellungsweise machen sich niederländische (und vielleicht auch englische) Einflüsse im Ostseeraum geltend, denn in Lübeck — wiederum im Gegensatz zu Süddeutschland, wo man nach dem Fastnachtsumzug eher in geschlossenem Raum spielte — wurden die Fastnachtsmoralitäten von einer ‚borch' (= Burg) aus, wohl eine Art erhöhter Plattform, im Freien agiert. Ob die ‚borch' — etwa nach dem Vorbild der englischen Wagenbühne — dazu mit Rädern ausgestattet war, wie einige Forscher behaupten, ist keineswegs sicher. Daß die Aufführungen der Zirkelbruderschaft unter niederländischem Einfluß standen, bedürfte an sich kaum einer weitläufigen Erklärung: unterhielten doch die lübischen Kaufleute um diese Zeit engste Handels- und Kulturbeziehungen zu den reichen Städten der Niederlande — und in der formativen Gesellschafts- und Bildungsschicht gab es auf beiden Seiten manche Ähnlichkeit und Affinität.

Es seien noch ein paar Titel aus ihrem Repertoire herausgegriffen. *Die viff dogede* (Die fünf Tugenden) und *Dat lucke radt* (Das Rad der Fortuna), das eine Stück 1439, das andere 1441 aufgeführt, lassen beide an eine Art Moralitätenspiel denken, während der Eintrag für das Jahr 1490 — „wer beter were, der olden wisheit wen (= oder) der jungen sterke" — offensichtlich einen immer wiederkehrenden Spieltypus darstellt, nämlich das allegorische Streitgespräch, in dem menschliche Eigenschaften das Wort ergreifen. Eine markante Ähnlichkeit, wenn nicht sogar Geistesverwandtschaft mit den Themen der niederländischen ‚Sinnspiele' zeigt sich vor allem in Titeln wie etwa ‚Von Treue und Wahrheit und wie die eine vor der anderen sterben wollte' (1480), ‚Von der Wahrheit und wie sie überall in der Welt verstoßen wurde' (1486) oder ‚Wie der Glaube gesucht und nicht gefunden wurde' (1496 und 1515). Den genauen Inhalt eines Spiels aus einem so geringen Beweismaterial abzuleiten, ist freilich ein gewagtes — und dabei auch kaum stichhaltiges Verfahren. Doch gestattet uns dieses Spielverzeichnis eine gewisse Einsicht in die Geisteswelt des norddeutschen Großbürgertums, denn in den Stoffen, die hier dramatisiert wurden, meldet sich nicht nur das sittliche Empfinden des gebildeten Laien, sondern auch seine zunehmende Unzufriedenheit — zunächst in religiös-kirchlichen Angelegenheiten, aber auch in Politik und Recht — mit bestehenden Einrichtungen. Es ist das Wetterleuchten der kommenden Glaubensspaltung.

Keiner der Handvoll Spieltexte, die aus Lübeck bzw. der angrenzenden Küstenlandschaft überliefert sind, ist vor 1450 anzusetzen. Wohl das interessanteste dieser spätmittelalterlichen Stücke ist das **Spiel von Henselyn,** das uns in einem zwischen 1497 und 1500 datierbaren Lübecker Wiegendruck erhalten ist. Dem Kern der Handlung liegt ein in vielen Nationalliteraturen wiederkehrendes Motiv zugrunde: die Suche — oft mit langen Reisen verbunden, da man dauernd von einem Ort zum anderen geschickt wird — nach einer menschlichen Eigenschaft, die über alle irdischen Reichtümer zu schätzen ist. Das Wort ihres alten Vaters etwas zu genau nehmend, ziehen drei Söhne, von dem Narren Henselyn begleitet, in die Welt hinaus, um die Gerechtigkeit zu finden. Voll Hoffnung reisen sie nach Rom und beginnen gleich beim höchsten Würdenträger der Kirche. Aber der Papst verweist die Suchenden an den Kaiser, der ihnen dann seinerseits rät, sich an die Kurfürsten des Reiches zu wenden. So müssen die Söhne ihre Suche unter den verschiedenen Ständen fortsetzen. Durch die schalkhaften, aber überaus einsichtigen Bemerkungen des Henselyn, einer ganz und gar in der Tradition des ‚weisen Narren‘ stehenden Figur, wird die Handlung dabei immer wieder belebt. Und es ist eben dieser scheinbar törichte Henselyn, der den Söhnen endlich klarmacht, daß man die Gerechtigkeit umsonst bei den Ständen suchen wird. Zu befragen bleiben nur noch Geistliche, Trunkenbolde und die „schönen fruwen", die ihnen ebenfalls keinen besseren Rat zu geben vermögen. Mit leeren Händen kehren die Söhne entmutigt nach Hause zurück, werden aber vom Vater ermahnt, die Suche nicht aufzugeben. In einem kurzen Epilog fällt es Henselyn zu, die Moral des Spiels zu sprechen: die Gerechtigkeit ist in der Seele des Menschen zu finden, und nirgends sonst. Also wiederum ein Thema, das mit religiösen Tagesfragen eng zusammenhing, und es ist an sich denkbar, daß *Henselyn* mit einem für das Jahr 1484 im Verzeichnis der Zirkelbruderschaft eingetragenen Spiel „van der rechtverdicheyt" identisch ist.

So abwechslungsreich — vor allem im räumlichen Sinne — die Handlung von *Henselyn* zunächst erscheinen mag, fehlt es doch fast gänzlich an starken Effekten. Die ‚Szenenwechsel‘, die dadurch entstehen, daß die Suchenden mehrmals von Ort zu Ort ziehen, werden lediglich im Dialog angedeutet. Um so mehr fällt diese Neigung zur abstrakten Dialogform auf, da wir das Stück nur aus einer in erster Linie für den Leser angefertigten Buchfassung („Henselyns boek is dyt ghenant") kennen. Und während die Grundstimmung des Spiels, nicht weniger als die der anderen deutschen ‚Moralitäten', ernst und lehrhaft bleibt, dürfte es eigentlich nur im allerweitesten Sinne als allegorisch gelten, ja, verglichen mit den religiös-kirchlichen Moralitäten aus England und Frankreich wäre es kaum berechtigt, *Henselyn* noch zu dieser Spielgattung zu rechnen.

Die einzigen deutschsprachigen Spiele, die außerdem als echt mittelalterlich bezeichnet werden können und die zugleich gewisse Züge, etwa die Vorliebe für personifizierte Abstraktionen und den Hang zum Moralisieren, mit den soeben besprochenen Moralitäten aus dem Norden gemeinsam haben, stammen aus der Schweiz. In anderer Hinsicht stehen diese wiederum dem Zürcher *Entkrist* näher, vor allem in der ausgeprägten Tendenz, die Schaubühne in den Dienst der politischen und sozialen Bestrebung der staatlichen Gemeinschaft zu stellen — und gerade hier, so will es dem Außenstehenden scheinen, begegnet uns ein wesentliches Merkmal der deutschschweizerischen Dichtung, das das geistige und literarische Leben der Eidgenossen auch in den folgenden Jahrhunderten des öfteren von dem der anderen deutschsprachigen Länder unterschieden hat. Ein derartiges Werk liegt, wenn auch nur als Fragment, in einer Basler Handschrift vom Jahre 1434 vor: die sogenannten **Basler Fastnachtsspielszenen**. Leider sind diese Bruchstücke viel zu kurz, als daß wir uns ein klares Bild von dem ganzen Spiel machen können, aber ein kräftiger Schuß Gesellschaftskritik gehörte offenbar dazu. Erhalten sind Partien, die uns in die bäuerliche Alltagswelt versetzen, darunter ein Dialog, in dem ein knauseriger, hartherziger Gutsherr wegen schlechter Behandlung seiner Pächter angeprangert wird. Dagegen scheint der frühere Teil, in dem Luzifer seine Teufel in die Welt ausschickt, um Böses zu stiften und insbesondere auf den Sündenfall hinzuarbeiten, auf eine religiöse Moralität hinzudeuten, die ihrerseits auf ein noch älteres Osterspiel zurückgehen dürfte.

Im Zürcher Fastnachtsumzug von 1484 — so wird uns berichtet — gingen zehn Zunftgenossen durch die Straßen der Stadt, jeder als eines der zehn Menschenalter kostümiert, und es ist anzunehmen, daß ihnen dabei ein Herold oder sonstiger Kommentator vorausging, um den Zuschauern klarzumachen, was jede Figur darstellen sollte. So konnte unter Umständen eine Reihe von Bildern oder stummen Figuren in eine Art Moralitätenspiel verwandelt, ein beliebtes Motiv der Zeit in schaubarer, dramatischer Form dargeboten werden. Es handelte sich dabei um eines, das allen Ständen und Klassen in Wort und Bild längst bekannt war: die verschiedenen Alter, oft, wie hier, nach Jahrzehnten geordnet, die der Mensch von der Wiege bis zum Grabe durchläuft. Die große Beliebtheit dieser allegorischen Darstellung, die den Zuschauer — wie schon vorher der Totentanz — mit aufrüttelndem Ernst an die Macht der Vergänglichkeit gemahnte, zeigt sich darin, daß die Urfassung des Spiels neu bearbeitet und erweitert wurde. Mit diesem Werk — wohl sein erstes für die Bühne — trat Pamphilus Gengenbach († um 1524), ein Basler Drucker und Buchhändler, als Fastnachtsspieldichter auf; und in dieser verbesserten Form wurde sein **Spiel von den zehn Altern dieser Welt** — laut dem Titelblatt der Erstausgabe — zum ersten Mal „von etlichen ersamen und geschickten burgeren der loblichen stat Basel" an der Herrenfastnacht von 1515 aufgeführt.

Handlung und Inszenierungstechnik sind beide denkbar einfach. An den Vertretern der zehn Menschenalter, die, vom Kind bis zum hundertjährigen Graubart, wohl unbeweglich auf der Bühne aufgestellt waren, schreitet ein alter Einsiedler vorbei und bleibt gerade lange genug vor einem jeden stehen, um ein kleines Gespräch anzuknüpfen — und darin werden die für jedes Lebensalter charakteristischen Schwächen bloßgelegt. Mit Tadel und Zurechtweisung hält der Einsiedler nicht zurück, und, immer wieder neue Beispiele aus der Heiligen Schrift oder der Geschichte anführend, mahnt er zur Besserung. Auf diese Weise vermochte Gengenbach sich den revuemäßigen Charakter des älteren Fastnachtsspiels dienstbar zu machen. Im Auf- und Absteigen des Menschenlebens, wie es hier dargestellt wird, verspürt man aber zugleich etwas Tieferes und Ernsteres, was nun freilich Schaulust und Unterhaltung, gelegentlich sogar Augenblicke gedämpfter Komik, keineswegs ausschließt. Da ist z. B. der achtzigjährige Greis — „achtzig jar der welt narr" heißt es im Text —, der es trotz triefender Nase und zunehmender Kurzatmigkeit doch nicht lassen kann, den „hüpschen fröwlin" seinen Gruß zu entbieten. Auch die anderen Alter werden in ihrer Ausdrucksweise und ihrem Wesen treffend voneinander abgehoben, und im schlagfertigen Hin und Her des Dialogs verrät sich die Hand eines nicht ungeschickten Dramatikers. Daß die weisen Worte des Einsiedlers auf taube Ohren stoßen, versteht sich, und am Schluß beharrt jedes Alter um so stärker auf seinen Torheiten.

Gengenbachs kleines Spiel wurde mit Begeisterung von seinen Zeitgenossen aufgenommen, und durch die Ausbreitung der Druckerkunst — es ist gerade bezeichnend für die neu anbrechende Zeit, daß das Stück sehr bald nach der Erstaufführung in Druck gegeben wurde — erreichte es flugs ein weit größeres Publikum als seine Basler Mitbürger. Es war auch, nebenbei bemerkt, überhaupt das erste Schauspiel in deutscher Sprache, das im Druck erschien. Während der nächsten Jahrzehnte, ja, bis in die Zeit des Dreißigjährigen Krieges, wie das fortlaufende Erscheinen von Nachdrucken und Bearbeitungen deutlich beweist, fand das Werk eine begierige Leserschaft sowohl innerhalb wie außerhalb der Eidgenossenschaft. Als junger Druckergeselle hatte Gengenbach einige Jahre in Nürnberg verbracht, wo er sich wohl mit dem heimischen Fastnachtspiel bekannt machte, das in den Händen eines Hans Rosenplüt (→ S. 165 ff.) oder eines Hans Folz (→ S. 169 ff.) bereits zu ernsthafter Satire und gesellschaftlicher Kritik tendierte; und der satirische Geist der Fastnacht genügte diesem in theologischen Dingen gut beschlagenen, auch vom Schrifttum der Antike innerlich nicht unberührten Autodidakten vollauf als Inspiration für die *Zehn Alter*.

Zu Beginn seiner schriftstellerischen Karriere war Gengenbach, so sehr er die Laxheit des Klerus mißbilligte, ein treuer Sohn der Kirche gewesen, aber nach dem Auftreten Luthers äußerte er sich immer kritischer und radikaler zu den brennenden Fragen der Zeit. Schon 1518 hatte er seine Druckerei in den Dienst der neuen Lehre gestellt, und in den folgenden Jahren wurde er zu einem tatkräftigen Befürworter der reformatorischen Ideen, die er nunmehr eifrig in Fastnachtspielen, Zeitgedichten, Anekdoten und gar Novellen propagierte. In der Leidenschaft des Konfessionsstreits ging es ihm nicht mehr bloß darum, die Torheit seiner Mitmenschen anzuprangern, sondern die dogmatische und kultische Autorität des Papsttums zu untergraben. Es war das Ende des deutschen Mittelalters und der Beginn eines neuen Zeitalters.

Texte

Berner Weltgerichtsspiel: hg. W. Stammler, Texte des späten Mittelalters 15, Berlin 1962. — *Rheinauer Jüngster Tag:* Mone ii, Bd. 1, S. 273—301. — *Des Entkrist Vasnacht:* Keller Nr. 68; hg. F. Christ-Kutter, Frühe Schweizerspiele, Altdeutsche Übungstexte 19, Bern 1963, S. 41—61. — *Eisenacher Spiel von den zehn Jungfrauen:* hg. O. Beckers, Germanistische Abhandlungen 24,

Breslau 1905, S. 96—124; hg. K. Schneider, Texte des späten Mittelalters und der frühen Neuzeit 17, Berlin 1964. — *Das Spiel von Henselyn:* hg. C. Walther, Jahrbuch des Vereins für niederdt. Sprachforschung 3 (1877), S. 9—36; hg. C. Borchling, Tausend Jahre Plattdeutsch, Glückstadt 1927, S. 129—41. — *Basler Fastnachtsspielszenen:* hg. G. Binz, Ein Basler Fastnachtsspiel aus dem 15. Jh., Zeitschrift für dt. Philologie 32 (1900), S. 58—63; hg. F. Christ-Kutter, a. a. O., S. 24—29. — *Das Spiel von den zehn Altern dieser Welt:* hg. K. Goedeke, Pamphilus Gengenbach, Hannover 1856 (= Nachdruck, Amsterdam 1966), S. 54—76.

11. Spektakelspiele des ausgehenden Mittelalters

Nicht wenige der auf den vorhergehenden Seiten behandelten Spiele haben uns chronologisch wie auch kulturell bereits an die äußersten Grenzen der mittelalterlichen Periode geführt, in einigen Fällen sogar darüber hinaus. Zu besprechen bleibt jedoch noch immer ein Phänomen der Spätzeit, das nach einer weitverbreiteten Ansicht als Inbegriff des ganzen mittelalterlichen Theaterwesens gilt: das spektakuläre, zeitlich und räumlich weit ausgedehnte Drama, das eine Vielfalt von biblischen Ereignissen — von der Schöpfung bis zum Jüngsten Gericht — panoramaartig auf dem Marktplatz vor der versammelten Bürgerschaft abrollen läßt. In der deutschsprachigen Welt pflegt man solche Spiele unter dem Sammelbegriff ‚Passionsspiel‘ zu subsumieren. Bei den deutschen Theaterforschern des vergangenen Jahrhunderts ist allerdings auch gelegentlich der nach dem Altfranzösischen gebildete Terminus ‚Mysterienspiel‘ anzutreffen, eine Bezeichnung, die ihrerseits auf das mlat. *ministerium* (in der engeren Bedeutung von ‚Gottesdienst‘) zurückgeht. Doch hat sich diese Benennung nicht durchgesetzt, und dem wäre hinzuzufügen, daß sie in keinem deutschen Spieltext des Mittelalters belegt ist. Wie die englischen ‚pageant plays‘ und die französischen ‚mystères‘, mit denen sie übrigens viele Züge gemeinsam haben, wurde auch in den deutschen Passionsspielen die Heilsgeschichte Szene um Szene vorgeführt, und zwar meistens mit einer überwältigenden Fülle realistischer Details. Das erforderte wiederum eine steigende Anzahl von Schauspielern und Statisten sowie ein ansehnliches Repertoire von Regiekunststücken. Aufführungen, die zwei Tage und noch länger in Anspruch nehmen, sind jetzt keine Seltenheit mehr.

Diese umfangreichen Dramen des späteren Mittelalters alle einfach als ‚Passionsspiele‘ zu etikettieren, ist ein bequemer, doch eigentlich nicht sehr befriedigender Ausweg. Insofern Christi Leiden am Kreuz ein wesentlicher Bestandteil, wenn nicht sogar das Kernstück solcher Darbietungen war, hat diese Sammelbezeichnung ganz zweifellos ihre Berechtigung; andererseits geht sie stillschweigend an der Tatsache vorbei, daß diese Spiele nach Entstehung und Aufbau, von den Details des

Inhalts ganz zu schweigen, alles andere als einheitlich oder stereotyp waren. Gewiß, einige Texte entsprechen ziemlich genau der landläufigen Vorstellung eines allumfassenden biblischen Festspiels, denn hier wurde tatsächlich eine möglichst lückenlose Darstellung der nach den Grundlehren mittelalterlicher Theologie bedeutsamen Begebenheiten aus dem Alten und Neuen Testament angestrebt. Andere deutschsprachige Passionsspiele gehen dagegen kaum über eine Schaubarmachung der Kreuzigung und der unmittelbar vorangegangenen Ereignisse hinaus, sind also eigentlich kaum mehr als stark erweiterte Osterspiele; und wir werden noch andere antreffen, die manche Berührungspunkte mit den prozessionalen Spielen des Corpus-Christi-Festes (→ I, S. 148 f.) aufweisen, in mehreren Fällen sogar wohl unmittelbar daraus hervorgegangen sind. Von diesen Passionsspielen wiesen einige bis in die Reformationszeit hinein die charakteristischen Merkmale des Prozessionsspiels auf, und zwar in leicht erkennbarer Form, während andere erst nach eingehender Textanalyse Spuren dieser Anfänge erkennen lassen. Die alte Verbindung mit den Fronleichnamsumzügen zeigt sich etwa in der Tendenz, die ‚dramatis personae‘ eher aus kompositionellen als dramatischen Erwägungen gruppenweise auftreten zu lassen, oder es werden gewisse Teile der Handlung mit besonderem Nachdruck herausgearbeitet, manchmal sogar zu Ungunsten anderer, kaum weniger zentraler Ereignisse und Themen. So bleibt bei mehr als einem deutschen Passionsspiel der Spätzeit ein Eindruck von Sprunghaftigkeit in der Szenenabfolge zurück.

Entwicklungsgeschichtlich sind diese Unterschiede nicht zu unterschätzen, und doch wurden sie noch vor Ende des 15. Jahrhunderts vielenorts so verwischt, daß sie keine praktische Bedeutung mehr hatten, jedenfalls nicht für die damaligen Dramatiker und Spielleiter, die sich wenig um die Herkunft ihrer Vorlagen kümmerten. Außerdem wurden diese ‚Passionsspiele‘, ob sie sich nun aus älteren Osterspielen oder Fronleichnamsfeiern entwickelt hatten, fast ohne Ausnahme auf der gleichen Art von Bühne aufgeführt, der Simultanbühne, die vor der Stadtkirche oder auf dem Marktplatz aufgebaut war. Und schließlich dürfen wir nicht vergessen, daß sich der Brauch, besondere Theateraufführungen zu Himmelfahrt, Pfingsten und Fronleichnam während der günstigen klimatischen Verhältnisse des Spätfrühlings oder Frühsommers zu veranstalten, bereits mit den ersten Passionsspielen (→ I, S. 154 f.) eingebürgert hatte; und allein die Tatsache, daß es sich nunmehr um groß angelegte Inszenierungen im Freien handelte, die in vieler Hinsicht großartige

Volksfeste geworden waren, führte zu einer gewissen äußerlichen Gleichförmigkeit.

Ein weiteres bemerkenswertes Charakteristikum der deutschen Passionsspiele im ausgehenden Mittelalter ist der zunehmende Gebrauch von ,praefigurationes‘, d. h. ,Vorzeichen‘ aus dem Alten Testament, die angeblich auf das noch Kommende im Neuen Testament hindeuten. In der Bühnenpraxis der Zeit konnten solche Präfigurationen verschiedene Formen annehmen. Manchmal wird eine Szene, die Begebenheiten und Personen aus dem Alten Bund darstellt, gleich von einer zweiten abgelöst, die auf eine neutestamentliche Parallele verweist, manchmal wird bloß eine kurze Erläuterung eingeschoben, die vom Prolocutor gesprochen oder vom Chor gesungen werden konnte. Und da Christi Leben und Tod jeweils im Mittelpunkt eines Passionsspiels stehen mußten, fehlte es nicht an Gelegenheiten — vor allem, wenn der Dramatiker dazu geneigt war — exegetische Kommentare, die auf alttestamentliche Stoffe zurückgreifen, in die Handlung einzuschalten. Der Gedanke, daß der Ausgang der Heilsgeschichte bereits im Alten Testament vorgezeichnet ist, war an sich kaum etwas Neues, auch nicht im religiösen Drama. Er lag z. B. bereits dem *Ordo Prophetarum* (→ I, S. 58) zugrunde, und in dem Vorauer *Ordo de Ysaac et Rebecca* aus dem 12. Jahrhundert (→ I, S. 63) wird diese Art allegorischer Interpretation bedeutend weiter ausgestaltet, ja, im wesentlichen nimmt sie hier die gleiche Form an, in der sie regelmäßig in den Spielen des Spätmittelalters erscheint. Aber im Laufe des 15. Jahrhunderts gewannen die Präfigurationen stark an dramatischer Bedeutung, vielleicht weil ernst gesinnte bürgerliche Zuschauer sich mehr und mehr für gewichtige theologische Fragen interessierten, vielleicht auch weil das Nebeneinander von alt- und neutestamentlichen Stoffen dem Dramatiker einen sicheren Weg bot, sein Werk auf die gewünschte Spieldauer zu bringen.

Typische Beispiele präfigurativer Bibelexegese sind etwa der Hirt Abel, der nach mittelalterlicher Tradition als Sinnbild des Guten Hirten verstanden wurde, während sein Mörder Kain dagegen die Juden darstellt, deren Hände mit dem Blut Christi befleckt sind. Oder das Ende Absaloms, der, auf seinem Maultier „unter eine große Eiche mit dichten Zweigen“ gekommen, mit dem Haupt in den Ästen hängen blieb und in dieser Stellung von Joab getötet wurde (2. Sam. 18,9—15), verweist auf den Tod des Judas Ischariot, der sich, erinnern wir uns, ebenfalls an einem Baum erhängt haben soll. Daß ein Nacheinander von solchen Szenen dem Fortgang der Handlung im allgemeinen nicht förderlich war, liegt auf der Hand; und doch ist die Häufigkeit, mit welcher Präfigurationen immer wieder in die Handlung eingebaut werden, ein schlagender Beweis dafür, daß die gestaltenden Kräfte des mittelalterlichen Theaterwesens, auch die des hochentwickelten Theaterwesens am Ausgang des Mittelalters, ebenso sehr im theologischen Denken wie im dramatischen Schaffensdrang wurzelten. Dem geistlichen Dramatiker ging es jetzt vor allem darum, seinem Publikum die größeren Zusammenhänge der heiligen Geschichte, die Gottes Willen und Absicht den Menschen offenbart, zu veranschaulichen; und es gehört zu den praktischen Konsequenzen seiner Vorliebe für dramatisierte Exegese, daß oft eine Art verbindender Kommentar zwischen die betreffenden Szenen eingeschoben werden mußte, was in manchem eine Rückkehr zur Technik des prozessionalen Dramas bedeutete.

Es liegt wohl zwangsläufig in der ganzen Entwicklung, daß die meisten Passionsspiele der Spätzeit eine gewisse Ähnlichkeit miteinander haben, eine Ähnlichkeit, die aber nicht bloß davon herrührt, daß die Texte letzten Endes alle auf dieselben biblischen und dogmatischen Traditionen zurückgehen. Nicht weniger wichtig war der Eifer, wenn nicht sogar Sammlerfleiß, mit dem die Verfasser bzw. Kompilatoren dieser Dramen Szenen, Motive, ganze Dialogpartien, kurz, alles, was für ihren Zweck brauchbar schien, voneinander übernahmen. Dabei bereitete ihnen geographische Entfernung kaum Schwierigkeiten, und es kommt nicht selten vor, daß eine Stelle aus einem thüringischen Spiel fast Wort für Wort am Niederrhein oder gar in Tirol wieder auftaucht. Im allgemeinen wird es wohl leichter gewesen sein, ein Stück aus der näheren Umgebung zum Vorbild zu nehmen; und es gibt mehr als ein Beispiel dafür, daß ein religiöses Drama in toto von einer Gemeinde zur nächsten wanderte, ein Vorgang, den wir beispielsweise im Schwarzwald, wo im 15. Jahrhundert die Nachbarstädte Donaueschingen und Villingen mehr oder weniger genau dasselbe Passionsspiel aufführten, sehr gut beobachten können.

Durch Textvergleiche wird es daher möglich, die erhaltenen Passionsspiele in lose zusammenhängende landschaftliche Gruppierungen einzuteilen. Von diesen Gruppen sind die drei wichtigsten: eine rheinfränkische, die schon früh nach Hessen verpflanzt wurde, wo sie dann im 15. und frühen 16. Jahrhundert eine regelrechte Blüte erlebte, eine schwäbisch-oberrheinische, die durch umfangreiche Spieltexte aus der Schweiz und dem Badischen vertreten ist, und zuletzt — weit homogener, dazu auch reichlicher überliefert — eine Gruppe, die noch spät bis ins 16. Jahrhundert hinein auf tirolischem Boden kräftig gedieh. Aber trotz des weiten geographischen Raums, in dem sich das Drama des Spätmittelalters entfaltete, wie auch der damit verbundenen landschaftlichen Verschiedenheiten würde es doch schwierig sein, auch nur ein einziges Passionsspiel zu nennen, das merklich von den anderen absticht. Bei welchem Spieltext wir auch anfangen, wir stoßen früher oder später auf den einen oder anderen charakteristischen Zug, der uns bereits an anderer Stelle begegnet ist.

Solche Entlehnungen treten in mancherlei Form auf. In einigen Fällen liegen genaue textliche Parallelen vor, in anderen handelt es sich um eine schöpferische Nachahmung des Vorbilds — beispielsweise einen neuen Dialog für eine Episode, die bisher übergangen worden war, zu dichten — oder darum, schon vorhandene Szenen wirkungsvoller ins Ganze einzugliedern. Neuerungen dieser Art waren wohl nicht ausschließlich die Arbeit von theaterliebenden Klerikern, die einen regelmäßigen Gedankenaustausch mit Amtsbrüdern aus anderen Gegenden führten. Auch spielfreudige Laien werden daran beteiligt gewesen sein, Kaufherren, Handwerker, Pilger, die, so dürfen wir annehmen, bei der Rückkehr in die Heimat über die näheren Details einer Aufführung berichteten, die sie auf ihren Reisen beeindruckt hatte. Manchmal gelang es ihnen, den Text einer neuen Rolle oder gar ein ganzes Spielbuch zum Abschreiben mit nach Hause zu bringen. So ist das deutsche Passionsspiel in vieler Hinsicht mit dem Schößling zu vergleichen, der sich zwar nur langsam entwickelt und doch im Laufe der Jahrzehnte zu einem mächtigen Baum heranwächst. Bei den ständigen Entlehnungen und Umarbeitungen müssen einige Spiele allerdings sichtlich von einer Generation zur nächsten angeschwollen sein; und einen definitiven Text im modernen Sinne konnte es schon deswegen nicht geben. Was sich in den Handschriften erhalten hat, stellt in den meisten Fällen eine auf einen besonderen Anlaß zugeschnittene Fassung dar, die das Spiel sozusagen auf einer bestimmten Stufe seiner Entwicklung fixiert. So besitzen wir, um die zwei lehrreichsten Beispiele gleich vorauszuschicken, die Passionsspiele von Frankfurt am Main und Luzern in mehr als einer Fassung.

Auf Kunst oder Literatur übertragen, treffen biogenetische Metaphern, so einleuchtend sie im einzelnen auch sein mögen, nie ganz zu, und das thematisch weitgesteckte Drama des Spätmittelalters gleichermaßen als das Endprodukt pflanzenhaften Wachstums anzusehen, ist bestimmt keine Ausnahme. Zwar waren die deutschen Passionsspiele gemeinschaftliche, organische Werke in dem Sinne, daß sie die Gedanken und Gefühle der meisten Menschen jener Zeit über ihre Religion getreu widerspiegeln, ja, unter diesem engeren Gesichtspunkt ist man durchaus berechtigt, solche Spiele als den spontanen Ausdruck eines kollektiven Bewußtseins zu betrachten. Das heißt natürlich nicht, daß das Individuelle ganz und gar verschwindet, denn bei aller Anonymität steht schließlich hinter jedem Spieltext ein Autor, in vielen Fällen eine Gruppe von Autoren bzw. Kompilatoren, die sich keineswegs gezwungen fühlen, sich in jedem Punkt an ihre Vorlage zu halten. Und doch war die künstlerische Freiheit eines spätmittelalterlichen Dramatikers weitgehend beschränkt. Die Handlung wie auch die Personen des Spiels waren von vornherein gegeben; und sobald es galt, die Taten seiner biblischen Charaktere zu motivieren, waren ihm weitere Grenzen gesetzt. Zudem mußte er als Textdichter den Bestrebungen seiner Mitbürger, die ja das Spiel aufführen sollten, Rechnung tragen. Ihre innersten Wünsche und Hoffnungen, die materiellen nicht weniger als die geistigen, sollten in seiner Dramatisierung des heiligen Stoffes zum Ausdruck kommen, was dann allerdings meistens ganz unbewußt geschah.

Der dramatischen Kunst waren solche Beschränkungen an sich nicht abträglich — ebensowenig wie sie für die Musik oder die bildenden Künste ungünstig waren, die beide um diese Zeit unter kirchlicher Vormundschaft prächtig gediehen. Wir kommen unausweichlich zum Schluß, daß der Glaube jenes Zeitalters an den christlichen Heilsplan, so unerschütterlich und tief empfunden er auch war, recht selten den geeigneten dramatischen Ausdruck in deutscher Sprache fand. Mehr noch: gerade im geistlichen Drama zeigt sich ein für die spätmittelalterliche Kultur sehr bezeichnender Zug. Wir denken dabei an die Kluft zwischen dem vielgestaltigen Leben der Zeit und dem inadäquaten Ausdruck, den es in den verschiedenen Nationalliteraturen fand, eine Kluft, die nirgends stärker als im deutschen Sprachraum zu spüren ist. An das schlichte Talent des Dichters von *Noah and his Sons* aus dem Wakefield-Zyklus (15. Jahrhundert) oder gar an die hochherzige, doch auf die Dauer etwas mühsame Gleichmäßigkeit, die das *Mystère de la Passion* (um 1450) des Arnoul Gréban charakterisiert, reichte das Können deutscher Zeitgenossen nicht mehr heran. An ihnen bleibt nur das bescheidene Selbstvertrauen zu rühmen, mit dem sie das gewaltige Thema in Angriff nahmen.

Daß die Namen dieser Dramatiker bis auf ganz wenige Ausnahmen nirgends aufgezeichnet sind, entspricht ganz und gar dem Denken und Fühlen der Zeit, in der sie lebten und dichteten. Die Inszenierung eines mittelalterlichen Passionsspiels war, wie schon erwähnt, eine kollektive Tätigkeit, an der sich alle Schichten der Stadtbevölkerung, entweder als Darsteller oder Zuschauer, beteiligten. Und wie bei den großen gotischen Kathedralen, die um diese Zeit ihrer Vollendung entgegengingen, waren auch hier unzählige unbekannte Hände an der Arbeit — von den Patriziern und Geistlichen, die nicht selten die besten Rollen für sich beanspruchten, bis zu den kleinbürgerlichen Repräsentanten von Handel und Gewerbe, etwa die Zimmerleute, die das Bühnengerüst für die Schauspieler, manchmal auch die Tribünen für das Publikum aufschlugen, oder die Schneider und Näherinnen, die die Anfertigung der prächtigen Spielgewänder übernahmen. Wir begreifen daher um so eher, weshalb in den Augen der Zeitgenossen dem handwerklichen Element so starkes Gewicht zufiel, auch da, wo es um schriftstellerische Aufgaben ging. Als Verfasser — Lieferant, möchte man fast sagen — eines Spieltextes konnte der mittelalterliche Dramatiker mit dem Respekt seiner Mitbürger rechnen, aber nur so lange er sein Handwerk mit Geschick und Tüchtigkeit ausübte. Der Gedanke, daß der wichtigste Beitrag zu einem Festspiel vom Textdichter kommen sollte, lag den Menschen des 14. und 15. Jahrhunderts fern. Mochte sich diese überaus praktische, zunftmäßige Einstellung zum Kunstschaffen auch keineswegs nachteilig in der Baukunst oder der Bild- und Buchmalerei auswirken, Kunstformen, in denen Phantasietätigkeit notwendigerweise an die Beherrschung handwerklicher Geschicklichkeit geknüpft ist, so war sie im Bereich des Dramas — wie in der Dichtung überhaupt — kaum dazu geeignet, Werke von literarischer Bedeutung hervorzubringen. Wir berühren damit einen weiteren Grund dafür, daß die im folgenden behandelten Spiele — im Geist wohl noch mehr als im Gehalt — eine so außerordentliche Homogenität aufweisen.

Hinzu kommt, daß diese Dramatiker — und mit ihnen auch ihr Publikum — sich die heilsgeschichtlichen Vorgänge nicht anders als vom Standpunkt des in seinen hohen Mauern eingesperrten Stadtbürgers vergegenwärtigen können. Bei allem theatralischem Pomp und Flitter bleibt man also zeitlich wie auch räumlich fest in der Alltagswelt des 15. Jahrhunderts verwurzelt. Es ist derselbe Geist, nüchtern, prosaisch, stets auf das Nützliche bedacht, der uns auf Schritt und Tritt in der deutschen Literatur begegnet, mit dem Unterschied vielleicht, daß im religiösen Drama — so verschieden die lokalen Gebräuche und Spieltraditionen auch waren, von den mundartlichen Eigentümlichkeiten der Texte ganz zu schweigen — der sachlich-trockene Ton noch nachhaltiger und dominanter durchdringt. Was an literarischen Vorzügen in diesen Spielen vorhanden ist, beschränkt sich in der Hauptsache auf einzelne Szenen, geglückte Stellen, wo der Autor — fast wider sein besseres Wissen, so will es uns manchmal scheinen — in die Handlung eingreift, um etwas von den innersten Gefühlen und Gedanken seiner Charaktere zu enthüllen. Oder es kommen Verse vor, in denen die Religiosität des Dichters und seiner Zeitgenossen mit Lauterkeit und Inbrunst durchbricht, ein freimütiges Bekenntnis zum Christentum, das noch heute seine Wirkung auf den Leser nicht verfehlt. Solche Augenblicke sind allerdings selten, und im allgemeinen trifft die Behauptung zu, daß man nur eines von diesen Spielen gelesen zu haben braucht, um sie gleich alle gelesen zu haben. Abgesehen von dem reichhaltigen Quellenmaterial, das dem Theaterhistoriker hier geboten wird, sind sie wohl am ehesten als sozialgeschichtliche Dokumente zu betrachten, von größtem Interesse insofern, als sie unsere Kenntnisse der Kultur und Gesellschaft des ausgehenden Mittelalters zu bereichern vermögen. Als hohe dramatische Dichtung wird man sie aber schwerlich ansprechen können.

Das 20. Jahrhundert darf allerdings nicht allein zum Maßstab unseres Urteils werden. Die Anwendung von literarisch-ästhetischen Kriterien eines späteren Zeitalters bringt vor allem die Gefahr mit sich, daß wir den Zweck, ja, die eigentliche Legitimierung des Theaters in den Augen des Spätmittelalters verkennen. Für den deutschen Dramatiker des 14. und 15. Jahrhunderts war die Anfertigung eines religiösen Spiels nicht primär eine literarische Aufgabe. Was ihn zum Dichten trieb, war zunächst das Bedürfnis der Menschen in seiner eigenen kleinen Umwelt, die Heilswahrheiten in greifbarer Form vor sich zu haben, die Stationen auf Christi Leidensweg aus nächster Nähe zu betrachten und mitzuempfinden. Für ihn und seine Mitbürger blieben die damit verbundenen Erlebnisse eine stete Quelle der Inspiration, was aber keineswegs eine naive, lebendige Freude am Theaterspielen ausschloß. Und diese Befriedigung, die der Dilettant seit jeher an seinem eigenen Kunstschaffen gefunden hat, war selbstverständlich ein weiterer, wenn auch damals kaum offen zugegebener Faktor im phänomenalen Anschwellen einiger Passionsspiele. Wir dürfen ferner nicht vergessen, daß die meisten erhaltenen Spieltexte für die praktischen Bedürfnisse des Spielleiter-Dramatikers (der in einigen Fällen vermutlich auch der Kopist war) angefertigt wurden. Und was damals zu Papier gebracht wurde, bildete nur einen Teil — für die Zeitgenossen wohl nicht immer den wichtigsten Teil — des mittelalterlichen Passionsspiels: ging es doch dabei immer wieder darum, die Hauptereignisse der Heilsgeschichte möglichst naturgetreu und eindrucksvoll zu inszenieren, also praktisch gesehen, um ein Umsetzen der ‚biblia pauperum‘ ins Dramatisch-Theatralische.

Auch die Tatsache, daß die Zuschauer mit den vorgeführten Themen längst vertraut waren, wird mit ein Grund gewesen sein, das Schwergewicht auf das Spektakuläre zu legen. Es ist jedenfalls auffallend, daß die Spielleiter des 15. Jahrhunderts nun zunehmend von kunstvoll aufgebauten Standorten, komplizierter Bühnenmaschinerie und dergleichen Gebrauch machen. Zudem gab es farbenprächtige Kostüme und imposante Massenauftritte, alles lauter Prunk und Aufwand, an dem die Anwesenden sich weiden konnten, während Gesang und Instrumentalmusik von vornherein eine weit größere Rolle spielten als allein aus dem Text zu entnehmen ist. Kurz, es war nicht bloß das gesprochene Wort, von dem die ungeheure Wirkung der spätmittelalterlichen Passionsspiele ausging. Die Texte waren ja „nur Partituren, nicht eigentlich dichterische Erzeugnisse" (H. H. Borcherdt), und der moderne Leser, sei der von ihm aufgeschlagene Reimversdialog noch so holprig und ermüdend, wird gut daran tun, dies im Auge zu behalten.

In vieler Hinsicht typisch für die umfangreichen religiösen Dramen der Spätzeit (sofern ein einzelnes Werk überhaupt mehrere andere repräsentieren kann) ist das **Egerer Passionsspiel,** das in unserem Überblick nun gewissermaßen zum theatergeschichtlichen ‚pars pro toto‘ erhoben wird und, wie es dem Vertreter einer ganzen Spielgattung gebührt, daher etwas ausführlicher als sonst behandelt werden soll. Von diesem Spiel besitzen wir eine vollständige Abschrift aus der Zeit um 1480. Aufführungen der Passion in Eger sind aber bereits von 1443 an bezeugt, und in seinen Anfängen reicht das Stück sicherlich noch weiter zurück. Wir wissen ferner, daß die Passion noch 1519 von der Egerer Bürgerschaft in dramatischer Form gefeiert wurde, so daß der erhaltene Text wohl bereits eine Anzahl von Zusätzen und Überarbeitungen in sich trug — und noch weitere erfahren sollte. Im ganzen erreicht das

Egerer Passionsspiel einen Umfang von 8313 Sprechversen. Es gehört somit zu den längsten biblischen Festdramen des deutschen Mittelalters; und wir verstehen daher leicht, daß drei Tage für die Aufführung vorgesehen waren. Aller Wahrscheinlichkeit nach fand diese auf dem pittoresken Marktplatz der ehemaligen Reichsstadt Eger (jetzt Cheb in der Tschechoslowakei) statt, die sich seit den Tagen der Stauferkaiser als bedeutendes Handelszentrum am Rand der deutschsprachigen Welt behauptet hatte.

In der Handschrift wird das Spiel einfach als *Ludus de creacione mundi* betitelt, als ob der Kopist (oder ein späterer Bearbeiter) sich anfangs nur die einleitenden Passagen angesehen hätte, die nun tatsächlich — wie auch in anderen deutschen Passionsspielen — von der Erschaffung der Welt handeln. Aber die spektakelfreudigen Bürger von Eger erwarteten — und bekamen auch weit mehr als das erste Buch Mose zu sehen. Der erste Spieltag begann mit einer Dramatisierung der wichtigsten Begebenheiten aus dem Alten Testament, von denen einige in ‚Szenen‘ von weniger als hundert Versen knapp dargestellt sind. Auf diese Weise war es möglich, die Weltschöpfung, den Sturz Luzifers, die Vertreibung aus dem Paradies, die Ermordung Abels, die Sintflut, Abrahams Opfer, Moses und das goldene Kalb, den Kampf zwischen David und Goliath und zuletzt das salomonische Urteil in raschem Nacheinander abzuwickeln — und dabei alles in kaum mehr als tausend Verse zu fassen. Nach dieser Fülle von spektakulären Vorgängen, die Unterhaltung nicht ungeschickt mit Erbauung verbinden, treten die Propheten Isaias, Jeremias, Habakuk und Ezechiel auf und verkünden das Kommen des Messias; darauf rückt die legendäre Geburt und Kindheit der Jungfrau Maria in den Mittelpunkt der Handlung. Die Episoden aus ihrem Leben leiten, wie kaum anders zu erwarten, in die schon öfters dramatisierten Ereignisse um Christi Geburt über, darunter die Anbetung der Hirten und der Magier sowie die Ermordung der Kinder Bethlehems, so daß manches hier aus dem Weihnachtszyklus wiederholt — und wohl ursprünglich aus einem Weihnachtsspiel übernommen wurde. Nach der Rückkehr der Heiligen Familie aus Ägypten folgen Szenen, die den zwölfjährigen Christus unter den Schriftgelehrten im Tempel darstellen, eine Episode, die sich übrigens sonst nur im Maastrichter Passionsspiel (→ I, S. 157 f.) findet. Damit war die Handlung des ersten Tages zu Ende. Am zweiten Tag befaßte man sich recht ausführlich mit dem irdischen Leben Christi bis zu seiner

Gefangennahme und Verurteilung, während der dritte Tag ausschließlich der Kreuzigung und Auferstehung gewidmet war.

Der Gesamtbau des Egerer Spiels wirkt heute noch imponierend. Hier wurde dem Zuschauer ein umfassender Überblick über die wichtigsten heilsgeschichtlichen Stoffe und Motive geboten, und zwar mit einem Aufgebot von mehr als 200 Darstellern, von denen etwa 150 Sprechrollen hatten. Es wird also in jeder Hinsicht eine im großen Stil angelegte Inszenierung gewesen sein, und das Bestreben, diese Vielfalt von biblischen Ereignissen möglichst lebensgetreu auf der Bühne nachzubilden, zeigt sich zunächst in den szenischen Anweisungen, die durchweg auf Latein abgefaßt sind — und somit deutlich auf klerikale Verfasserschaft hinweisen. So heißt es ausdrücklich, daß Abraham das Brandopfer entzünden soll (*et sic Abraham incendit holocaustum,* wobei nicht zu bezweifeln ist, daß im entscheidenden Moment Flammen und Rauch aus dem von Isaak bereits zur Opferstätte getragenen Holzstoß hervorschossen); und gleich in der nächsten Szene wird vorgeschrieben, daß Moses das goldene Kalb zu verbrennen und nachher die sündigen Israeliten mit der Asche zu bestreuen hat. Zu solchen realistischen Effekten gehört nun ferner — eine unter diesen Umständen wohl unausbleibliche Begleiterscheinung — ein eifriges Streben, den Evangelienbericht akkurat und zusammenhängend vorzulegen, wie beispielsweise beim Verhör Christi: eine Bemerkung des Herodes Antipas — er freue sich über die Ehre, den berühmten Mann zu sehen, um dessentwillen sein Vater die unschuldigen Kinder zu Bethlehem habe töten lassen — ist zugleich ein deutlicher Hinweis für die Zuhörer, die beiden Herodes nicht miteinander zu verwechseln.

Auf mancherlei andere Weise versuchte der Spielleiter-Dramatiker des Spätmittelalters, der Schaulust seines Publikums entgegenzukommen. Vor allem war er bemüht, die Handlung seines Spiels an den verschiedenen Standorten der Simultanbühne abwechseln zu lassen, was aber öfters zur Folge hatte, daß das Nebensächliche in den Vordergrund trat. Man fing jetzt an, die Nebenhandlungen des Bibelberichts durchzugehen, an sich unbedeutende Vorfälle, die in der Heiligen Schrift nur flüchtig erwähnt sind, breit und behaglich auszumalen. Es genügte z. B. offenbar nicht mehr, den Einzug in Jerusalem bloß durch eine triumphale Prozession darzustellen, und im Egerer Spiel sind die knappen biblischen Angaben mit nüchterner Folgerichtigkeit ausgeweitet worden. Die Handlung beginnt mit einem Dialog zwischen Christus,

Petrus und Johannes, die wir uns zunächst als eine kleine Gruppe im Dorf Bethanien zu denken haben. Darauf schickt Christus die beiden Jünger „in die castell", um ihm „ein eßlin, die wirt sein bereit, / die noch kein man nie über schreit" zu holen. Gehorsam machen sie sich auf den Weg nach Jerusalem, wohl einem naheliegenden Bühnenstand, der vielleicht durch ein besonders konstruiertes Eingangstor als befestigte Stadt gekennzeichnet war. In der Stadt angekommen, erblicken sie das gesuchte Tier vor einem Haus angebunden, aber gerade als sie es wegführen wollen — hier zeigt sich eine charakteristische Erfindung des spätmittelalterlichen Theaterdichters —, tritt der aufgebrachte Besitzer, ein ‚vilanus', dazwischen und wehrt sich energisch gegen den vermeintlichen Diebstahl. Auf die Beteuerung Johannes', daß sein Herr Meister „selbs dar aüff reütten wil", willigt er allerdings rasch ein, und damit kehren wir zur Haupthandlung zurück. Daß dramatische Exkurse dieser Art nicht der geringste Faktor beim Anschwellen spätmittelalterlicher Spieltexte waren, versteht sich von selbst.

Die unstillbare Lust jener Zeit, auch die kleinsten Details der Handlung in greifbarer Nähe vor sich zu sehen, führte nun ferner dazu, daß die schauerlichsten Vorgänge auf die Bühne kamen — und allein im Evangelienbericht sind diese reichlich vorhanden. Realistisch darzustellen war zunächst der bethlehemitische Kindermord, dessen Wirkung im Egerer Spiel durch das laute Wehgeschrei der Mütter erhöht wird; und bei der Gefangennahme Christi mußte sich der vor Wut tobende Petrus mit gezogenem Schwert auf Malchus stürzen und ihm ein Ohr abschlagen. Während der Geißelung und Kreuzigung häufen sich die Grausamkeiten, eine Reihe von Einzelbildern (Gang zur Kreuzigungsstätte, Kreuzerhebung, Speerstich des blinden Longinus), die brutal und wirklichkeitsnahe ausgeführt wurden; und den am Kreuz hängenden Heiland genau abzubilden, mußte der Christusdarsteller in dieser recht unbequemen Stellung wohl oft stundenlang ausharren. Im Egerer Spiel werden auch die Schächer, die den leidenden Christus auf beiden Seiten flankieren und, wie in anderen deutschen Spielen der Spätzeit, Dismas und Gesmas heißen, verschiedentlich in die Handlung einbezogen. Auf den Befehl des Caiphas treten zuletzt mehrere Söldner auf, um „den Juden einen Gefallen zu tun": vor den Augen der Zuschauer werden dann den beiden Gekreuzigten die Beine gebrochen. Überhaupt in den Verhör- und Kreuzigungsszenen wird keine Gelegenheit versäumt, auf die Unmenschlichkeit der Verfolger und Peiniger Christi hinzuweisen, sie wo nur möglich als verschlagen, ruchlos und verächtlich darzustellen. Auch hier ist das Egerer Spiel durchaus charakteristisch für den leidenschaftlichen Judenhaß, der in diesen Dramen immer wieder zum Ausbruch kommt.

Verglichen mit der bunten, rasch abwechselnden Fülle von Ereignissen, die die Handlung des ersten Tages bringt, ist eine Verlangsamung des Spieltempos am zweiten und dritten Tag deutlich zu spüren. Das war z. T. wohl stofflich bedingt, hängt aber vermutlich auch mit der Verfasserschaft der alttestamentlichen Teile und überhaupt mit der Entstehungsgeschichte des Spiels zusammen; doch können wir ziemlich sicher sein, daß man mit den Bühnenbildern und Gruppierungen der späteren Abschnitte, vor allem während der Gefangennahme und Kreuzigung, einen stärkeren visuellen Eindruck erzielen wollte. Wir haben uns ja die verschiedenen fest aufgebauten Standorte, die das Egerer Spiel voraussetzt, über einen geräumigen Platz verteilt vorzustellen; und in diesem weiten Raum war es für die Schauspieler bestimmt keine leichte Aufgabe, akustisch alle Zuschauer zu erreichen. Eine einfache Lösung war es daher, das Äußerliche an der Handlung hervorzuheben, gewisse Episoden in die Länge zu ziehen, damit das Vorgeführte auch dann verständlich blieb, wenn der Dialog bei der unausgesetzten Bewegung von einem Ort zum anderen zeitweise kaum vernehmbar wurde. Das Auge wurde ferner durch Szenen grotesk-komischen Inhalts erfreut, ganz abgesehen von der oft willkommenen Belebung der Handlung, die damit erreicht wurde. Im Egerer Spiel fällt diese belebende Funktion in erster Linie einer Schar von Teufeln zu, die mehrmals in die Handlung eingreifen. Gleich in den ersten Auftritten beratschlagen sie unter der Führung von Luzifer und Satan, wie sie den Sündenfall am besten zustande bringen können, und am zweiten Aufführungstag taucht das teuflische Gesindel wieder auf, um der Leiche des treulosen Judas mit Hohngelächter und Jubel habhaft zu werden. Auch beim Tode Christi sind sie anwesend. Drei kleine Teufel schleichen jammernd aus dem Höllenreich heraus, da die Toten jetzt auferstehen; und kurz danach erscheint Satan in eigener Person, um den Schächer Dismas, den Verspotter Christi, wegzuschleppen. Nach der Höllenfahrt schwärmen sie nochmals in voller Stärke aus, diesmal um die Seelen der von Christi Befreiten zu verhören — und daran knüpft sich traditionsgemäß eine kurze Ständesatire (→ I, S. 122 f.). Am Schluß werden die Verdammten erbarmungslos in die ewigen Flammen zurückgetrieben.

Aber im großen und ganzen gehört lärmende Komik nicht zu den auffallendsten Merkmalen des Egerer Spiels, nicht einmal beim Salbeneinkauf der heiligen Frauen, eine Episode, die in vielen Oster- und
Passionsspielen zu einer regelrechten Krämerposse ausgeweitet worden
war. Zwar tritt auch hier der Salbenkrämer (in den szenischen Anweisungen bloß als *medicus* bezeichnet) mit seinem Knecht Rubinus
auf, aber von burlesken Abschweifungen, wie sie uns vornehmlich im
Innsbrucker Osterspiel (→ I, S. 115) begegnen, ist nicht das geringste zu
spüren, ja, in knapp vierzig Sprechversen wird die ganze Szene abgewickelt, gerade genug, um die drei Marien die Wundsalbe für ihren
Gang zum Grabe kaufen zu lassen. Auf das Derbe und Possenhafte
wurde mit Absicht verzichtet. In ähnlicher Weise — und vermutlich
aus denselben Gründen — werden die mit der Bewachung des Grabes
beauftragten ‚Ritter‘ nur flüchtig skizziert, und es ist bezeichnend, daß
der satirische, sozialkritische Ton, der so oft in diesen Szenen zum
Ausdruck kommt, kaum über ein paar gut gewählte Spottnamen (Trittinklee, Helmschrot) hinausgeht. Was sonst an spaßigen Einfällen vorhanden ist, etwa die Schimpfnamen der Juden (Laiblein, Secklein, Ge
wal, Schlem) oder die kriegerisch anmutenden Namen der Söldner, die
die unschuldigen Kinder Bethlehems niedermetzeln (Hiczenplitz,
Schlachinhauffen, Windeck), bleibt durchaus im Rahmen volkssprachlicher Spieltraditionen. Seiner ganzen Haltung nach war der Verfasser
des Egerer Grundtextes also offensichtlich konservativ gesinnt und wollte
vor allem die Heilswahrheiten verkünden.

Hier rühren wir nochmals an das Eigentümliche des nichtliterarischen
Dramas, das die Passionsspiele des ausgehenden Mittelalters in so hohem
Maße verkörpern. Als selbständige, geschweige denn hohe Dichtung
wäre das Egerer Spiel ebensowenig wie die anderen biblischen Dramen
dieser Zeit anzusprechen. Die Wirkung, die davon ausging, hing eben
nicht von der Form, sondern dem Inhalt ab, der auf das Seelenheil
jedes einzelnen Zuschauers abzielte. Man wich daher nur selten von dem
Überlieferten ab. Neben dem festgeprägten Szenenbestand, den unverkennbaren Anklängen an andere Kompositionen finden wir zahlreiche
Stellen im Egerer Spiel, wo andere Spieltexte eifrig ausgewertet, z. T.
sogar wörtlich übernommen worden sind — und diese Vorlagen
stammen keineswegs alle aus der engeren böhmischen Heimat des Verfassers. So lassen sich öfters einzelne Verse, manchmal auch längere
Dialogpassagen als Entlehnungen aus früheren Oster- und Passions-

spielen erkennen, darunter solche aus dem Wiener Osterspiel (→ I, S. 118) und dem St. Galler Passionsspiel (→ I, S. 160 f.), während anderswo im Egerer Text Beziehungen zu den noch zu besprechenden Passionen von Alsfeld, Donaueschingen, Heidelberg und Frankfurt nicht weniger stark auffallen.

Der Verdienst des unbekannten Egerer Textdichters lag also zunächst in der Anordnung des gemeinsamen Materials, gelegentlich auch in der Ausgestaltung der Szenen. Ihm war es aber nicht gegeben, in knapper Rede und Gegenrede seine Personen rasch und anschaulich zu charakterisieren, und wir tun wohl am besten daran, diese ungeheure Flut von Sprechversen als verbalen Hintergrund anzusehen, als eine in Worten gewirkte Kulisse, die den Fortgang der Handlung unterstreicht und erläutert, ohne dabei für das Verständnis des Ganzen unerläßlich zu sein. Das Wort gibt „das Spruchband zu den lebenden Bildern" (G. Müller), ist aber noch nicht Träger der Handlung — und dazu hat es sich im deutschen geistlichen Spiel des Mittelalters auch nie im vollen Sinne entwickeln können.

Ein lebendiges Zeugnis des gläubigen Mittelalters bleibt allerdings die Marienklage (→ I, S. 141 f.), die mit keinem geringen poetischen Können gestaltet ist. Im ganzen sind es fast 700 Verse, welche die Klagende zu deklamieren hat, und als ‚Monodrama‘ in einem Stück vorgetragen, würden sie zu den längsten Dichtungen dieser Art in deutscher Sprache zählen. Wohl wegen dieser beträchtlichen Länge kam man aber auf die Idee, die Klage abschnittsweise in die Handlung des zweiten und dritten Tages einzuflechten, so daß die Zuschauer während der Verurteilung und Kreuzigung immer wieder auf den Schmerz der mater dolorosa, auf die Düsternis des Leidens und Sterbens zurückgeführt werden. Ja, eigentlich setzt die Klage der Mutter um ihren Sohn schon vor der Gefangennahme ein, als Christus Abschied von seinen Getreuen nimmt. Von hier spannt sich ein weiter Bogen von etwa 3000 Sprechversen, durchsetzt mit weichen, gefühlvollen Ergüssen, bis zur letzten Äußerung Marias bei der Grablegung; und wenn gelegentlich eine lyrische Frische in den Worten der leidenden Mutter zu vernehmen ist — eine Frische und Spontaneität, wie sie sonst nirgends in diesem umfangreichen Text vorkommt —, so hat das wiederum weit mehr mit der Entstehungsgeschichte des Spiels als mit dem Einfühlungsvermögen des Egerer Textdichters zu tun. Wie so viel anderes in dieser Kompilation ist die Egerer Fassung der Marienklage keine selbständige Dichtung.

Auf noch ältere Vorlagen zurückgehend, weist sie engere Berührungspunkte vor allem mit einer Prager Marienklage aus dem 14. Jahrhundert auf. Kaum weniger ergreifend wirken die leidenschaftlichen Gefühle und Empfindungen Maria Magdalenas nach dem Gang zum Grab, zunächst gramerfüllt über den bitteren Tod ihres Meisters, dann nur wenig später durch das Erscheinen des als Gärtner verkleideten Heilands in grenzenlose Freude versetzt. Und wohl in der Absicht, die bekehrte Sünderin als eine nicht unwürdige Gegenspielerin der Gottesmutter darzustellen, sind die Szenen um ihr weltliches Leben, die bereits am zweiten Aufführungstag über die Bühne gegangen waren, nicht allzu breit ausgeführt.

Von den Szenen, in denen die heiligen Frauen — die Hl. Jungfrau, Maria Magdalena, die drei Marien — die Hauptfiguren darstellen, geht jene feierliche, gottesdienstliche Stimmung aus, die das ganze Egerer Spiel durchdringt, eine Stimmung, die ganz und gar zum religiösen Festdrama paßt und zugleich die solide, bürgerliche Frömmigkeit jener Zeit widerspiegelt. Auch das ist typisch für die deutschen Passionsspiele des Spätmittelalters, selbst wenn wir auf andere Spiele hinweisen werden, in denen die Verkoppelung von geistlichen und weltlichen Szenen wesentlich weiter ging, ja, an einigen Stellen den religiösen Charakter der Aufführung zu gefährden scheint. Gewiß entsprach das auch der Zeitstimmung, und doch ist es leicht, das Profane in diesen Spielen zu stark in den Vordergrund zu stellen, eine Versuchung, der vor allem der Historiker des Dramas widerstehen muß. In den größeren Zusammenhängen einer weitläufigen, oft zwei- oder dreitägigen Aufführung konnte die Wirkung derb-drastischer Einschübe kaum in die Tiefe gehen, und außerdem waren die Ansatzstellen für solche Erweiterungen von vornherein beschränkt: Gespräche der Juden, Salbenkauf, Brutalität der Kriegsknechte bei der Kreuzigung, Grabbewachung und Jüngerlauf. Trotz gelegentlicher Exkurse ins Heitere oder gar Alberne bleiben diese Spiele in ihrer Ganzheit von einem tiefen Ernst, denn ein gut Teil mittelalterlicher Bühnenkomik, so derb und ungehemmt sie sich auch ausdrücken mochte, ging doch von der Grundüberzeugung aus, daß der sündig geborene Mensch voll *superbia* ist, jener blinde Stolz, der nach der Lehre der Kirche ihn immer wieder dazu verleitet, das Gebot Gottes zu übertreten. Mit anderen Worten: auch da, wo er mit drastischer Komik nicht zurückhielt, verfolgte der mittelalterliche Theaterdichter sein lehrhaftes, seelsorgerisches Ziel.

Der ernsthafte Grundton der Egerer Passion hängt aber auch wohl eng mit der Entstehung des Spiels zusammen. Berichte aus der ersten Hälfte des 15. Jahrhunderts erwähnen nämlich, daß es in diesen Jahren ausschließlich zur Corpus-Christi-Feier aufgeführt wurde, woraus wir mit ziemlich großer Sicherheit schließen dürfen, daß der Kern dieses um 1480 abgeschriebenen Dramas in einem relativ kurzen Prozessionsspiel liegt, eine Hypothese, die durch das Vorhandensein der knapp gehaltenen, tableauartigen Szenen — vor allem zu Beginn des Textes — auch einigermaßen bestätigt wird. Erst als die Darstellung der Kreuzigung und Auferstehung erweitert und das Hinzugedichtete mit den älteren Teilen zusammengefügt wurde, ging aus dem ständigen Wachsen und Wuchern ein Passionsspiel im engeren Sinne hervor. Und bei dieser Metamorphose, die sich wohl über zwei oder drei Generationen von Spielleitern erstreckte, ist es begreiflich, daß man noch vor Ende des 15. Jahrhunderts im unklaren darüber war, in welche Kategorie — Passionsspiel oder Fronleichnamsspiel — das Werk gehörte. Eine ähnliche terminologische Unsicherheit zieht sich über die Fachliteratur des 19. Jahrhunderts bis in die Gegenwart hinein.

Noch andere eindrucksvolle Dramatisierungen der Passion werden sich aus ähnlichen Anfängen entwickelt haben, eine Verwandlung, die wir an einem Spiel zu Ehren der Heiligen Eucharistie aus der kleinen württembergischen Stadt Künzelsau ziemlich genau verfolgen können. Der Grundtext des **Künzelsauer Fronleichnamsspiels** stammt aus dem Jahr 1479 und ist uns in einem besonders gut erhaltenen Exemplar eines spätmittelalterlichen Regiebuchs überliefert. Dieses Regiebuch ist ferner deswegen von großem Interesse, weil hier — eingeklebt oder eingeheftet — alternative Fassungen von gewissen Szenen sowie sonstige Zusätze und Änderungen zum Haupttext vorliegen, die zu späteren Aufführungen des Spiels verfaßt worden waren. Wie im Egerer Spiel geht es hier ebenfalls um einen im theatralischen Sinn ehrgeizigen Versuch, die ganze Heilsgeschichte vorzuführen. Doch sind auch wichtige Unterschiede zu verzeichnen, zunächst in der Technik der Darstellung, die in einigen Partien eine Art ‚episches Theater‘ bietet: an mehreren Stellen sieht man die Handlung durch ein rasches Nacheinander von lose zusammenhängenden Szenen und ein Mindestmaß an Dialog zügig fortschreiten. Gelegentlich wird sogar ganz und gar auf Rede und Gegenrede verzichtet, da die betreffenden Szenen durch einen fortlaufenden Kommentar verbunden sind. Dieser wird jeweils vom *rector pro-*

cessionis gesprochen, dessen Sprechrolle sich auf diese Weise im Laufe der Jahre zur längsten im ganzen Spiel auswuchs; und sein Titel allein gibt uns einen deutlichen Hinweis auf die Anfänge des Spiels (wobei es allerdings nicht weniger bezeichnend ist, daß die späteren Textbearbeiter ihn bloß *rector ludi* nennen). Als Kommentator und Conférencier fiel ihm u. a. die wichtige Aufgabe zu, Vorgänge aus dem Alten Testament präfigurativ in Verbindung mit dem Abendmahl zu bringen, etwa wie Melchisedek den aus Sodom geflüchteten Abraham mit Brot und Wein bewirtet oder wie die Israeliten Manna in der Wüste finden. Lassen wir ihn kurz in seinen eigenen schmucklosen Versen zu Wort kommen, wobei uns zugleich etwas von der volkstümlichen Lehrhaftigkeit des ganzen Spiels entgegenschlägt:

> *nu wil ich euch mit reymen bedewten,*
> *euch einfeltigen lewten,*
> *das ir merckent dester baß,*
> *was bedewt dises vnd das*
> *jn der alten ee vnd jn der newen.*

Neben diesen exegetischen Exkursen wurde reichlich gepredigt und moralisiert, so daß die Rolle des Rectors einem Weltgeistlichen oder sonstigen Seelsorger der Bürgerschaft wie auf den Leib geschrieben war.

Über die genauere Aufführungsart des Künzelsauer Spiels gehen die Meinungen der Theaterhistoriker weit auseinander. Zwar gibt die Handschrift von 1479, die als Regiebuch eine ganze Reihe von szenischen Anweisungen enthält, einige Anhaltspunkte, aber diese sind leider keineswegs eindeutig. Große Schwierigkeiten bereitet uns von vornherein der mehrmals vorkommende Ausdruck *statio,* wohl eine Art Fachterminus, den einige Forscher im Sinne von ‚Haltestelle für die Prozession‘, andere dagegen als ‚Spielstatt‘, ‚Standort‘ oder ähnliches auslegen wollen. Nehmen wir z. B. eine szenische Anweisung wie die folgende: *in secunda staccione angeli cantent.* Muß sie unbedingt auf den Standort der Darsteller bezogen werden? Oder bedeutet sie bloß: ‚die Engel sollen zum zweiten Mal singen‘? Wir wissen es nicht, aber auf alle Fälle hat das Künzelsauer Spiel bis zur letzten Aufführung, die vermutlich im Jahre 1522 stattfand, viele charakteristische Züge des Prozessionsspiels bewahrt. Dabei wird es sich allerdings schwerlich um bewegliche Bühnenaufbauten auf Rädern gehandelt haben, die, wie die englischen Bühnenwagen, von einer Zuschauergruppe zur nächsten gerollt werden konnten, obschon diese Theaterform auch in Deutschland um diese Zeit wohl nicht gänzlich unbekannt war (→ S. 52 u. S. 80). Den prozessionalen Charakter behielt das Künzelsauer Spiel wohl eher in dem Sinne, daß festliche Umzüge einen wichtigen Bestandteil des Ganzen ausmachten, darunter Festzüge, die sich im Laufe der Handlung von einem Spielort zum anderen bewegten; und auf diesen festen Bühnenorten — es waren anscheinend drei Hauptspielorte vorhanden, jeder von ihnen ein größeres Brettergerüst — ging die eigentliche Aufführung vonstatten. Es ist also zu vermuten, daß die meisten Darsteller den ihnen zugewiesenen Spielort während der Aufführung gar nicht verließen — im Gegensatz zum richtigen Prozessionsspiel, bei dem die einzelnen Szenen an verschiedenen Orten wiederholt wurden und alle Beteiligten daher mitziehen mußten.

In den einleitenden Teilen werden die uns aus anderen Spielen jetzt längst vertrauten alttestamentlichen Begebenheiten vorgeführt. Nach einer kurzen, vom *rector processionis* gesprochenen Einführung setzt die Handlung mit der Erschaffung der Engel ein und führt uns in knapp tausend Versen bis zum salomonischen Urteil. Damit erreichen wir die Verkündigungen der Propheten über das Kommen Christi, einen nach mittelalterlicher Auffassung ganz unerläßlichen Teil des göttlichen Heilsplans. Gleich darauf werden die Hauptthemen des Weihnachtszyklus eingefügt: die Hirten auf dem Weg zur Krippe, die drei Magier bei Herodes, die Flucht nach Ägypten und der bethlehemitische Kindermord. Doch ist das bisher Vorgeführte nur als breit angelegtes Vorspiel gedacht, ein Prolog, der die Zuschauer zum Höhepunkt des Weltdramas hinführen soll: die Erlösungstat Christi. Aber noch bevor die Passion erreicht wird, werden zunächst mehrere Szenen aus dem Leben Johannes des Täufers dargestellt (der außerdem als Schutzpatron der Stadt eine besondere Bedeutung für die Künzelsauer Bürgerschaft besaß), und es folgen noch andere, die die Wunder Christi zum Inhalt haben. Nach dem Streitgespräch mit den Juden beginnt die eigentliche Darstellung von Christi Leidensweg — und damit nach fast 3000 Sprechversen wohl auch ein neuer Einschnitt in der Handlung, zumal ein zweiter Tag nötig gewesen sein wird, um den vollständigen Text, der ja gegen 6000 Verse enthält, durchzuspielen. Wir können jedenfalls sicher sein, daß die Inszenierung dieses umfangreichen Dramas beträchtliche Anforderungen an die Bürgergemeinde von Künzelsau stellte, wie allein aus der Tatsache zu entnehmen ist, daß Zeitabstände von bis zu vier Jahren zwischen den Aufführungen keineswegs ungewöhnlich waren. Aber auch diese Ruhepausen, die fast immer weitere Umarbeitungen und Zusätze zum Text mit sich brachten, gehören organisch zum Entwicklungsprozeß der spätmittelalterlichen Passionsspiele. Daß man während mehrerer Jahrzehnte des 15. Jahrhunderts fleißig damit beschäftigt war, den Dialog auszubauen und neue Rollen einzuführen, überhaupt eine Reihe von prozessionalen Tableaus in ein dialogisiertes Drama zu verwandeln, geht bereits daraus hervor, daß die einzelnen Szenen im Grundtext von 1479 von stark unterschiedlicher Länge sind. Der Sündenfall, Kain und Abel, das salomonische Urteil werden beispielsweise alle relativ ausführlich durch Rede und Gegenrede dargestellt, während andere Episoden — die Erschaffung der Engel, die Opferung Isaaks, David und Goliath — äußerst knapp ausfallen, ja, die erstgenannte besteht lediglich aus zwanzig Versen, erläuternden Worten des Rectors und des *salvator in creatione*. Es fällt ferner auf, daß Ereignisse, die eng mit der Kreuzigung zusammenhängen, etwa die Geißelung Christi, der Gang nach Golgatha, die Dornenkrönung und sogar die Klage Marias unter dem Kreuz, Ereignisse, die in anderen Spielen so eindrucksvoll und breit ausgemalt werden, hier nur skizzenhaft angedeutet sind, und zwar wiederum durch den Kommentar des Rectors. Die Kreuzigung selbst wird nicht einmal beschrieben, aber dafür bietet der Text eine kurze Predigt über die Leiden Christi. In diesem Abschnitt ging es wohl eher um eine prozessionale Darstellung, um die Erläuterung lebender Bilder als um ein Spiel im herkömmlichen Sinne, aber auch dann bleibt die dürftige Ausmalung des zentralen Themas eine schwer erklärbare Eigentümlichkeit des Künzelsauer Spiels. Entweder sind uns wichtige Teile des Textes verlorengegangen, oder wir haben es mit einem Theaterdichter zu tun, der eine wirklichkeitsnahe Darstellung der Passion bewußt vermied, wohl eine Reaktion gegen die profanen Erweiterungen in anderen Passionsspielen.

Wie in den meisten volkssprachlichen Osterspielen folgt auf die Höllenfahrt Christi die *Visitatio,* aber ohne Salbenkauf und überhaupt nur flüchtig skizziert; dagegen ist die Begegnung zwischen Maria Magdalena und dem ungläubigen Thomas voll dialogisiert und durchaus spielbar gestaltet. Unmittelbar darauf kommt eine etwas langwierige Erläuterung der zwölf Glaubensartikel, an welcher der Rector sowie verschiedene Propheten und Apostel teilnehmen; und in typisch mittelalterlicher Weise treten die letzteren, genau zweiundzwanzig an der Zahl, abwechselnd auf, um die engere Verbindung zwischen dem Alten und Neuen Testament zu versinnbildlichen. Im folgenden werden die prozessionalen Züge des Spiels wieder spürbar, und zwar in einer Reihe von kurzen Tableaus, in denen heilige Männer und Frauen, darunter der hl. Georg, die hl. Katharina und die hl. Dorothea, Wichtiges aus ihrem Leben berichten. Dieser Abschnitt des Spiels endet mit der Disputation zwischen Ecclesia und Synagoga, einem Motiv, das in mehreren Passionsspielen erscheint und, wie erinnerlich, bereits im 12. Jahrhundert dramatisiert wurde (→ I, S. 77 f.). Die Schlußszenen handeln von eschatologischen Dingen: den törichten Jungfrauen, dem Kommen des Antichrist und — zuallerletzt — Christus als oberstem Weltenrichter, der die Sündigen zur Rechenschaft zieht und sie anschließend Luzifer und seinen Knechten überliefert. Als Abschluß bringt der Künzelsauer Text einen kurzen Epilog. Dieser wird aber nicht, wie man erwarten würde, vom *rector processionis,* sondern — und das ist wiederum eine bemerkenswerte Seltenheit auf der geistlichen Bühne des Mittelalters — von einem als Papst kostümierten Darsteller gesprochen.

Der Spieltypus, der sich im Laufe des 15. Jahrhunderts als Ausdruck der Frömmigkeit, aber auch des Gemeinschaftsgeistes der Künzelsauer Bürgerschaft ausbildete, ist typisch für viele andere Dramen dieser Zeit, die im weiteren Sinne als Passionsspiele anzusehen sind, doch ebenfalls gewisse prozessionale Charakteristika des Fronleichnamsspiels bewahren; ja, für einige spätere Kompositionen scheint das Künzelsauer Spiel als Vorbild gewirkt zu haben. Daß derartige Spiele — in Ermangelung eines besseren Terminus wären sie eventuell als ‚Fronleichnams-Passionsspiele‘ zu bezeichnen — überall im deutschen Kulturraum beliebt waren, wird durch urkundliche Erwähnungen und dergleichen reichlich bestätigt. So hören wir, um nur eine Handvoll Belege herauszugreifen, von mehreren Aufführungen der Passion in Calw, die früheste bereits im Jahre 1407. Auch in Butzbach (seit 1417), in Wien (seit 1431), in Marburg (seit 1452), in Biberach a. d. Riß (frühes 16. Jahrhundert) kam die Passion auf die Bühne, und anderswo, vor allem im katholischen Süden, beispielsweise in München (1563 und 1574) und am Rhein, zuletzt in Uerdingen (1671), vermochten diese Aufführungen die Reformation noch lange zu überdauern. Über Inhalt und Aufführungsart dieser Spiele sind unsere Kenntnisse begreiflicherweise oft recht spärlich, denn sie beruhen in der Hauptsache auf den Berichten der Chronisten, die solche Dinge meistens nur flüchtig erwähnen, oder auf Einträgen in den Rechnungsbüchern gewissenhafter Stadtbeamter.

Eine Ausnahme bildet das **Zerbster Fronleichnamsspiel,** das zwischen 1500 und 1522 mindestens sechsmal aufgeführt wurde. Zwar ist es mit der Überlieferung des Textes nicht zum besten bestellt, aber das im Zerbster Stadtarchiv aufgespeicherte Quellenmaterial ist sonst sehr reichlich: eine ausführliche lateinische Beschreibung der mit dem Spiel verbundenen Prozession, mehrere Register, in denen die Einnahmen, die der Stadtkasse durch die Spenden gemeinsinniger und frommer Bürger zuflossen, sowie die Ausgaben für „Kleydungk unde ander Clenodia der processien" (die übrigens manchmal von den benachbarten Städten Dessau und Köthen geliehen wurden) verzeichnet sind, und obendrein drei Regiebücher, die zusammen mit der Anordnung der Prozession auch wertvolle Auskünfte über die von den Zünften dargebotenen Tableaus enthalten. An dem einfachen, z. T. auch lückenhaften Spieltext, der sich aus dem Anfang des 16. Jahrhunderts erhalten hat, sehen wir deutlich, daß die theatralische Darstellung des Corpus-Christi-Festes nicht unbedingt eine positive dramatische Entwicklung zur Folge hatte. Im Zerbster Text gibt es nämlich gar keine dialogisierten Stellen, sondern nur Sprechverse, welche die verschiedenen *figurae,* d. h. lebende Bilder, erläutern wollen, denn auch hier spielten die Präfigurationen eine wichtige Rolle. Auch stofflich — im Vergleich etwa zum Künzelsauer Spiel, mit dem dieser Text gewisse Berührungspunkte aufzuweisen scheint — fiel die Darstellung knapper, wenn nicht sogar dürftiger aus, am auffallendsten im alttestamentlichen Teil, wo die Verkündigungen der Propheten, ein wichtiges Verbindungsmotiv in den meisten präfigurativen Spielen, fehlen. Kurz, es handelte sich um „eine Bitt- oder Bußprozession" (W. Reupke), die schon durch die theatralischen Bühnenbilder manchen Ansatz zum Dramatischen besaß, jedoch eigentlich kein Drama im engeren Sinne war.

Durchaus typisch für die Spektakelstücke der Spätzeit, die, so tief sie im Mittelalter verwurzelt waren, manchmal noch lange nach dessen Ende weiterlebten, ist das **Freiburger Passionsspiel,** dessen früheste urkundlich bezeugte Aufführung (1516) bereits im Schatten der aufziehenden Reformation steht. Es wurde offenbar erst zu Beginn des 16. Jahrhunderts nach dem Vorbild älterer Prozessionsspiele (darunter zweifellos des Künzelsauer Spiels) zusammengestellt, während andere Elemente auf Beziehungen zu den tirolischen Passionsspielen hinweisen. In den ersten Jahren nach seiner Entstehung wurde die Handlung des Freiburger Spiels in der Hauptsache durch ‚lebende Bilder' mit anschließendem

Kommentar präsentiert, und von diesen Darstellungen wurden (nach dem Urteil einiger Forscher, obwohl sich dies freilich nicht eindeutig beweisen läßt) die spektakulärsten, etwa die Heilige Familie mit „dem egslin und eselin im hüttlin" oder die hl. Ursula und ihre elftausend Jungfrauen in einem Schiff, auf Wagen herumgeführt. Wir haben es also wiederum mit einem Prozessionsspiel zu tun, das sich erst in den folgenden Jahrzehnten zu einem richtigen Drama entwickelte. Aber für den Theaterhistoriker sind die Anfänge dieses Spiels von ganz besonderem Interesse, denn, wie beim Zerbster Spiel, ging es auch hier um ein ausgesprochenes ‚Zünftspiel', das uns einen guten Einblick in die soziale Organisation des spätmittelalterlichen Theaters auf deutschem Boden gewährt. An der Aufführung waren alle zwölf Handwerkerzünfte der Stadt beteiligt. Dabei nahm jede von ihnen die Verpflichtung auf sich, ein Bühnenbild auszurüsten und auch Darsteller für die betreffende Szene bereitzustellen, also dieselbe Art Organisation, die wir im mittelalterlichen England antreffen, wo jede Gilde ein ‚pageant' zum Spielzyklus beisteuerte.

Ein umfassender Querschnitt durch die Bibelgeschichte — vom Sündenfall bis zur Höllenfahrt — wurde bereits bei der Aufführung von 1516 dargeboten. Die Prozession begann mit dem Beitrag der Malerzunft, der traditionsgemäß die Darstellung des Paradiesgartens zufiel; und die dafür benötigten Requisiten bestanden u. a. aus einem von einem Teufel herbeigetragenen Baum, dessen Früchte Adam und Eva in Versuchung bringen sollten, und einem Schwert, das ein warnender Engel schwang. Zu den späteren Bühnenbildern gehörte eine realistische Darstellung der Geißelung und Dornenkrönung, die von den ‚schüeknechten' (= Schustergesellen) inszeniert wurde, und ein Tableau vom hl. Georg als Drachenkämpfer, das letztere von der Krämergilde dargeboten, während die Winzer das ganze Spiel mit einer pantomimischen Darstellung der verdammten Seelen in der Hölle abschlossen.

Im Laufe des 16. Jahrhunderts wurden dem Originaltext, der bis dahin wohl zum größten Teil aus erläuternden Sprechversen bestanden hatte, neue Dialogpartien hinzufügt, von denen viele auf ein Passionsspiel des Zürcher Wundarztes Jakob Ruf († 1558) zurückgehen. Dieser war ein überzeugter Befürworter der neuen Glaubenslehre schweizerisch-reformierter Prägung, doch werden die Ansichten, die er in dem soeben erwähnten Spiel — „Das lyden vnsers Herren Jesu Christi, das man nempt den Passion, in verß oder reyme wyß gesetzt, also das man es spylen möcht ... Gemacht im Jar 1545", so das Titelblatt des Zürcher Drucks — vertrat, den Katholiken im benachbarten habsburgischen Breisgau nicht sonderlich radikal oder reformatorisch vorgekommen sein. Jedenfalls haben sie sich nicht davor gescheut, an zahlreichen Stellen ihres Spiels Rufs Verse mehr oder weniger wörtlich zu übernehmen. Historisch gesehen, bedeutet die Entlehnung auf katholischer Seite aber einen durchaus gerechten Ausgleich, da der Schweizer für einen Teil seiner Passionsdichtung, vor allem in den Schlußszenen, eine noch ältere Dramatisierung der Auferstehung, die Luzerner ‚Grablegung' von 1494 (→ S. 86), herangezogen hatte.

Erst ganz am Ende des 16. Jahrhunderts kam man dazu, den Text des Freiburger Spiels, das um diese Zeit einen Umfang von etwa 2500 Sprechversen erreicht hatte, zu sammeln und einigermaßen systematisch aufzuschreiben, übrigens ein schlagender Beweis dafür, wie unabhängig voneinander sich die einzelnen Tableaus bis dahin entwickelt hatten. Aber jetzt erfolgte die Niederschrift nicht bloß, um den praktischen Bedürfnissen des Spielleiters zu dienen. Wir sind bereits an der Schwelle des 17. Jahrhunderts angelangt, und das Motiv für die schriftliche Fixierung war daneben auch das, was wir heutzutage ‚Altertümelei' nennen würden, der Wunsch, einen traditionellen Spieltext vor der Vergessenheit zu bewahren. Und so ist, ganz abgesehen von zwei älteren Zunftverordnungen (die eine von 1516), die uns die Szenenabfolge der frühesten Aufführungen angeben, das Freiburger Spiel in zwei weiteren Handschriften erhalten, die eine Fassung aus dem Jahr 1599, die andere von 1604. Da man inzwischen verschiedene neue Szenen eingeschoben hatte, was wiederum einen entsprechenden Zuwachs an Sprechrollen mit sich brachte, war die Freiburger Passion des beginnenden 17. Jahrhunderts keine geringe Kompilation, und sie wurde nunmehr mit dem ganzen theatralischen Pomp der Barockzeit inszeniert. Zudem machen sich jetzt humanistische Einflüsse geltend, so daß der Text von 1604, so äußerlich die Anlehnung an das gelehrte Drama bleibt, nach klassischem Vorbild in fünf Akte eingeteilt werden mußte. Und in einem so entschieden unmittelalterlichen Gewand wurde dieses Überbleibsel aus einer anderen Zeit im Freien aufgeführt, sehr wahrscheinlich auf dem Münsterplatz — und zwar immer noch als Höhepunkt der Fronleichnamsfeier.

Obschon diese Darstellung der Passion wohl von Anfang an eine der imposantesten am Oberrhein war, vermochte sie sich doch erst um die Mitte des 16. Jahrhunderts richtig durchzusetzen; und ihre zunehmende

Beliebtheit im Breisgau fällt zeitlich mit der katholischen Gegenoffensive zusammen, zu welcher sie geistesgeschichtlich im wesentlichen gehört. Im benachbarten Elsaß dagegen erlosch derselbe Spieltypus auffallend rasch, sobald die protestantische Sache an Boden gewann. In Straßburg sind uns Aufführungen der Passion für die Jahre 1488, 1499 und 1518 belegt (wobei die zeitlichen Abstände vielleicht ein Anzeichen dafür sind, daß das Spiel alle zehn Jahre aufgeführt werden sollte). Nach dieser Zeit scheinen sie aber ganz und gar aufgehört zu haben. Jedenfalls werden sie nicht mehr urkundlich erwähnt. Ähnlich verhielt es sich in der Nachbarstadt Colmar, wo eine Aufführung der Passion für 1515 bezeugt ist, die 1531 zum letzten Mal gegeben wurde. Sogar im kleinen Gebweiler — ein beredtes Zeugnis für den Theatereifer wie den Ehrgeiz der elsässischen Städte um diese Zeit — wurde die Passion mit großem Aufwand gespielt, und zwar noch 1520 mit einem Aufgebot von 330 Darstellern. Aber auch hier sind weitere Aufführungen nicht nachweisbar.

Eine Hochburg des geistlichen Dramas im ausgehenden Mittelalter war vor allem die mächtige Reichsstadt Frankfurt am Main, wo die Passion schon seit der Mitte des 14. Jahrhunderts (→ I, S. 167) in dramatischer Form gefeiert worden war; und in der Zeit nach 1450 wurden die Frankfurter Passionsaufführungen weit außerhalb ihrer engeren hessischen Heimat berühmt, nicht zuletzt wegen der reichen Ausstattung der Bühnenorte und der farbenprächtigen Kostümierung. Das **Frankfurter Passionsspiel** von 1493 (eine Abschrift des Textes, der vermutlich als Grundlage für die Aufführungen von 1492 und 1498 diente) ist daher als Höhepunkt eines relativ ausgedehnten historischen Prozesses anzusehen, und im Laufe dieser Entwicklung wurde das ursprüngliche Spielbuch — wie auch in anderen deutschen Städten mit langen Spieltraditionen — mehrfach überarbeitet und erweitert. Diese jüngere Fassung des Frankfurter Passionsspiels, die eine Spieldauer von zwei Tagen erforderte und wohl zuerst 1467 aufgeführt wurde, befaßt sich ausschließlich mit den Vorgängen des Evangelienberichts (Christi Wirken in der Welt, Kreuzigung und Auferstehung). Man scheute offensichtlich keine Mühe, dem Zuschauer jede einzelne dramatisierbare Episode aus dem Leben und Leidensweg des Heilands möglichst ausführlich und lebensnahe vorzuführen.

Seinerseits weist das Frankfurter Spiel von 1493 manche Gemeinsamkeiten mit Passions- bzw. Fronleichnamsspielen aus den benachbarten hessischen Städten Friedberg und Alsfeld auf, beide um diese Zeit aufstrebende Handelszentren von einiger Bedeutung. Das **Friedberger Passionsspiel** ist uns allerdings nur aus zweiter Hand bekannt, und fast alles, was wir darüber wissen, beruht auf einem Bericht des Gießener Germanisten Karl Weigand aus dem Jahre 1849. Zu dieser Zeit befand sich die Handschrift — eine eigens für den Spielleiter angefertigte Abschrift des Textes, die, wie andere Dirigierrollen und dergleichen, nur szenische Anweisungen und die einleitenden Sprechverse jeder Dialogpartie enthielt — noch im Privatbesitz in Friedberg. Zu einer wissenschaftlichen Edition ist es jedoch nie gekommen, da die Handschrift etwa zwanzig Jahre später schon spurlos verschwunden war. Inhaltlich beschränkte sich der Friedberger Text, wie übrigens auch die anderen hessischen Passionsspiele, auf neutestamentliche Stoffe, und vor allem die Teufelsszenen und das Treiben der weltlustigen Maria Magdalena scheinen lebhaft und breit ausgeführt gewesen zu sein.

Eine weitere Auskunft über geistliche Theateraufführungen in dieser ehemaligen Reichsstadt ist in einer Urkunde von 1465 enthalten: sie ist im Namen des Erzbischofs von Mainz ausgestellt und bestätigt der „St. Michaels-Bruderschaft zu Friedberg in der Wetterau" ihre Mitwirkung an der Fronleichnamsprozession. Wie andere Laienkörperschaften dieser Art hatte die Bruderschaft es sich zur besonderen Aufgabe gemacht, das Fest der Transsubstantiation möglichst feierlich und würdevoll zu gestalten; und im Anschluß daran wurden manchmal eigene dramatische Veranstaltungen dargeboten, eine Tätigkeit, welche die St. Michaels-Brüder anscheinend schon einige Zeit vor der erzbischöflichen Verkündung ausgeübt hatten. Damit sind die Anfänge des Friedberger Passionsspiels schwerlich später als in der Mitte des 15. Jahrhunderts anzusetzen, und wir können ferner vermuten, daß auch hier eine gewisse Verbindung mit der Fronleichnamsprozession bestanden hat. Als ob uns die Muse der Geschichte einen bösen Streich spielen wollte, haben sich neben dem Regiebuch auch einige Spielrequisiten bis ins frühe 19. Jahrhundert erhalten, um in den folgenden Jahren unserem Blick für immer zu entschwinden. Um 1820 wurden nämlich Spielgewänder, die allem Anschein nach im Mittelalter benutzt worden waren, in der Sakristei der Friedberger Stadtkirche aufgefunden, aber kurz danach — zum großen Verdruß jedes Theaterhistorikers — sind sie auf nicht geklärte Weise ebenfalls abhanden gekommen. Das weitere Schicksal des Friedberger Spiels sollte uns jedenfalls als ständige Warnung dienen, das Ausmaß des seit dem Ausgang des Mittelalters verlorengegangenen Materials zu unterschätzen.

Im Gegensatz dazu ist das **Alsfelder Passionsspiel** vollständig erhalten. Daß es Aufführungen von geistlichen Dramen in Frankfurt (und sehr wahrscheinlich auch in Friedberg) verpflichtet war, geht bereits aus einer Fülle von textlichen Parallelen hervor. Die Handschrift des Alsfelder Spiels — ein Grundtext, dem verschiedene erweiternde Zusätze von späteren Schreibern beigefügt worden sind — trägt das Datum 1501, in welchem Jahr es auch gespielt wurde. Für die Jahre 1511 und 1517 sind noch weitere Aufführungen belegt. Über die Entwicklung der Alsfelder Passion während des 15. Jahrhunderts wissen wir so gut wie nichts, und wenn wir einer Notiz zu Beginn der Handschrift Glauben schenken dürfen, ist sie im Jahr der Niederschrift zum ersten Mal aufgeführt worden. Aber diese Nachricht bezieht sich wohl nur auf die Passion in der aus dem Jahr 1501 überlieferten Form, denn es ist im übrigen schwer zu glauben, daß ein Spiel von solchem Umfang (insgesamt 8000 Verse und eine Spieldauer von drei Tagen) ohne längere einheimische Spieltradition geschaffen worden wäre.

Auch in Alsfeld hielt man offenbar viel von Teufelsszenen, die zahlreicher und breiter ausgemalt sind als in irgendeinem anderen deutschen Passionsspiel. Gleich zu Beginn des ersten Tages — eine Art Vorspiel zur eigentlichen Handlung, die mit der Taufe Christi durch Johannes einsetzt — wird uns eine längere Sitzung in der Hölle vorgeführt, wobei sich jeder der Teufel dem Publikum mit Namen vorstellt, und es ist bezeichnend, daß in den späteren Bearbeitungen die Zahl der teilnehmenden Dämonen von neun auf zwanzig steigt. Aber so fratzenhaft und übermütig sich die Insassen des infernalischen Reiches auch gebärden, so bleibt die Absicht nach wie vor, den Bürgern von Alsfeld Furcht vor dem Bösen einzujagen. Nicht etwa, als ob der Verfasser überall in seinem umfangreichen Text nur lehrhaft wirken wollte. Ja, gelegentlich zeigt er einen ausgesprochenen Sinn für das Theatralische, selbst wenn einige seiner besten Einfälle bereits in der älteren Frankfurter Passion in nuce vorhanden sind. Das gilt zunächst von den Vergnügungen am Hofe des Herodes, die in der Alsfelder Fassung üppiger und überhaupt anschaulicher gestaltet sind. Als Höhepunkt des Gastmahls führt die schöne Tochter der Herodias ihren Schleiertanz auf und singt dabei ein schwül-sinnliches Lied — zum großen Entzücken des Königs, der nun beiden Frauen ihren Wunsch gewährt und Johannes den Täufer durch seine Dienstboten Sreddel und Quantz auf der Stelle enthaupten läßt. Salome tanzt in Triumph, und die rauschenden Festlichkeiten gehen ihren Gang, bis Satan — als altes Weib verkleidet — nochmals auftritt. Gleichzeitig stürmen andere Teufelsknechte herein, und Mutter und Tochter werden weggeschleppt, um ihre wohl verdiente Strafe zu verbüßen. Dabei werden ihnen u. a. der Genuß eines uns aus anderen Teufelsszenen vertrauten Höllengetränkes von Pech und Schwefel in Aussicht gestellt. Unmittelbar darauf folgt eine kurze Szene um die Versuchung Christi, so daß das Märtyrium des Täufers wohl auch präfigurativ zu verstehen ist. Im übrigen aber spielen exegetische Parallelszenen keine besondere Rolle in diesem Text.

Immer wieder bricht dieselbe naive Freude an den äußeren Details der Handlung durch, eine brennende visuelle Neugier, die bald durch einen grandios gestalteten Einzug in Jerusalem mit Pracht und Gesang, bald durch eine lärmende, gewaltsame Vertreibung der Wucherer aus dem Tempel gestillt werden mußte; und die drastische Ausmalung der Kreuzigungsszenen — in Wort und Tat wird u. a. vorgeführt, wie die Henkersknechte mit stumpfen Nägeln an die Arbeit gehen und dem Heiland obendrein Arme und Beine strecken müssen, da das Kreuz für ihn sonst zu groß wäre — grenzt mehrmals ans Sadistische. Doch wollte man damit die Opfertat Christi nur noch stärker herausstellen, eine um diese Zeit wiederkehrende Konzeption des heiligen Stoffes, die ihrerseits tief in der Volksfrömmigkeit des Spätmittelalters wurzelt. Sie gibt auch den Grundton des Alsfelder Spiels an, der durchaus ernsthaft, oft sogar kirchlich anmutet, zumal rituale Gesänge in lateinischer Sprache beibehalten sind. Gegen Ende des zweiten Spieltags treten Ecclesia und Synagoga auf, um in einem längeren Dialog (fast 800 Sprechverse) ihre Disputation auszutragen — mehr oder weniger in der Art, wie sie es zwei oder drei Jahrhunderte früher getan hätten, nur daß im späteren Mittelalter die Laien auch ihren Anteil daran haben wollten und die Argumente jetzt ausschließlich in der Volkssprache vorgetragen wurden. An der Marienklage sehen wir aber wohl am besten, wie eklektisch der Verfasser des Alsfelder Grundtextes verfahren ist: sie ist nämlich einer Trierer Fassung des Gedichts aus dem 14. Jahrhundert fast wörtlich entlehnt. Andere Elemente in seinem Text weisen auf Beziehungen zu den Wiener und St. Galler Passionsspielen hin, während nicht wenige der derb-burlesken Züge auf die Tiroler Gruppe von Spielen zurückzuführen sind; und die Möglichkeit, daß der Verfasser (oder ein späterer

Bearbeiter) einzelnes von den französischen Mysterien übernommen hat, soll auch nicht ganz ausgeschlossen werden. Zur hessischen Gruppe gehört ferner das **Fritzlarer Passionsspiel** (um 1460), das aber nur als Fragment von etwa 200 Versen erhalten ist. Beziehungen zu den beiden Frankfurter Spielen (→ I, S. 167 f. u. S. 82), die vermutlich besonders eng waren, lassen sich noch deutlich erkennen.

Einige Berührungspunkte mit dem hessischen Spielkreis zeigt auch die **Luzerner Grablegung Christi**, ein Spiel, das — nach einem Eintrag auf dem ersten Blatt der Handschrift: *Ludus de resurrectione cristi Editus per mathiam Gundelfinger* — oft unter dem Titel ‚Gundelfingers Grablegung‘ behandelt wird. Dabei bleibt es allerdings unklar, ob dieser Matthias Gundelfinger wirklich der Verfasser oder bloß der Kopist gewesen ist. Der Text ist auf 1494 datiert und enthält mehrere traditionelle Szenen aus dem Osterzyklus, von den Klagen der Gottesmutter und der anderen heiligen Frauen unter dem Kreuz bis zur Aufstellung der Wache am Grab, das im folgenden von den Juden versperrt wird. Aber eine Darstellung der Passion fehlt. Nur im Dialog werden die Leiden Christi mehrmals berührt, in die Handlung sind sie nicht integral eingebaut. Wir können nur vermuten, daß der überlieferte Text einen Ausschnitt aus einem längeren Passionsspiel darstellt. Nun wird aber die Frage nach der genaueren Herkunft dieses Textes dadurch kompliziert, daß die Handschrift der ‚Grablegung‘ im selben Einband aufgefunden wurde wie andere Schriftstücke, die eng mit dem umfangreichen Luzerner Passionsspiel (→ S. 111 f.) zusammenhängen; und aus diesem Grund neigte man früher zur Ansicht, daß der Gundelfingersche Text ebenfalls in der Innerschweiz beheimatet sein müßte. In textlicher Hinsicht weicht er jedoch beträchtlich vom Luzerner Passionsspiel ab, und obendrein legen die Eigennamen der Darsteller, die zu Beginn der Handschrift alle aufgeführt sind, sowie die mundartliche Färbung der Sprache die Vermutung nahe, daß die ‚Grablegung‘ eher auf schwäbischem Boden entstanden ist.

Aus zeitgenössischen Berichten erfahren wir, daß die Passion mindestens zweimal (1498 und 1510) im erzbischöflichen Mainz aufgeführt wurde, und aus der benachbarten Pfalz hat sich das **Heidelberger Passionsspiel** in einer Handschrift vom Jahre 1514 vollständig erhalten. Auch in diesem Text findet sich manches, was sich unschwer als Anlehnung an andere Passionsspiele identifizieren läßt, vor allem in den einleitenden neutestamentlichen Szenen, die u. a. den entsprechenden

Stellen der Frankfurter Spiele nachgebildet sind. Als dramatische Dichtung betrachtet, wird dieses Heidelberger Spiel wohl den geduldigsten Leser anstrengen, und an dürren, eintönigen Wechselreden und mühsam konstruierten Reimpaaren scheint es manchmal kein Ende zu nehmen. Von Interesse ist allerdings der recht ausgiebige Gebrauch von präfigurativen Szenen, die in den späteren Teilen so häufig eingelegt worden sind, daß sie etwas mehr als dreiviertel des ganzen Textes ausmachen. Ein in theologischen Dingen so bewanderter Autor kann eigentlich nur geistlichen Standes gewesen sein. Und während seine Auslegung der Bibelgeschichte in einigen Fällen — etwa die Parallele (nach Matth. 12,40) zwischen Jonas, der drei Tage und Nächte im Bauch eines Walfisches verbrachte, und Christus, der drei Tage lang im Grab lag — der damaligen Laienwelt zweifelsohne durchaus geläufig gewesen sein wird, kommen andere Beispiele vor, die nur zu deutlich zeigen, wie gelehrt, wenn nicht sogar esoterisch die Suche nach exegetischen Allegorien im ausklingenden Mittelalter geworden war. So wird — nach dem unbekannten Verfasser des Heidelberger Textes — der triumphale Einzug in Jerusalem bereits im voraus durch die klingenden Zimbeln und Harfen angekündigt, die David nach seinem Sieg über Goliath begrüßen. In ähnlicher Weise ist Eliesers Bitte an Rebekka um einen Trunk Wasser als Vorzeichen von Christi Begegnung mit der Samaritanerin aufzufassen, ja, sogar Delilas Verrat an Simson hat einen Platz im christlichen Heilsplan als vordeutender Hinweis auf die Treulosigkeit des Judas Ischariot.

Nur im ersten Teil des Heidelberger Spiels, wo in zweiundzwanzig kurzen dialogisierten Tableaus die Hauptereignisse aus dem Leben des erwachsenen Christus bis zur Heilung des Blindgeborenen vorgeführt werden, läßt man die Handlung im normalen Nacheinander ablaufen. Zwar wird auch im restlichen Teil — im ganzen gut 4000 Sprechverse — die Darstellung von Christi Leidensweg fortgesetzt, aber jetzt wird jede einzelne Episode mit einer präfigurativen Parallelszene verbunden, so daß wir fortan ständig zwischen alt- und neutestamentlichen Stoffen pendeln; und eingeschoben zwischen jedem Szenenpaar steht eine exegetische Ankündigung, die von einem der vier Propheten — Ezechiel, Jeremias, Isaias und Malachias — gesprochen wird. Wir können sicher sein, daß dieses fortlaufende Nebeneinander von Szenen aus den verschiedensten Teilen der Heiligen Schrift von den Zeitgenossen keineswegs als ‚undramatisch‘ empfunden wurde, zumal einige Episoden, vor allem die Geschichte der keuschen Susanne (die übrigens auf die Ehe-brecherin in Johannes 8,1—11 bezogen wird), und die Leiden Hiobs (die als Vordeutung auf die Geißelung Christi verstanden werden sollen), lang genug sind, um als selbständige Dramen im kleinen zu wirken.

Andererseits dürften diese Mutmaßungen über die Wirksamkeit des Heidelberger Passionsspiels auf der Bühne etwas müßig sein, denn nirgends wird von der Aufführung eines derartigen Werkes in der Neckarstadt berichtet. Daraus wollen nun einige Forscher schließen, daß das Heidelberger Spiel in Wirklichkeit den Text eines Mainzer Passionsspiels biete und somit in Verbindung mit den bereits erwähnten Passionsaufführungen in Mainz zu bringen sei, andere dagegen vertreten die Ansicht, daß wir es im Grunde genommen mit einem frankfurterisch-hessischen Spiel zu tun haben. Damit berühren wir die weitere, fast noch wichtigere Frage, ob dieses mit theologischem Wissen schwer befrachtete Werk von mehr als 6000 Versen überhaupt aufgeführt wurde — oder sogar aufgeführt werden sollte. Was uns in der Heidelberger Handschrift vorliegt, stellt ganz offensichtlich eine Reinschrift dar, die Arbeit eines gewissen Wolfgang Stüeckh, der sich in einem Explicit mit Namen nennt. Hinzu kommt, daß der Text mit zahlreichen, meistens nur mit Anfangsworten angedeuteten lateinischen Bibelversen durchsetzt ist, die schwerlich bei einer Aufführung zu deklamieren gewesen wären. Entweder liegt uns die Abschrift eines Spielentwurfs vor, in dem der Vulgatatext als Vorlage benutzt und deshalb mit hineingeschrieben wurde, oder die lateinischen Bibelstellen sind selbständige Einschübe eines Kopisten, der in diesem Fall wohl ein bereits aufgeführtes Spiel als Andachtslektüre redigierte. Dem widerspricht auch nicht, daß szenische Anweisungen — und zwar deutschsprachige — vorhanden sind, denn diese gehen kaum über das hinaus, was wir schon in früheren ‚dramatisierten Erzählungen‘, etwa im St. Galler Weihnachtsspiel (→ I, S. 179), angetroffen haben. Es fällt ferner auf, daß Gebrauchsspuren, wie sie so oft in mittelalterlichen Regiebüchern zu finden sind, in der Heidelberger Handschrift ganz und gar fehlen. So ist es alles in allem sehr gut möglich, daß hier wiederum ein erbauliches Lesedrama vorliegt.

Kein anderes deutsches Spiel der Spätzeit wurzelt so fest in den Traditionen scholastischer Exegese wie dieses, und unter diesem Gesichtspunkt bleibt der Autor des Heidelberger Passionsspiels ein Einzelgänger, sein Werk ein Unikum. Doch so eigenständig er in manchem seinen Text auch gestaltet haben mag, gehört es durchaus zum geistigen Klima der

Zeit, daß er verschiedenes aus anderen Spielen — und dabei nicht bloß aus der Frankfurter Gruppe — übernahm. Weitere Gemeinsamkeiten zeigen sich nämlich mit den entsprechenden Stellen des **Augsburger Passionsspiels,** das gegen Ende des 15. Jahrhunderts — vielleicht im Stift St. Ulrich und Afra, wo es bis zur Klosteraufhebung im napoleonischen Zeitalter verborgen blieb — abgeschrieben wurde. In seinen Anfängen, die nicht vor 1450 anzusetzen sind, wird dieses Spiel eine ziemlich bescheidene Komposition gewesen sein; und auch der erhaltene Text (2604 Verse) ließe sich noch leicht an einem Tag spielen. Die relative Kürze erklärt sich daraus, daß es ein Passionsspiel im eigentlichen Sinne des Wortes war: die Handlung, die bereits mit der Botschaft der Engel an die Marien vor dem Grab abgeschlossen wird, kreist fast ausschließlich um die Kreuzigung und den bitteren Kummer der um Christus Trauernden. Im Laufe der folgenden Jahrzehnte wurde das Spiel, das offenbar mehrere Aufführungen erlebte, nach verschiedenen Richtungen hin ausgebaut; und diese erweiterte Fassung war es wohl, die Sebastian Wild († nach 1583), eine führende Persönlichkeit unter den Augsburger Meistersingern, als Grundlage für sein um 1560 verfaßtes Passionsspiel benutzte. Die Wildsche Passion („Ein schöne Tragedi, auß der heyligen schrift gezogen") ist uns in zwei Augsburger Drucken überliefert, von denen der ältere aus dem Jahr 1566 stammt. Auf dem Titelblatt steht ferner, daß Wilds Spiel „mit nutz vnd besserung wol zulesen vnd zuhören ist". Vermutlich wurde es auch von der Augsburger Meistersingerzunft aufgeführt, die um diese Zeit öfters Schauspiele geistlichen Inhalts präsentierte.

Im Jahre 1633, als die Gegenreformation ihren Einfluß in Süddeutschland, vor allem im bayrisch-österreichischen Raum, auszudehnen begann, wurde das abgelegene Kirchspiel Oberammergau durch einen verheerenden Ausbruch der Pest heimgesucht. In ihrer Not legten die Dorfbewohner ein feierliches Gelübde ab, „alle zehn Jahre die Leidensgeschichte Jesu, des Weltheilandes, zur dankbaren Verehrung und erbaulichen Betrachtung öffentlich vorzustellen", und darauf, so wird uns weiter berichtet, erlosch die furchtbare Seuche, da die Gemeinde das Leiden Christi nunmehr auf sich nehmen wollte. So kam es, daß die Benediktinermönche von Ettal als Seelsorger der Oberammergauer die beiden soeben erwähnten, ihrerseits auf noch ältere Spiele zurückgehenden Augsburger Texte heranzogen, um noch ein Glied in der langen Kette von geistlichen Dramatisierungen zu schmieden, ein Passionsspiel, das in neuerer

Zeit wohl alle anderen an Berühmtheit übertroffen hat. Aber trotz seiner unleugbaren Verbindung mit dem Mittelalter gehört das **Oberammergauer Passionsspiel** (frühest bekannte Fassung um 1660) nur bedingt in eine Geschichte des mittelalterlichen Dramas, nicht zuletzt, weil das heutige Spiel im Grunde genommen eine Schöpfung des Jesuitentheaters des 17. und 18. Jahrhunderts darstellt — und die heutigen Aufführungen in manchem der auf realistische Effekte eingestellten Regiekunst des 19. Jahrhunderts verpflichtet sind. Bei alledem ist es jedoch ein gemeinschaftliches Unternehmen geblieben; und schon aus diesem Grund vermag uns das Oberammergauer Festspiel immer noch eine Vorstellung von der Eigenart und Gewalt der großen Passionsaufführungen des deutschen Mittelalters zu geben.

Texte

Egerer Passionsspiel (= Egerer Fronleichnamsspiel): hg. G. Milchsack, Bibliothek des lit. Vereins in Stuttgart, Bd. 156, Tübingen 1881. — *Künzelsauer Fronleichnamsspiel:* hg. Peter K. Liebenow, Ausgaben dt. Literatur des XV. bis XVIII. Jhs., Reihe Drama II, Berlin 1969. — *Zerbster Fronleichnamsspiel:* hg. W. Reupke, Das Zerbster Prozessionsspiel 1507, Quellen zur dt. Volkskunde 4, Berlin 1930. — *Freiburger Passionsspiel:* hg. E. Martin, Freiburger Passionsspiele des 16. Jhs., Zeitschrift der Gesellschaft zur Förderung der Geschichts-, Altertums- und Volkskunde von Freiburg i. Br. 3 (1873/74), S. 3 bis 193. — *Frankfurter Passionsspiel von 1493:* FRONING II, S. 379—532. — *Friedberger Passionsspiel:* s. E. W. Zimmermann, Rekonstruktion des Weigand vorgelegenen Textes in 'Das Alsfelder Passionsspiel und die Wetterauer Spielgruppe', Frankfurt a. M. 1909, S. 172—203. — *Alsfelder Passionsspiel:* FRONING II & III, S. 567—864. — *Fritzlarer Passionsspiel:* hg. K. Brethauer, Bruchstücke eines hessischen Passionsspiels aus Fritzlar, Zeitschrift für dt. Altertum 68 (1931), S. 17—31. — *Luzerner Grablegung Christi* ('Gundelfingers Grablegung'): MONE II, Bd. 2, S. 131—50. — *Heidelberger Passionsspiel:* hg. G. Milchsack, Bibliothek des lit. Vereins in Stuttgart, Bd. 150, Tübingen 1880. — *Augsburger Passionsspiel:* hg. A. Hartmann, Das Oberammergauer Passionsspiel in seiner ältesten Gestalt, Leipzig 1880 (= Nachdruck, Wiesbaden 1968), S. 1—95. — *Oberammergauer Passionsspiel:* hg. O. Mausser, München 1910.

12. Letzte Blüte und Ausklang:
Das religiöse Drama in Tirol und Luzern

Die erleuchtende Einsicht, die Luther im Winter von 1513/14 — nach seiner eigenen Aussage, „wie ein Blitz" — traf, während er in der Einsamkeit seiner Mönchszelle mit dem Römerbrief-Text (1,17) „Der Gerechte wird seines Glaubens leben" rang, blieb nicht ohne Folgen für das religiöse Drama. Wörtlich genommen bedeutete das lutherische Beharren auf „Rechtfertigung allein durch den Glauben", daß Theateraufführungen anläßlich einer religiösen Feier als ‚gute Werke' galten — und dem Heil der Seele daher wenig zuträglich sein konnten. Zwar hatten die Reformatoren anfänglich keine festen Ansichten über das Theater, aber diese Gleichgültigkeit verflog rasch, sobald es klar wurde, daß ihnen hier eine mächtige Propagandawaffe zu Gebot stand, eine Waffe, die obendrein auch gegen die römische Kirche gerichtet werden konnte. Und da nun ferner nach den Glaubenssätzen, die Luther in den Jahren nach dem Thesenanschlag entwickelte, auch der niedrigste Mensch sein Heil in der Heiligen Schrift suchen durfte, war die Möglichkeit gegeben, die Botschaft des Evangeliums mit Hilfe der Schaubühne in die breite Masse des Volkes hineinzutragen. Dies allein war eine radikal andere Auffassung vom Wesen und von der Funktion des geistlichen Dramas und genügte vollauf, den traditionellen Legenden- und Mirakelspielen den Todesstoß zu versetzen.

Aber auch die umfangreichen Passionsspiele blieben von den Angriffen der Reformatoren nicht verschont: enthielten sie doch verschiedene Motive und Stoffe, etwa die Longinussage oder gar die Salbenkrämerszenen, die entschieden unbiblisch waren. Im späteren Mittelalter hatte man die Teilnahme an einer geistlichen Aufführung, sei es als Darsteller oder Zuschauer, ganz allgemein als fromme Tat betrachtet, als ‚gutes Werk', das unter Umständen — und zwar durch Verordnung geistlicher Autorität — dem sündhaften Menschen Ablaß, ja auch den Zugang zum Heil verschaffen konnte. Damit berühren wir wiederum einen Aspekt des alten Glaubens, welcher der protestantischen Öffentlichkeit ganz besonders mißfiel — und vielerorts die unmittelbare Ursache dafür war, daß die alten Spiele binnen kurzem für immer von der Bühne verschwanden. Wie die vielen anderen Wandlungen, die das mittelalterliche Drama im Laufe der Jahrhunderte durchgemacht hatte, war das alles selbstverständlich keine einfache oder einheitliche Erscheinung; und doch bedeutete die leidenschaftliche Bewegung, die Luther in den ersten Jahren seiner Revolte gegen Rom unter seinen Landsleuten entfachte, daß es im deutschen Kulturraum bereits um 1520 zu einem entscheidenden Bruch mit den älteren dramatischen Traditionen gekommen war.

Im Norden wurden die neuen Glaubenslehren von Anfang an mit Begeisterung aufgenommen, aber auch im Süden, vor allem in den Städten, die sich der protestantischen Sache anschlossen — Nürnberg, Frankfurt, Augsburg, Memmingen, Lindau, Marburg, Nördlingen, Straßburg und St. Gallen, um nur einige der bedeutendsten zu nennen, in denen das mittelalterliche Theater gepflegt worden war —, wurde die Aufführung der älteren Spiele oft durch obrigkeitlichen Erlaß verhindert; und an vielen Orten dauerte es nicht lange, bis sie der Vergessenheit anheimfielen. Abgelöst wurden sie durch ein spezifisch protestantisches Drama, das nun entweder, etwa nach dem Vorbild von Gengenbachs *Die Totenfresser* (1521), das Papsttum und seine Institutionen heftig angriff oder geeignete biblische Episoden im Geiste der Neuerung vorführte, wie es der ehemalige Franziskanermönch Burkhard Waldis († um 1556) in seiner erstmals 1527 auf dem Marktplatz zu Riga aufgeführten *Parabell vam vorlorn Szohn* mit schlagkräftiger Volkstümlichkeit tat. Für die neue Zeit ist es ferner sehr bezeichnend, daß diese beiden Stücke unmittelbar nach der Erstaufführung im Druck erschienen, und als Streitschriften, die rasch von Hand zu Hand gingen, trugen sie wohl ebensoviel dazu bei, die Öffentlichkeit im Sinne der Reformatoren zu beeinflussen. Beim Niedergang des älteren religiösen Dramas darf die Rolle des Buchdrucks, der den neuen Ideen zu einer vorher kaum geahnten raschen Verbreitung verhalf, keinesfalls unterschätzt werden.

Ein weiterer gewichtiger Faktor in diesem Verfallsprozeß war die Umgestaltung der politischen Machtverhältnisse im Reich. Im Unterschied zu den anderen westlichen Nationen wurde es jetzt das Schicksal Deutschlands und der Schweiz, durch konfessionelle Streitigkeiten gespalten zu werden, nicht zuletzt, weil es ebensosehr im Interesse der beiden Hauptmächte im Süden und Südosten, der Habsburger und der Herzöge von Bayern, lag, katholisch zu bleiben, wie es den norddeut-

schen Fürsten Vorteile brachte, die kirchliche Reformbewegung zu un-
terstützen. Infolge der neuen dynastisch-konfessionellen Machtvertei-
lung gab es Territorien, wo der alte Glaube nie ernsthaft in Frage gestellt wurde; und dort hielt die Bevölkerung zähe an den überlieferten
dramatischen Formen fest. Das war vor allem der Fall in den südlichen
Teilen des Tiroler Gebiets, aber auch in der Stadt Luzern, dem kulturellen Mittelpunkt der Innerschweiz, herrschten ähnliche Verhältnisse,
und in diesen Alpenlandschaften am Rande des deutschen Kulturraums
vermochte sich das mittelalterliche Drama noch weit ins 16. Jahrhundert hinein zu halten. Das geschah freilich nicht ohne gewisse Änderungen, gelegentlich auch Neuerungsversuche, aber im ganzen blieben
diese oberflächlich und unbedeutend, und der alte Geist war noch durchaus lebendig, als die Reformation sich anderswo unabänderlich durchgesetzt hatte. Damit sind wir in eine Periode eingetreten, in der die
Geschichtsquellen zugleich zuverlässiger und ausführlicher über lokale
Schauspielaufführungen und dergleichen berichten — und dazu viel
reichlicher als im vorigen Jahrhundert fließen. So stehen wir dem Para-
dox gegenüber, daß Spiele, die im streng historischen Sinne nicht mehr
zum Mittelalter gehören, uns am genauesten über das Wesen und die
Organisation des spätmittelalterlichen Theaters informieren können.

In Tirol erreichte das religiöse Volksspiel, worunter in erster Linie das
Passionsdrama zu verstehen ist, seinen eindrucksvollsten Umfang gerade am Vorabend der Reformation. Aber auch die folgenden Jahrzehnte weisen Perioden von regster Spieltätigkeit auf, und im ganzen
gesehen kann man von einer kräftigen Nachblüte sprechen. Wie anderswo in den deutschsprachigen Ländern war es auch hier eine Gruppe von
wohlhabenden Handelsstädten, die derartige Aufführungen mit Vorliebe pflegten, wobei eine jede ihre Ehre darein setzte, die Nachbarge-
meinden an theatralischem Glanz und Aufwand zu überbieten. „Nir-
gend sonst sind auf verhältnismäßig kleinem Raume so viele Aufführungen bezeugt, so viele Texte überliefert" (J. E. Wackernell). So eifrig
sie aber miteinander auch konkurrierten, bewiesen dieselben tirolischen
Städte doch einen ungewöhnlichen Grad von harmonischer Zusammenarbeit, wenn es darum ging, den gemeinsamen Vorrat an Spieltexten
zu bewahren oder das Interesse der Öffentlichkeit an ihren Aufführungen zu erregen.

Die wichtigsten Zentren dramatischer Tätigkeit waren um diese Zeit
Bozen, Brixen, Hall, Schwaz, Innsbruck — und dann vor allem Ster-

zing, die Vaterstadt von Vigil Raber (um 1475—1552), der über vierzig Jahre lang eine führende Rolle im Theaterleben Tirols spielte, ja, manchmal die Passionsspiele seiner Heimat fast eigenhändig organisiert und geleitet zu haben scheint. Daß auch im konservativen Tirolerland ein neues Moment bestimmend in die Entwicklung des deutschen Dramas eingetreten war, läßt sich ganz deutlich an der Persönlichkeit dieses begabten Mannes erkennen, dem bereits manche Züge der Renaissance anhaften. Am öffentlichen Leben stark beteiligt, war Raber seines Zeichens Kunstmaler — allerdings, an den großen Namen jener Zeit gemessen, kein sehr bedeutender —, dessen Handwerk, darunter Restaurierungsarbeit an Altarstücken und Kanzeln, aber auch Frescogemälde, noch heute in den Kirchen von Bozen und seiner Geburtsstätte Sterzing zu sehen sind. Und seine Beziehungen zu den Honoratioren, die die städtische Amtsgewalt vertraten, nützte er fortwährend dazu aus, das von ihm so geliebte Theaterspielen zu fördern. Kurz, er war einer von jenen vielseitigen, tatkräftigen Menschentypen, die mit dem Verebben des Mittelalters immer häufiger in der Geschichte des Theaters auftreten, ein Typus, den man als ‚Maler-Regisseur' zu bezeichnen pflegt. Und damit wäre es wohl an der Zeit, wenn auch nur kurz, zu den recht komplizierten Wechselbeziehungen zwischen bildender Kunst und kirchlichem Drama zurückzukehren.

Schon früh in der Entwicklung des geistlichen Spiels wird man Kunstmaler und ihre Gesellen mit der Herstellung bzw. Ausschmückung von Bühnenrequisiten und Spielgewändern beauftragt haben; und es dauerte nicht lange, bis sie als Mitglieder einer Handwerksgilde zu aktiver Teilnahme verpflichtet wurden. Das war, wie wir uns erinnern, vor allem der Brauch bei den Prozessionsspielen, wo die Malerzunft für die Darstellung des Sündenfalls zu sorgen hatte (→ S. 80); die Ausstattung des Paradiesgartens war wohl eine Arbeit, die in den Augen ihrer Zeitgenossen ganz besonders zum Malerhandwerk paßte. Aber erst im ausgehenden Mittelalter sind solche kunsthandwerklichen Beiträge zum geistlichen Theater gut bezeugt. So hören wir z. B. von einem 1441 in Hertogenbosch prachtvoll inszenierten Dreikönigsspiel, für welches Jan van Aken, ein Onkel von Hieronymus Bosch, das Kostüm des Mohrenkönigs bemalte, während 1461 in Colmar ein Fronleichnamsspiel festlich dargestellt wurde, an dem Caspar Isenmann († um 1484), ein angesehener Bürger jener Stadt und dazu ein Künstler von nicht geringer Bedeutung, der Schüler wie Martin Schongauer an sich zu ziehen vermochte, aktiv beteiligt war. Über die von ihm geleisteten Dienste wird uns leider nichts Näheres berichtet, nur daß er dafür bezahlt wurde. Es sei dann ferner auf ein nicht näher identifizierbares Passionsspiel, das 1480 in Hamburg aufgeführt wurde, hingewiesen, denn für dieses erhielt Hinrik Funhof — nach seinen schönen Altartafeln in der Lüneburger Johanniskirche zu urteilen, ein Maler von beträchtlichem Können — den Auftrag, alle nötigen Vorbereitungen zu treffen. Und es wären verschiedene andere Namen zu nennen, nicht zuletzt derjenige von Vigil Raber, der wohl auch ohne seine schauspielerische Begabung bei den Passionsspielen Tirols als Dekorationsmaler mitgewirkt hätte. Laut einem Eintrag aus dem Jahr 1514 im Raitbuch (= Rechnungsbuch) des Bozener Kirchpropstes wurde er beispielsweise mit dem Betrag von „1 fl. 6 kr." vergütet, und zwar für Kuhschwänze, die er selber angeschafft hatte, um die nach seinem eigenen Entwurf angefertigten Teufelskostüme für die Bozener Passion vom selben Jahr noch realistischer auszustatten. Ein deutlicheres Beispiel vom Künstler im Dienst des geistlichen Theaters gibt es wohl nicht. Doch wirft die gegenseitige Verwandtschaft zwischen Kunst und Drama subtilere, weit schwerer zu beantwortende Fragen auf. Inwiefern übten die bildenden Künste einen positiven Einfluß auf das geistliche Spiel aus, wobei wir vor allem an die szenische Ausstattung, die Gruppierung der Darsteller und die von ihnen benutzten Spielgewänder zu denken haben? Oder wenn wir das Problem von der anderen Seite her anfassen: Wurde nicht die Phantasie des Malers in recht vielen Fällen durch Szenen angeregt, die er selber auf der geistlichen Bühne miterlebt hatte?

Die Formen, in denen eine solche Wechselwirkung zutage tritt, sind nun tatsächlich mannigfaltig, wenn nicht sogar unübersehbar, sobald wir unser Blickfeld erweitern. Neben Malereien müßten eigentlich auch Kirchenornamente wie kunstvoll geschnitzte Schreinaltäre oder die unzähligen Steinskulpturen des mittelalterlichen Gotteshauses in Betracht gezogen werden; denn hier breitete sich innen und außen — an der bescheidenen Kleinstadtkirche nicht weniger als an der mächtigen gothischen Kathedrale — eine Fülle von Engeln, Teufeln, Patriarchen, Propheten und Aposteln vor den Augen des Beschauers aus, von Darstellungen ganzer Episoden aus der Bibel ganz zu schweigen. Dennoch bestand die engste Beziehung des mittelalterlichen Theaters wohl zur Malerei, die, ähnlich wie das Drama, bestrebt war, das Heilige und das Legendäre von der Mitte des 14. Jahrhunderts an mit immer zunehmender Gegenständlichkeit wiederzugeben. Zwar blieb die christliche Heilslehre nach wie vor eine nie versiegende Quelle der Inspiration für den deutschen Maler, aber es war jetzt die ihn umgebende erschaute Wirklichkeit, die seine Darstellung der heilsgeschichtlichen Vorgänge weitgehend bestimmte, eine Tendenz, die ihrerseits auffallend parallel verläuft mit dem Aufstieg einer neuen Klasse zu sozialer Bedeutung: die Kaufherren, Handwerker und Warenhändler der mittelalterlichen Stadt. Nüchtern und illusionslos in der täglichen Ausübung ihres Gewerbes, machten sie sich diese Eigenschaften zum Maßstab für das Leben überhaupt; und von dieser ‚realistischen' Auffassung, die wohl eng mit den neuen, in manchem bereits zum Frühkapitalismus tendierenden Wirtschaftsverhältnissen zusammenhängt, drang verschiedenes in das Kunstschaffen der Zeit ein, nicht zuletzt, weil das wohlhabende Bürgertum — sei es durch Stiftungen zum Anbau oder zur Ausschmückung von Kirchen, sei es durch aktive Beteiligung an geistlichen Theateraufführungen — der eigentliche Kulturträger des Spätmittelalters geworden war.

Durch diesen Versuch, die Wirklichkeit der unmittelbaren Umgebung zu erfassen, gelangte man damals in der deutschen Malerei zu einer wahrhaft neuen künstlerischen Aussage, und von den vielen bedeutenden Schöpfungen dieser Epoche seien hier in aller Kürze nur drei genannt, die von besonderem Interesse sind, weil sie Motive behandeln, die regelmäßig in den Passionsspielen vorkommen. Da ist zunächst die ‚Kreuztragung' (um 1424) des Meister Francke, ein Gemälde, in dem die Figuren, die Christus auf dem Weg zum Kalvarienberg begleiten, vor allem die Kriegsknechte, gewalttätig und häßlich, vom Geiste des Bösen erfüllt, in erdennaher Anschaulichkeit dahinschreiten. Ferner sind die Figuren der Ecclesia und Synagoga hervorzuheben, die Konrad Witz mit bürgerlichem Wirklichkeitssinn als kräftige und gedrungene Frauengestalten auf einer kurz nach 1430 entstandenen Reihe von Altartafeln repräsentiert. Oder verweilen wir bei den bäurisch aussehenden Grabwächtern, die, eisengepanzert und mit zeitgenössischen Waffen ausgerüstet, in der ‚Auferstehung' des Wurzacher Passionsaltars (um 1437) von Hans Multscher in tiefem Schlaf um den Sarg hocken, während der Heiland, greifbar nahe und von durchaus menschlicher Gestalt, im Triumph himmelwärts emporsteigt. Gerade in solchen Bildern — und das gleiche gilt natürlich auch für die Werke weniger begabter Zeitgenossen — stellt uns der Künstler Szenen und Personen vor, wie sie wohl häufig auf der geistlichen Bühne des Spätmittelalters zu sehen waren.

Damit kommen wir auf unsere ersten Fragen zurück. Sind diese und ähnliche Kompositionen eine annähernd getreue Wiedergabe von Szenen, die zum eisernen Bestand des deutschen Passionsspiels gehörten? Oder war es umgekehrt? Wandte sich der Regisseur zunächst an die Darstellungen der Maler, um sich eine Vorstellung davon machen zu können, wie bestimmte Vorgänge und Personen auf der Bühne aussehen sollten? Die Frage so zu formulieren, heißt sie aber in unzulässiger Weise vereinfachen, ja, in verallgemeinerter Form kann es kaum eine befriedigende Antwort darauf geben. Sicherlich gingen von beiden Seiten Anregungen aus, die wiederum von beiden Seiten aufgenommen und verarbeitet wurden; nur wissen wir leider viel zu wenig über die genauere Arbeitsweise der mittelalterlichen Maler und Spielleiter, um auch nur ein einziges konkretes Beispiel dafür anführen zu können. Immerhin ist es nicht zu bezweifeln, daß im ausgehenden Mittelalter das geistliche Drama und die Malerei sich fortwährend gegenseitig befruchteten; und der kräftigste Beweis dafür ist ja schließlich, daß Männer wie Vigil Raber in Tirol, Niklaus Manuel in Bern und Michael Schwarz in Danzig, alle Maler-Regisseure von Bedeutung, mehr oder weniger im gleichen historischen Augenblick hervortreten.

Durch einen Beschluß des Sterzinger Stadtrats wurden die Papiere Rabers ein Jahr nach seinem Tode seiner Witwe abgekauft (1553), und dieser glücklichen Fügung haben wir es zu verdanken, daß sie der Nachwelt erhalten sind. Genauer gesagt: diese wertvollen Handschriften blieben lange genug im Sterzinger Stadtarchiv aufbewahrt, um es Gelehrten des 19. Jahrhunderts zu ermöglichen, sie zu ordnen und herauszugeben, denn in den Wirren der Kriegsjahre gingen sie 1943 auf noch nicht geklärte Weise verloren. Dreißig Jahre später sind sie immer noch verschollen. Der Rabersche Nachlaß bestand fast ausschließlich aus Abschriften von Spieltexten, darunter einige aus dem frühen 15. Jahrhundert, die er selber erworben oder von Vorgängern geerbt hatte; andere wurden eigenhändig von ihm kopiert — und wo nötig erweitert — um als Vorlage für seine eigenen Inszenierungen zu dienen. Hinzu kommen verschiedene Stadt- und Kirchenrechnungen aus dem 15. und 16. Jahrhundert, in denen Posten für die mit der Aufführung von geistlichen, gelegentlich auch weltlichen Spielen verbundenen Ausgaben ausführlich verzeichnet sind. Aus dem ganzen archivalischen Befund gewinnen wir einen lebhaften Eindruck von der Theaterfreudigkeit der tirolischen Stadtgemeinden bis gegen Ende des 16. Jahrhunderts.

Bei dieser ungewöhnlich reichhaltigen Dokumentation mag es zunächst überraschen, daß wir so wenig über die Anfänge geistlicher Spiele in dieser Landschaft erfahren. Zwar ist mit Sicherheit anzunehmen, daß liturgische Feiern und Schauspiele schon früh in der Bozener Domkirche sowie in benachbarten Klostergemeinschaften aufgeführt wurden, doch ist der erste deutschsprachige Text, der dem Tiroler Gebiet ganz eindeutig zugewiesen werden kann, das Innsbrucker Osterspiel von 1391 (→ I, S. 113 f.). Das Vorhandensein dieser Handschrift im Brixener Neustift legt die Vermutung nahe, daß man bereits Umschau nach fremden Vorbildern hielt. Wir schließen ferner daraus, daß einfache Spiele in der Volkssprache sich kurz nach 1400 eingebürgert hatten, und sehr wahrscheinlich stammen das Sterzinger Osterspiel (→ I, S. 127) wie auch das Sterzinger Lichtmeßspiel (→ I, S. 174) aus dieser Zeit. Aber erst in den Jahren nach 1420 setzt die rege Spieltätigkeit der Tiroler ein, und es wird wiederum nicht von ungefähr kommen, daß eine Vorliebe für umfangreiche, effektvolle Dramatisierungen religiöser Stoffe ziemlich genau mit der Zeit zusammenfällt, in welcher das Tiroler Stadtbürgertum zu Wohlstand und gesellschaftlicher Bedeutung gelangte.

Der erste Anstoß dazu, die Osterspiele Tirols zu einem Spektakelstück von längerer Spieldauer zu kombinieren, scheint von Hall ausgegangen zu sein, einer Stadt, die schon früh im 15. Jahrhundert durch die nahe gelegenen Silberbergwerke einen wirtschaftlichen Aufschwung erlebt hatte. Hier fanden, wie uns durch Einträge in den städtischen Rechnungsbüchern bestätigt wird, Dramatisierungen der Passion bereits um 1430 statt, und zwar auf einer Holzbühne, die eigens zu diesem Zweck im Freien — wohl auf dem Stadtplatz oder im Stadtgarten — errichtet wurde. Binnen kurzem wurde das Leiden Christi mit einer Fülle von realistischen Details inszeniert. Um den anfänglich wohl nicht allzu langen Spieltext noch weiter auszubauen, griff man ungeniert zu Passionsdramen aus anderen Landschaften, darunter zur Egerer Passion (→ S. 66 f.); und damit haben wir übrigens auch die Erklärung dafür, daß eine längere Marienklage, ursprünglich aus Prag (→ S. 73), zu einem wichtigen Bestandteil einiger Tiroler Passionsspiele wurde. Die verschiedenen Entlehnungen im ‚Tiroler Passion‘ — in den Spieltexten und urkundlichen Aufzeichnungen Tirols und der Schweiz wird das Wort in der Bedeutung von ‚Passionsspiel' stets als Maskulinum behandelt — wollen wir aber diesmal nicht allzu stark hervorheben, denn hier, wie allenthalben in den deutschen Ländern, wurde das Übernommene den einheimischen Spieltraditionen rasch angepaßt. Dabei zeigen sich die regionalen Eigenarten des Tiroler Gebiets zunächst in der Aufführungsart, dann ferner darin, daß man fast ausschließlich in der Osterzeit spielte. So wurden beispielsweise in Hall die verschiedenen Abschnitte der Passion fortlaufend an den Festtagen der Karwoche agiert, ein Brauch, der zu vier- oder fünftägigen Spielen führte und 1511 in einer besonders prunkvollen Darstellung der Geschehnisse um die Kreuzigung und Auferstehung gipfelte. Dafür wurden vermutlich mehrere der Spieltexte herangezogen, die uns jetzt in den Editionen von Rabers Spielsammlung vorliegen; und diese Passionsaufführung, die, soviel wir sehen können, nicht nur die Bürger von Hall, sondern auch ihre Nachbarn ganz besonders beeindruckte, wurde dann zum Vorbild für spätere Dramatisierungen in Sterzing und Bozen unter der Leitung Rabers.

Dieser ist aber nicht der einzige, dessen Verdienste um das Theaterleben Tirols in einer Geschichte des mittelalterlichen Dramas gewürdigt werden müssen. Von seinen Vorgängern ist vor allem Benedikt Debs († 1515) zu nennen, ein gebürtiger Bayer aus Ingolstadt, der um 1485 nach Bozen zugewandert war, um eine Stellung als Schulmeister an der dortigen Lateinschule anzutreten. Als junger Mann wurde Raber offenbar mehrmals eingeladen, an geistlichen Aufführungen unter der Regie von Debs mitzuwirken, und aus dieser Zusammenarbeit erwuchs eine enge Freundschaft zwischen den beiden Männern. In Rabers Papieren wird Debs liebevoll als ein „sunder liebhaber der spill" charakterisiert, und das wohl nicht bloß im buchstäblichen Sinne, daß er die alten Spieltexte seiner neuen Heimat mit Eifer sammelte, um sie dann korrigierend durchzuarbeiten und, wo es ihm notwendig erschien, eine eigenhändige Reinschrift anzufertigen. Nach den Aussagen von Zeitgenossen war Debs ein hervorragender Schauspieler, der sich in der Rolle des leidenden Christus einen Namen in ganz Tirol gemacht hatte. Aber auch als Regisseur und Anreger solcher Spiele zeigte er eine ungewöhnliche Begabung; und dazu war er noch ein Musiker von einiger Bedeutung, „ain beruempter Nottist (= Tonsetzer) und Bassist", wie Raber über ihn schreibt. Bei seinem Tod ging das halb-offizielle Amt des ‚Spielleiters', das er nahezu dreißig Jahre lang so verdienstvoll bekleidete, auf seinen Freund und Mitarbeiter über. Raber erwies sich als ein durchaus würdiger Nachfolger. Im Laufe der folgenden vier Jahrzehnte veranstaltete er eine Reihe von Schauspielaufführungen in Südtirol, zunächst in Bozen, dann in seiner Vaterstadt Sterzing und in Brixen; auch in Trient und Fleimstal (Cavalese), beide jetzt vorwiegend italienisch, finden wir ihn als Regisseur am Werk. Nicht alle von ihm geleiteten Spiele waren religiösen Inhalts, aber bei Aufführungen der Passion wird es sich natürlich im Grunde genommen jedesmal um dasselbe Spiel, den ,Tiroler Passion', gehandelt haben, so sehr man die einzelnen Textstellen von Ort zu Ort variierte.

Rabers Tätigkeit als Spielleiter brachte eine Unzahl von weiteren Pflichten und Aufgaben mit sich, die er alle mit ansteckender Begeisterung und unermüdlichem Fleiß bewältigte. Zu diesen gehörte zunächst das Aussuchen von geeigneten Talenten aus den Reihen der Stadtbewohner und Ortsgeistlichen, wobei er vermutlich mehrere Proben vor der endgültigen Rollenverteilung abhalten mußte. Danach folgte das langwierige Einüben des Dialogs und der liturgischen Gesänge. Das Engagieren der Musikanten, die gewisse Abschnitte der Handlung begleiteten, fiel ebenfalls in sein Ressort; und obendrein mußten diese mit Noten versehen werden, die er deshalb oft eigenhändig abschrieb. In ähnlicher Weise nahm er es nicht selten auf sich, die Partitur für die mehrstimmigen Gesangsteile sowie die einzelnen Sprechrollen seiner Schauspieler durchzusehen und zu kopieren. Von Zeit zu Zeit amtierte er sogar als eine Art Kassenwart, um die Vermächtnisse und andere Geldgaben abzurechnen, welche die Prominenzen der Stadt zur Förderung der Passionsdarstellungen beizusteuern pflegten, ja, mit den Jahren scheint man ihm die weitere Verantwortung aufgebürdet zu haben, diese Spenden zu organisieren. Das hatte dann allerdings den Vorteil, daß der künstlerische Leiter des Spiels weitgehend bestimmen durfte, wie das dotierte Geld am besten zu verwenden war. Damit waren die mannigfaltigen Pflichten seines Amtes jedoch noch nicht zu Ende. Es mußten auch Bühnenrequisiten und dergleichen besorgt werden, was nun freilich weit eher ins Fach eines Dekorationsmalers fiel; und in dieser Eigenschaft wird er verschiedentlich in den Raitbüchern erwähnt. 1541 verdiente er beispielsweise fast 50 Florin für das Reparieren und Bemalen von Requisiten, die offensichtlich für die Höllenszenen benötigt wurden, darunter 20 Florin für „fünff new voderthayl theufflslarffen". Zwei Jahre später wurde ihm u. a. die Summe von 2 Mark für das Vergolden der „grossen engelsflügl" ausgezahlt. Zudem war Raber — in der Tradition seines

Vorgängers im Amt — ein talentierter Schauspieler, der vor allem durch seine Darstellung des listigen, treulosen Judas Ischariot berühmt wurde. Zu erwähnen bleibt schließlich das, was wohl in den Augen der Nachwelt als sein wichtigster Beitrag zum Tiroler Drama gilt: die Hingabe, mit welcher er die überlieferten Spieltexte seiner Heimat vor Vergessenheit und vor dem Verlorengehen bewahrte, indem er sie für seine eigenen Inszenierungen redigierte und dabei oft eigenhändig ins reine schrieb.

Dieser Kombination von Sammlerfleiß und editorischer Tätigkeit haben wir es also in erster Linie zu verdanken, daß die spätmittelalterlichen Spiele des Tirolerlandes noch in fast überwältigender Fülle vorhanden sind; und bei unserer Beurteilung der einzelnen Texte dürfen die näheren Umstände der Überlieferung nicht übersehen werden. In den südtirolischen Städten, die zwar Verbindungsglieder zwischen Deutschland und Italien bildeten, doch sonst durch die Alpen noch relativ abgeschlossen waren, hatte sich schon früh — politisch wie auch kulturell — ein starkes Zusammengehörigkeitsgefühl entwickelt, und das hätte wohl allein genügt, um ein Drama hervorzubringen, das von Anfang an weit homogener gewesen wäre als in sonstigen Gebieten des deutschen Sprachraums. Als Textredaktoren waren Debs und Raber selbstverständlich noch weit davon entfernt, die alten Spiele im humanistischen Sinne philologisch zu edieren. Doch blieben sie von den neuen Ideen aus Italien nicht völlig unberührt, und es ist nicht zu leugnen, daß die Texte, die durch ihre Hände gingen, im allgemeinen systematischer durchkorrigiert und einheitlicher umgeformt worden sind als es in der Zeit vor 1500, also im eigentlichen Mittelalter, üblich gewesen wäre. Hinzu kommt, daß von 1515 an die Verbreitung des **Tiroler Passionsspiels** — so sind die überlieferten Spieltexte aus dieser Landschaft wohl am besten zusammenzufassen — weitgehend das Werk eines einzigen Mannes gewesen ist. Anders gesagt: vom beginnenden 16. Jahrhundert an haben wir mit einer gewissen ‚Standardisierung‘ der Texte zu rechnen.

Andererseits blieb die Verbindung mit den älteren Spieltraditionen noch lange durchaus intakt, was sich zunächst darin zeigt, daß man die Passion erst gegen 1580 von den Ostertagen loslöste und zu eintägigen Aufführungen im Sommer überging. Konservativ war man auch in Bozen und Sterzing, wo das Innere der Kirche noch bis weit ins 16. Jahrhundert hinein als Spielort verwendet wurde; und allein die Tatsache, daß man auf geweihtem Boden spielte, wird die Überhandnahme von allzu weltlichen Elementen verhindert haben. Zwar kam es auch hier zu Konzessionen an den Zeitgeschmack. Aus verschiedenen Posten in den Probstrechnungen, die sich auf Holzschneiden, Bretternägel und dergleichen beziehen, ist zu entnehmen, daß an mehreren Teilen des Kirchenraums besondere Brettergerüste errichtet wurden, und außerdem wird die Herstellung von Spiel- und Bühnenrequisiten ausdrücklich erwähnt. An effektvollen, farbenprächtigen Auftritten, darunter realistischen Teufels- und Grabwächterszenen, hat es bei den Passionsdarstellungen in den Pfarrkirchen von Bozen und Sterzing sicherlich nicht gefehlt.

In der Regel nahmen die Passionsaufführungen der Tiroler drei oder vier Tage in Anspruch, wobei die Handlung abschnittsweise auf die Festtage verteilt wurde, an denen die betreffenden biblischen Vorgänge stattgefunden haben sollen. Histrionische und biblische Wahrheit sollte sich also möglichst genau auf der Schaubühne decken, und das ist auch sehr bezeichnend für die mittelalterliche Auffassung des Dramas. So spielte man Christi Einzug in Jerusalem am Palmsonntag, mit der Kreuzigung befaßte man sich ausschließlich am Karfreitag, während die Auferstehung am Ostersonntag aufgeführt wurde. Wie wir bereits gesehen haben, ist der Brauch, die einzelnen Spiele der Osterzeit zu einer mehrtägigen, kontinuierlichen Aufführung zu vereinigen, schon relativ früh im 15. Jahrhundert bezeugt, und das bedeutete, daß der neutestamentliche Stoff effektiv in kleinere, mehr oder weniger selbständige Spieleinheiten aufgeteilt war. Die von Debs und Raber angelegte Sammlung verzeichnet mindestens zwanzig ‚spill', wie die einzelnen Abschnitte, meistens von eintägiger Aufführungsdauer, in den Sterzinger Archivalien benannt werden. Von diesen oft nur geringfügig voneinander abweichenden Tagesspielen muten einige nun tatsächlich wie regelrechte Dramen im kleinen an — und wurden gelegentlich auch als solche präsentiert. Doch sind sie zugleich fast ausnahmslos als Bestandteile eines größeren Konzeptes erkennbar, Teile, die je nach der Größe des Spielraums und den vorhandenen Requisiten und Spielkräften zusammengestellt werden konnten. Die endgültige Stoffwahl lag wohl beim Regisseur, und es war hauptsächlich in der Art und Weise, wie die ‚spill' kombiniert wurden, nicht im Wortlaut des Dialogs, daß sich die Tiroler Passionsspiele überhaupt voneinander unterschieden. Bemerkenswert an der „alten Scharteke" — Rabers eigene Bezeichnung für den aus verschiedenen Heften zusammengenähten Sammelband, den ihm Debs hinterlassen hatte — ist ferner, daß sie zwei Fassungen des bekannten Fast-

nachtsspiels von Rumpolt und Maret (→ S. 148 f.) enthält. Die Bruderschaften, die vornehmlich zur Aufführung der Passion gegründet worden waren, hatten offenbar nichts dagegen, eine aktive Rolle bei den
weltlichen Festlichkeiten der Vorfastenzeit zu spielen, und Einträge in
den Raitbüchern bestätigen, daß Raber von Zeit zu Zeit Fastnachtsspiele zur Aufführung brachte.

Zwischen den verschiedenen Passionsdramen des Tiroler Gebiets, die
alle auf den gleichen, kurz nach 1400 entstandenen Grundstock von
Osterspielen zurückgehen, bestand also von vornherein die engste Verwandtschaft; und als zuerst Debs, dann Raber sich daran machte, die
überlieferten Texte zu redigieren, hier eine besonders wirkungsvolle
Szene aus dem einen Spiel herausgreifend, dort eine besser geratene
Dialogpartie in das andere einbauend, kam mit den Jahren ein ‚Nöthi-
ger Vorrath‘ von spezifisch tirolischer Prägung zustande, ein reichhaltiges Schauspielarchiv, aus dem andere nach Belieben schöpfen konnten.
Damit haben wir aber auch den Grund, warum die zahlreichen Verbin-
dungsfäden, die von dem einen Tiroler Passionsspiel zum nächsten laufen, uns in allen Einzelheiten oft unentwirrbar bleiben. Wie dem auch
sei, die Rabersche Sammlung vermittelt dem heutigen Theaterforscher
ein außerordentlich detailliertes Bild vom geistlichen Drama in der
Schlußphase einer sechshundert Jahre langen Entwicklung.

Die frühesten Aufführungen der Passion in Sterzing und Bozen, die mit
Sicherheit bezeugt sind, liegen nicht weiter zurück als um die Mitte des
15. Jahrhunderts, da die Sterzinger Propstrechnungen 1455, die Bozener erst 1476 einsetzen. Von dieser Zeit an können wir aber die Entwicklung in beiden Städten ziemlich genau verfolgen, nicht zuletzt, weil
derartige Spiele viel zu kostspielig waren, um alljährlich aufgeführt zu
werden. Um so getreuer spiegeln sich die längeren Vorbereitungen, die
jeder Passionsdarstellung vorausgingen, in den Rechnungsbüchern wider.
Der zeitliche Abstand zwischen den Aufführungen war von Ort zu Ort
verschieden. Während der zweiten Hälfte des 15. Jahrhunderts wurde
beispielsweise in Sterzing ganz offensichtlich eine regelmäßige Aufein-
anderfolge von Aufführungen erstrebt, und zwar so, daß in Abständen
von sieben Jahren gespielt wurde, wie übrigens auch in Brüssel (→ S. 22)
und Freiburg i. Br. (→ S. 79). In anderen Tiroler Spielorten ver-
gingen dagegen manchmal fünf, manchmal sogar fünfzehn Jahre zwischen den großen Passionsaufführungen, was wohl zunächst auf wiederkehrende Ausbrüche der Pest oder auf Krisen im Wirtschaftsleben zu-

rückzuführen wäre. Aber so schwer die Zeiten oft waren, es scheint bei den Tirolern, sobald die nächste Aufführung ihres ‚Passions' in Aussicht stand, selten an Spieleifer oder an Geld für Kostüme und Requisiten gefehlt zu haben, eine Tendenz, die in der breit ausgeführten, 1514 zu Bozen inszenierten Passion einen glanzvollen Höhepunkt erreichte.

Auch sonst hat das Bozener Passionsspiel von 1514 besondere Bedeutung für den Historiker des Dramas, denn es war die letzte Aufführung, in welcher Debs und Raber als biblische Gegenspieler auftraten, jener als der verratene Christus, dieser in der Rolle des verschlagenen Judas. Mit einer Spieldauer von insgesamt sieben Tagen übertraf es an Umfang und szenischer Ausstattung alle anderen Dramen des Tiroler Gebiets, ja, im ganzen deutschsprachigen Raum war es die längste Dramatisierung der Passion, die wir kennen. Für das Vorspiel allein sind 110 Rollen verzeichnet, und im Laufe der ganzen Aufführung traten vermutlich gegen 300 Spieler auf, von denen nicht wenige mehr als eine Rolle übernahmen. Eine weitere Eigentümlichkeit dieser Aufführung war, daß die verschiedenen Spielabschnitte nicht alle an unmittelbar aufeinanderfolgenden Tagen präsentiert wurden. Man begann mit dem Vorspiel, das den Einzug Christi in Jerusalem behandelte und daher — nach der Tradition der Haller Passion — am Palmsonntag gespielt wurde. Dann trat eine dreitägige Pause ein, bis die Aufführung am Gründonnerstag wieder aufgenommen wurde: zunächst die Klagen der Juden gegen Christus, dann die Verabredung des Judas und das Letzte Abendmahl, alles Episoden, die in der Gefangennahme gipfeln. Darauf folgte am Karfreitag Leiden und Kreuzestod, am Karsamstag — wiederum eine Eigentümlichkeit der Bozener Passion — die Marienklage, und am Ostersonntag die Auferstehung. Mit dem Gang nach Emmaus, in Tirol auch ‚Bruderspiel' genannt, wurde dieser Teil der Handlung am Ostermontag abgeschlossen. Vierzig Tage später wurde der ganze Zyklus am Himmelfahrtstag zu Ende gebracht, und zwar mit einer Dramatisierung der Himmelfahrt Christi.

Diesen umfangreichen Passionszyklus auf die Bühne zu bringen, war natürlich auch im gläubigen Mittelalter nicht bloß ein Akt der Frömmigkeit, so sehr die Teilnehmer (zu denen wir — nach gut mittelalterlicher Auffassung — im weiteren Sinne auch die Zuschauer rechnen wollen) darin auch einen sicheren Weg zum ewigen Heil erblicken mochten. Im Leben einer relativ kleinen Gemeinschaft war es zugleich ein Ereignis von gesellschaftlicher Bedeutung, an dem die vornehmsten und einflußreichsten Bürger teilzunehmen pflegten, darunter eine stattliche Anzahl von Geistlichen und Stadtbeamten. Aus einem Bozener Rollenverzeichnis, das, wie so viele andere Dokumente im Sterzinger Archiv, von Rabers eigener Hand stammt, erfahren wir z. B., daß „der burgemaister Sinseder" den Statthalter Caiphas (im Text stets als bischöfliche Hochwürden angeredet) spielte, eine Rolle, die in den Augen seiner Mitbürger einem Vertreter der städtischen Obrigkeit wohl ganz besonders anstand.

In noch anderer Hinsicht ist diese Aufführung für den Theaterhistoriker von beträchtlichem Interesse, denn sie bezeugt das langsame Absterben des im Mittelalter allgemein verbreiteten Brauchs, die Beteiligung an religiösen Spielen ausschließlich auf Männer und Knaben zu beschränken (→ I, S. 37). In der großen Inszenierung von 1514 — wie auch bereits, nach früheren Bozener Spielregistern zu urteilen, in den Passionen des ausgehenden 15. Jahrhunderts — waren nämlich verschiedene weibliche Rollen mit Frauen besetzt; und diese traten nicht bloß als Statistinnen auf, um den Massenszenen einen letzten realistischen Anstrich zu verleihen. Auch sprechende Personen, etwa die Gattin des Pilatus, die drei Marien oder die Krämerin in der Salbenkaufszene, wurden von Bozener Bürgerstöchtern gespielt, deren Namen, auf den vergilbten Blättern der Archivalien verewigt, uns lebhafter als manch andere trockene urkundliche Aufzeichnung an die Menschen von damals, an ihre Feste und Freuden erinnern. Offenbar hatte sich diese Neuerung aber noch nicht völlig durchgesetzt, denn die Rolle der Gottesmutter, sei es nun aus Respekt vor einer jahrhundertelangen Tradition oder aus einem gewissen Pietätsgefühl gegenüber der Person der Hl. Jungfrau, wurde einem männlichen Darsteller, einem Jüngling namens „Christofferus Rotnpuecher", zugeteilt; und auch die Seelen der weiblichen Verdammten — diesmal wohl aus rein praktischen Gründen — wurden von Männern gespielt.

Zum Schluß sei noch etwas von Bedeutung am Bozener Passionsspiel kurz hervorgehoben. Es ist ein vortreffliches Beispiel dafür, wie genauere Kenntnisse des damaligen Kirchenbaus die Forschungen des Theaterhistorikers befruchten und ergänzen können. Wie bereits angedeutet, fanden die meisten Passionsaufführungen in Bozen, einschließlich der von 1514, in der Pfarrkirche statt, einer mächtigen Hallenkirche, die nach schwerer Beschädigung im Zweiten Weltkrieg sorgfältig restauriert worden ist, und zwar in der Form, in der sie zu Beginn des 16. Jahrhunderts nach mehrfachem Um- und Ausbau im ausgehenden Mittelalter emporgewachsen war. Gestützt auf die Angaben Rabers, der als Regisseur, Bühnenbildner und Garderobier nicht nur Requisitenlisten, Rechnungen und ähnliches aufzustellen gewohnt war, sondern uns sogar eine flüchtige Skizze des Bühnenplans hinterlassen hat, können wir die Aufführungsart ziemlich genau rekonstruieren. Als Ergänzung dazu dienen die szenischen Anweisungen, die weit umfangreicher und klarer sind als in früheren Spieltexten.

Mit der Aufführung von 1514, so prächtig und glaubenserfüllt sie auch war, beginnen die mittelalterlichen Spieltraditionen in Bozen langsam, aber unverkennbar abzubröckeln. Zwar lassen vereinzelte Einträge in den Raitbüchern auf weitere Aufführungen schließen: 1522 wurde ein eintägiges Spiel aus dem Osterzyklus, 1545 ein Spiel vom verlorenen Sohn inszeniert. Aber Inhalt und Sinn dieser Darstellungen war jetzt ein anderer geworden — und die alte Freude am Theaterspielen längst verflogen. Doch sollte es, theatergeschichtlich gesehen, noch geraume Zeit dauern, bis das Mittelalter in Tirol ganz und gar zu Ende ging, und die einheimischen Passionsdarstellungen mit ihrer charakteristischen Mischung von volkstümlicher Frömmigkeit und prächtiger Festlichkeit behaupteten sich hartnäckig noch weit ins 17. Jahrhundert hinein, in einigen Gegenden sogar noch länger. In Hall wurden die alten Traditionen, freilich nicht ohne beträchtliche Unterbrechungen, bis 1759 fortgesetzt, während in Schwaz die letzte Passionsaufführung noch 1764 stattfand. Im Laufe von über drei Jahrhunderten hatten diese Spiele selbstverständlich mannigfaltige Wandlungen in textlicher wie auch struktureller Hinsicht erfahren; und obendrein war die alte Simultanbühne durch die im italienischen Stil konstruierte Perspektivbühne verdrängt worden, so daß Zuschauer und Darsteller nunmehr in ganz unmittelalterlicher Weise förmlich getrennt voneinander blieben.

Inzwischen waren auch andere bedeutsame Wandlungen vor sich gegangen. Bereits im 16. Jahrhundert, in den Wirren der Reformationszeit, hatten die so eng mit der bürgerlichen Kultur des Spätmittelalters verbundenen Passionsspiele begonnen, hinaus zu den Landgemeinden sich zu flüchten, um bei den konservativeren Bergbauern um so festere Wurzeln zu schlagen. Aber ländliche Verhältnisse konnten nicht mehr die gleiche Fülle von materiellen Hilfsmitteln zur szenischen Ausstattung bieten. So dauerte es nicht lange, bis man zu einfacheren theatralischen Darstellungen von Christi Leidensweg zurückkehrte, zunächst zu feierlichen Prozessionen mit Tableaus, die dann an einigen Orten durch weitere Einschränkungen in figuren- und bilderreiche Umzüge verwandelt wurden. Dies war praktisch eine Rückkehr vom prozessionalen Drama zur dramatischen Prozession; und in dieser Form vermochte das Passionsspiel des Mittelalters bis ins 19. Jahrhundert weiterzuleben, ja, in einigen abgelegenen Bergtälern Tirols waren derartige Spiele zu Beginn unseres eigenen Jahrhunderts noch durchaus lebendig.

In Baden, im Elsaß und in der deutschen Schweiz — grob gesagt, im alemannischen Raum — lag der Kern, dem nicht bloß eine, sondern mehrere grandiose Dramatisierungen der Passion entsprossen, ein Osterspiel, das sich um 1450 (früheste bezeugte Aufführung 1453) in Luzern eingebürgert hatte. Dabei ist wohl anzunehmen, daß es sich in seinen Ursprüngen wiederum um einen Ableger der rheinhessischen Spielgruppe (→ I, S. 99 f.) handelte. In den ersten Jahren seines Bestehens wurde dieses Osterspiel zur Feier der Auferstehung in Anwesenheit der Priesterschaft der Vierwaldstätten aufgeführt, die alljährlich in Luzern zusammenkam, um Kapitel zu halten. Als Darsteller traten Geistliche und Knaben aus der 1238 gegründeten Schule des Luzerner Stiftes im Hof unter der Leitung der Lehrer auf. Von relativ kurzer Spieldauer, im ganzen wohl nur zwei bis drei Stunden, war es anfänglich eine in jeder Hinsicht bescheidene Komposition, die vielleicht in der Stiftskirche von St. Leodegar aufgeführt wurde. Sie war aber offenbar nach dem Geschmack eines innerschweizerischen Laienpublikums, und bald wurden einige Kreuzigungsszenen hinzugedichtet. Im übrigen wissen wir recht wenig über den Text dieses aufkeimenden Luzerner Urspiels — und noch weniger über dessen Autor, denn die Fülle von archivalischen Materialien, die uns oft bis ins kleinste Detail über die Spieltätigkeit der Luzerner orientieren, setzt erst um die Mitte des 16. Jahrhunderts ein. Um 1470 wurde eine religiöse Spielgemeinschaft — „die lobliche Bruoderschaft der Bekrönung unsers Lieben Herren Jesu Christi", wie der vollständige Titel nach einer Urkunde von 1495 lautet — ins Leben gerufen, um Aufführungen der Passion zu fördern und zu pflegen. Kurz nach der Gründung der Bruderschaft wurde nicht mehr in der Kirche gespielt, und durch Aufnahme von immer mehr neutestamentlichen Themen wuchs das Spiel mit jeder Aufführung an.

Ums Jahr 1485 gelangte das Luzerner Spiel — wohl durch das Ausleihen des Textes zum Abschreiben — zu den Bürgern von Donaueschingen im Schwarzwald, und von dort wurde es nicht lange nachher, vermutlich bereits um die Wende zum 16. Jahrhundert, von der Nachbarstadt Villingen übernommen, wo es ebenfalls aufgeführt wurde. Der Text des Schwarzwälder Spiels ist uns in einer Abschrift aus dem Ende des 15. Jahrhunderts erhalten, einem Spielbuch, das, nach den vielen Gebrauchsspuren zu urteilen, bereits mehr als eine Aufführung erlebt hatte. Bei der Säkularisation gegen Ende des 18. Jahrhunderts kam es in den Besitz der Fürstlich Fürstenbergischen Hofbibliothek zu Donaueschingen, wo es heute noch aufbewahrt wird. Auch hier wird dem Theaterhistoriker etwas von besonderem Interesse geboten: ein Lageplan der einzelnen Bühnenstände. Eine einwandfreie Deutung dieser grob ausgeführten, in verschiedenen Darstellungen des mittelalterlichen Dramas reproduzierten Zeichnung ist allerdings bis jetzt nicht gelungen, nicht zuletzt deshalb, weil die Beschriftung auf dem Plan etwas jünger als der Spieltext ist. Diese stammt nämlich aus dem späten 16., wenn nicht sogar aus dem frühen 17. Jahrhundert, einer Zeit, als das Spiel offenbar noch gelegentlich in Villingen zur Aufführung kam. Im strengen Sinne gehört der Lageplan also nicht mehr dem Mittelalter an, obwohl es sich andererseits ganz eindeutig um eine skizzenhafte Darstellung der mittelalterlichen Simultanbühne handelt.

Bei aller Ungewißheit im einzelnen gewinnen wir folgendes Bild von den Bühnenverhältnissen: als Schauplatz dient ein rechteckiger Spielraum, wohl ein offener städtischer Platz, an dessen beiden Längsseiten die Zuschauer ihre Plätze einnehmen. Über diesen Raum sind etwa zwanzig feststehende Bühnenorte verteilt, mehr oder weniger wie sie in zahlreichen anderen deutschen Passionsspielen anzutreffen gewesen wären, darunter der Garten Gethsemane, „herodes hauß", „pilatus huß", „die sul (= Säule) dar an Jesus gaist (= gegeißelt wird)", „das huß in dem daß nachmal war" und ähnliches mehr. Wie sein Donaueschinger Vorbild wurde das mittelalterliche Villinger Passionsspiel ebenfalls an zwei Tagen gespielt, während nun der vorliegende Plan eher zu einer eintägigen, stark vereinfachten Fassung des alten Spiels zu passen scheint. In dieser Form — mit gewissen barocken Zusätzen — wurde die Passion in Villingen um die Mitte des 17. Jahrhunderts auch tatsächlich präsentiert. Schwer erklärbar bleibt nicht zuletzt eine scheinbare Dreiteilung des Spielraums durch Tore und Mauern, und auch sonst begegnet uns in dieser Zeichnung verschiedenes, was nicht völlig mit dem übereinstimmen will, was wir aus anderen Quellen über die Inszenierung des mittelalterlichen deutschen Passionsspiels wissen.

Der erhaltene Text des **Donaueschinger Passionsspiels,** aus 88 sorgfältig beschriebenen Blättern bestehend, stellt nicht das vollständige Spiel dar. Aber auch in der überlieferten Form gehört das Werk (gelegentlich auch Villinger Passionsspiel genannt, da es sich eigentlich um eine in Villingen entstandene Überarbeitung des Donaueschinger Spiels handelt) zu den längeren religiösen Dramen des ausgehenden 15. Jahrhunderts. Im ganzen wird es gut 4500 Sprechverse umfaßt haben und hatte wohl von Anfang an, wie bereits erwähnt, eine Aufführungsdauer von zwei Tagen; und im Gegensatz zu den alttestamentlichen Passionsdramen, etwa die Passionen von Eger und Heidelberg, die das Erlösungsopfer Christi in die größeren heilsgeschichtlichen Zusammenhänge einbetten, geht es hier — wie in den Spielen der hessischen und tirolischen Gruppen — um ein Passionsspiel im eigentlichen Sinne des Wortes. Den Zuschauern in Donaueschingen wurden nämlich nur Christi Leiden am Kreuz und die unmittelbar damit verbundenen Begebenheiten vorgeführt.

Bürgerliche Feierlichkeit zeigt sich gleich bei der Eröffnung des Spiels. Nach den einleitenden Chorgesängen erscheint zuerst der Knecht des Proclamators, um das Publikum auf den Auftritt seines Herrn vorzubereiten, und erst nach drei Trompetenfanfaren beginnt dieser den Prolog zu sprechen. Mit dem Weltleben der Maria Magdalena und ihrer reumütigen Bekehrung kommt die eigentliche Handlung in Gang, eine Reihe von kurzen ‚Szenen‘, denen sich die Versuchung Christi in der Wüste anschließt. Darauf folgen die Wundertaten, die besonders breit und mit erdennaher Anschaulichkeit dargestellt werden, darunter vor allem die Heilung des Blindgeborenen (der hier wie auch im Luzerner Passionsspiel den Namen Marcellus trägt) und die Auferweckung des Lazarus. Der erste Tag schließt mit dem Einzug in Jerusalem und dem Ränkespiel der Juden gegen Christus. Am zweiten Tag beginnt die Handlung mit dem Letzten Abendmahl und Christi Gefangennahme, und unmittelbar darauf folgt die Kreuzigung und Grablegung, die wiederum mit einer Fülle von realistischen Details ausgemalt werden. Mitten in der frohen Botschaft von der Auferstehung, die Maria Jacobi an Petrus verkündet, bricht der Text ab. Vor allem die letzten 150 Verse, die den Salbenkauf und den Gang der Marien zum Grabe in einer Mischung von liturgischem Latein und deutschen Reimpaaren darstellen, erinnern stark an den schlichten Stil der volkssprachlichen Osterspiele des 13. und frühen 14. Jahrhunderts. Die sechs fehlenden Blätter werden wohl u. a. den Jüngerlauf und den Epilog des Proclamators enthalten haben.

Auffallend am Donaueschinger Spiel ist zunächst die Art und Weise, wie sich der Text auf längere Strecken eng an die neutestamentliche Vorlage hält, ja, häufig ist er nur eine Verdeutschung der Vulgata, wobei allerdings das Bedürfnis, auch den einfachsten lateinischen Satz in ein volltönendes Reimpaar zu verwandeln, eine beträchtliche Anschwellung des Dialogs zur Folge hatte. Aber so wortreich die Wechselreden des Donaueschinger Textes auch sind (was natürlich nicht allein von dem breiten Übersetzungsstil herrührt, sondern überhaupt mit der Vorliebe des Spätmittelalters für eine möglichst lückenlose Wiedergabe biblischer Wahrheit zusammenhängt), mangelt es keineswegs an handlungsreichen Szenen, welche die Aufmerksamkeit des ungeduldigsten Zuschauers gefesselt hätten; und das unablässige Streben, Christi Leiden und Auferstehung bis in die kleinsten Einzelheiten auf die Bühne zu bringen, wird durch die vielen ausführlichen Regieanweisungen deutlich unterstrichen. Der Zeitgeschmack zeigt sich ferner darin, daß ein entschieden didaktischer Ton vorherrscht. Diese Neigung zum Lehrhaften wird aber immer wieder durch robusten Humor und einen manchmal drastischen Wirklichkeitssinn gewürzt, Eigenschaften, die am auffälligsten in der Verspottung und Mißhandlung Christi sowie in den Szenen um den Selbstmord und die Höllenqualen des Judas zum Ausdruck kommen. Dabei war man offenbar auch bestrebt, den Kontrast zwischen zwei sündhaften Menschen hervorzuheben, zwischen dem Christusverräter, der durch Habgier und geistige Blindheit die ihm so reichlich gebotenen Gelegenheiten versäumt, sein Seelenheil zu sichern, und Maria Magdalena, die sich anfänglich den Vergnügungen dieser Welt hingibt, jedoch am Ende durch die Festigkeit ihres Glaubens gerettet wird.

Inhaltlich decken sich gewisse Teile des Donaueschinger Spiels ziemlich genau mit dem Luzerner Text von 1545, und an solchen Stellen ist vermutlich noch manches aus dem Luzerner Urspiel gut erhalten. In anderer Hinsicht waren aber die Schwarzwälder und Luzerner Fassungen bald nach der Verpflanzung des Spieltextes nach Donaueschingen auseinandergegangen; und im Laufe der nächsten Jahrzehnte sollten diese Unterschiede von Aufführung zu Aufführung immer erheblicher werden, zumal alttestamentliche Stoffe, aus denen sich dann einige präfigurative Erweiterungen entwickelten, wohl zu Beginn des 16. Jahrhunderts ins Luzerner Spiel aufgenommen wurden. Bereits um 1480 war es ja derart angewachsen, daß zwei Tage für die Aufführung notwendig geworden waren, und wir wissen ferner, daß es sich bei den Spieltagen um den Mittwoch und Donnerstag nach Ostersonntag handelte. An diese Spielzeit hielt man bis ins späte 16. Jahrhundert fest. Um 1490 waren alle Geistlichen von Luzern und den umliegenden Landgemeinden, darunter die Äbte von St. Urban, wie auch das ganze Stadtpatriziat in die Bekrönungsbruderschaft eingetreten, so daß die Verantwortung für die Passionsaufführung nunmehr zwischen Klerus und Laien mehr oder weniger gleich aufgeteilt war. Zu dieser Verantwortung gehörte das Sammeln von Geldspenden, da die Kosten des Spiels inzwischen offenbar erheblich gestiegen waren; und in diesem Zusammenhang kommt es wohl nicht von ungefähr, daß man schon vor Ende des 15. Jahrhunderts davon abgekommen war, die Passion alljährlich zu veranstalten. So mußte man auf neue Einnahmequellen sinnen, und von dieser Zeit an wurde es üblich, daß die Teilnehmer je nach Vermögen und gesellschaftlichem Stand einen Beitrag zu den Aufführungskosten leisteten. Außerdem hatte jeder die eigenen Spielgewänder wie auch die kleineren Requisiten, die mit seiner Rolle verbunden waren, zu besorgen. Für talentierte Darsteller, die sich eine solche Spende nicht leisten konnten, gab es allerdings einen besonderen Fonds.

Von früh an hatten aber auch die Luzerner Stadtbehörden Beiträge an die Osteraufführung gezahlt, und um die Jahrhundertwende beschloß der Stadtrat, die Kosten für die Holzgerüste zu tragen, die als Bühnenstände und Zuschauertribünen errichtet wurden. Für die Bewirtung der Ehrengäste, die zum Zeugnis ihres Festhaltens am alten Glauben von auswärts zur Luzerner Passion pilgerten, trugen ebenfalls die Stadtväter Sorge. Auch die vielen nichtkatholischen Eidgenossen, die dem Spiel beizuwohnen pflegten, wurden gastfreundlich aufgenommen. Die Verpflegung der Schauspieler und Musikanten fiel in der Hauptsache der Bekrönungsbruderschaft zu. Nach einer Verordnung der Bruderschaft von 1495 sollte die Passion künftighin alle fünf Jahre präsentiert werden. Nur in den ersten Jahren danach konnte dieser Beschluß aber streng eingehalten werden, und im Laufe des 16. Jahrhunderts wurden die Abstände zwischen den Aufführungen allmählich immer länger, wie deutlich aus den Jahreszahlen der letzten fünf Inszenierungen zu ersehen ist: 1560, 1571, 1583, 1597 und 1616.

Schon zu Beginn des 16. Jahrhunderts war die Aufführung des **Luzerner Passionsspiels** (wegen der Aufführungszeit oft auch als Luzerner Osterspiel bezeichnet) zu einem ‚Mammutunternehmen' geworden, das einer hoch entwickelten Organisation bedurfte; und diese setzte wiederum ihrerseits ein engeres Zusammenwirken mit der städtischen Obrigkeit voraus. Damit ging das Spiel fast ganz und gar in die Hände von Laien über, und, theatergeschichtlich gesehen, entstand eine Situation, die manche Ähnlichkeit mit den Verhältnissen in Tirol aufwies. Auch in Luzern wurden führende Mitglieder der Bürgerschaft mit der Leitung der Passion beauftragt, wobei vor allem Hans Salat († 1561), Chronist, Dramendichter und überhaupt ein eifriger Polemiker auf katholischer Seite, und Zacharias Bletz († 1570), ebenfalls Verfasser von dramatischen Werken, darunter einige Fastnachtsspiele, und Salats unmittelbarer Nachfolger als Gerichtsschreiber, zu nennen sind. Von Maler-Regisseuren im Stil eines Vigil Raber erfahren wir allerdings nichts. Während der ersten Jahrzehnte des 16. Jahrhunderts wurde der Spieltext mehrmals erweitert und mit zunehmendem Prunk und Aufwand inszeniert, aber die Gründe hierfür liegen freilich ebensosehr im Realpolitischen wie in der Theaterliebhaberei der Luzerner.

Schon seit den ersten Regungen der protestantischen Reformbewegung hatte die Waldstätte die Lehre Zwinglis aufs heftigste bekämpft, und dem Luzerner Bürgeradel, der eifrig bemüht war, die Führung der katholischen Orte der Schweiz fest in der Hand zu behalten, schien die Bühne das natürlichste und geeignetste Mittel gegen die höchst wirksame Propaganda der reformierten Dramatiker zu sein. Darin hatte er wohl auch recht. Die Folge davon war, daß im späteren 16. Jahrhundert das Spektakuläre immer stärker zum Ausdruck kam, eine Tendenz, die zunächst in der prunkvollen Aufführung von 1571 gipfelte. Dank dem reichhaltigen Quellenmaterial sind wir nun sogar imstande, die Kosten dieser teuersten von allen Luzerner Passionsdarstellungen ziemlich genau zu berechnen. Die in den Rechnungsbüchern verzeichneten Posten belaufen sich allein auf rund 1233 Gulden, eine für damalige Verhältnisse sehr beträchtliche Summe (nach der heutigen Kaufkraft kaum weniger als DM 60 000), die der Stadtkasse restlos zur Last fiel. Es wären aber noch andere Auslagen, die nirgends eingetragen sind, zu berücksichtigen, etwa die Errichtung von Bühnenständen und Zuschauerplätzen sowie die Bewirtung der Teilnehmer, so daß der Gesamtbetrag eher in der Höhe von 1500 Gulden (etwa DM 75 000) liegen dürfte. Für eine zweitägige Theatervorstellung wäre das heute noch keine geringe Ausgabe, und zudem müssen wir bedenken, daß das damalige Luzern nicht mehr als 7000 Einwohner besaß.

Damit kommen wir zu dem berühmtesten der Luzerner Bürger-Regisseure, Renwart Cysat (1545—1614). Dieser Sohn eines welschen Vaters und einer deutschschweizerischen Mutter stammte aus dem Stadtpatriziat und verbrachte sein ganzes Leben als Beamter im Dienst seiner Vaterstadt. 1570 erhielt er eine Stellung als Unterschreiber in der Stadtkanzlei, und fünf Jahre später, als noch relativ junger Mann, rückte er zum Stadtschreiber auf. Dieses Amt hatten die beiden früheren Spielregenten Zacharias Bletz und Hans Kraft († 1575) vor ihm bekleidet, und um diese Zeit war es offenbar bereits zur Tradition geworden, daß die Leitung der Passion zu den amtlichen Pflichten des Stadtschreibers gehörte. Cysats Jahre im Amt fallen mehr oder weniger genau mit der Glanzzeit Luzerns als blühendem Handelsplatz und führender katholischer Macht der Innerschweiz wie auch, was keineswegs zufällig ist, mit den prächtigsten Aufführungen der Passion zusammen. Von Hause aus Jurist, übernahm er zweimal — 1583 und 1597 — die Regie des Passionsspiels. Bei seinem Tode stand er wegen seiner Verdienste als Spielleiter in so hohem Ansehen, daß seine Mitbürger die für 1614 geplante Aufführung — die allerletzte, wie es sich herausstellen sollte — um zwei Jahre hinausschoben.

In seiner Eigenschaft als Vorbereiter und Regisseur hat Cysat eine Sammlung von Dokumenten hinterlassen, die in der Geschichte des älteren Dramas ihresgleichen suchen dürfte. Im ganzen umfassen seine ‚Collectanea' nicht weniger als 22 Bände, darunter einige, die man offenbar noch zu Cysats Lebzeiten mit kunstvollen Ledereinbänden ausstatten ließ. Diese Papierhandschriften in Buchform, die er z. T. selber in den Luzerner Archivbeständen aufspürte und ordnete — oder nach älteren Vorlagen eigenhändig abschrieb, enthalten zunächst Spieltexte und Bühnenpläne, orientieren uns aber zugleich ausgiebig über die mannigfaltigen Requisiten und Kostüme, die für die verschiedenen Aufführungen besorgt werden mußten, und zwar öfters bis ins kleinste Detail: wir erfahren z. B. nicht nur, wie die Schauspieler kostümiert und verpflegt wurden, sondern auch ferner was eine Elle Leinen oder ein Faß Elsässer Wein damals gekostet haben. Zudem liegen die Stadtrechnungsbücher (‚Umgeldbücher') und die Rödel (= Aktenrollen) der Bekrönungsbruderschaft für die zweite Hälfte des 16. Jahrhunderts mehr oder weniger vollständig vor, und durch diese Fülle von archivalischem Material ist es jetzt möglich, die Luzerner Passionsaufführungen der Spätzeit fast bis in die letzten Einzelheiten zu rekonstruieren. Was die überwältigende Ausführlichkeit der Dokumentation, vor allem der ‚Collectanea', betrifft, so kann man sich schließlich des Eindrucks nicht erwehren, daß nur ein Berufsbeamter so peinlich genau hätte sein können. An Cysats Sinn für Pünktlichkeit und Ordnung läßt sich andererseits deutlich erkennen, daß, so starr man auch an den alten Formen festhielt, im Luzern des ausgehenden 16. Jahrhunderts eine andere geistige Atmosphäre herrschte. Für die neue Zeit ist es ferner bezeichnend, daß der dienstbeflissene Stadtschreiber sich bereits derart vom Mittelalter entfernt fühlte, daß er, begierig zu erfahren, wie das von ihm geleitete Spiel entstanden war, eigene Quellenforschung anstellte. Das wenige, was wir darüber wissen, geht größtenteils auf seine Bemühungen um die historische Überlieferung zurück.

Als Panorama der ganzen Heilsgeschichte betrachtet, war das Luzerner Spiel sogar zur Zeit seines größten Ausmaßes unter der Regie Cysats inhaltlich kaum reichhaltiger als beispielsweise die Egerer Passion (→ S. 66 f.). Doch hatten anderthalb Jahrhunderte selbständigen Weiterbestehens das ihrige dazu beigetragen, gewisse regionale Eigentümlichkeiten auszuprägen. Das gilt zunächst für die glanzvolle szenische Ausstattung, welche die Bürger von Luzern ihrem Spiel angedeihen ließen; und während der letzten Jahrzehnte des 16. Jahrhunderts fanden innerhalb ihrer Mauern die großartigsten und prunkvollsten Dramatisierungen der Passion statt, die wir im deutschen Kulturraum kennen, ja, die Aufführung von 1571 stellt einen Höhepunkt der mittelalterlichen Theaterkunst dar, in ihrer Art den großen französischen Mysterienaufführungen des 16. Jahrhunderts, etwa der Inszenierung des Alten Testaments in Paris (1542) oder der Passion von Valenciennes (1547), durchaus ebenbürtig. Nach den großzügigen, in vielem ans Verschwenderische grenzenden Auslagen, die mit dieser Prunkaufführung verbunden waren, wurden die Zuschüsse aus der öffentlichen Kasse in den folgenden Jahren erheblich gekürzt. Für die Aufführung von 1583 gingen sie auf rund 900 Gulden zurück, während die der Stadt zur Last fallenden Kosten für die Inszenierung von 1597 nicht einmal 250 Gulden (etwa DM 12 000), eine für Luzerner Spielverhältnisse recht bescheidene Summe, betrugen. In dem von Cysat aufgestellten ‚Catalogus der Spilpersonen zum Osterspil 1597‘ sind immerhin 165 Spieler mit Namen verzeichnet, die insgesamt 309 Sprechrollen untereinander aufteilten, von denen einige von Kindern dargestellt wurden, z. B. das Christkind oder ‚Jesus der 12 järig‘. Bei diesen Zahlen bleiben natürlich die vielen Statisten, die in den Massenszenen, Umzügen und anderen festlichen Auftritten erschienen, unberücksichtigt.

Während des ganzen Mittelalters hatte die Musik, wie schon verschiedentlich angedeutet, einen integralen Bestandteil des religiösen Dramas gebildet, einen Bestandteil, der — nicht anders als bei mancher heutigen Theater- oder Filmvorstellung — die Wirkung des Vorgeführten beträchtlich erhöhen konnte. Bei näherem Zusehen scheint die Rolle der musikalischen Elemente in den einzelnen Spielen der Spätzeit allerdings eine sehr unterschiedliche gewesen zu sein, von der Egerer Passion, deren Text, von etwa 200 liturgischen Gesangspartien durchsetzt, stellenweise noch durchaus oratorienhaft wirkt, bis zur Frankfurter Passion von 1493, die, da hier Antiphonen und sonstige gesungene lateinische Texte nur spärlich in den deutschen Dialog eingestreut sind, dem modernen Sprechdrama bereits sehr nahesteht. Im allgemeinen kann man aber sagen, daß im längeren geistlichen Spiel die Musik eine dreifache Funktion hatte: erstens ging es mehrmals im Verlaufe der Handlung darum, eine feierlich-andächtige Stimmung hervorzurufen, zweitens diente sie gewissen stummen Vorgängen, etwa dem Letzten Abendmahl oder dem Gang der Marien zum Grab, als Untermalung, und drittens war die Musik besonders dazu geeignet, die Handlung in deutlich erkennbare Abschnitte zu gliedern. Das geschah bald durch Einzelstimmen und Chöre, bald durch instrumentale Begleitung. In der Luzerner Passion lebten diese älteren musikalischen Traditionen, die, nebenbei bemerkt, von Zwingli wie auch von Calvin verworfen worden waren, fast unverändert fort, so daß die Aufführungen am Vierwaldstätter See in vieler Hinsicht einem opernhaften Gesamtkunstwerk nahekamen. Mehr sogar: die alten Traditionen wurden noch lebhaft als Erbe der katholischen Vergangenheit empfunden und daher um so eifriger gepflegt. Und dank der fast lückenlosen Dokumentation wird es, wenn auch nur ausnahmsweise, endlich möglich, Genaueres über die Mitwirkung von Musik in einem mittelalterlichen Spiel auszusagen.

An den musikalischen Darbietungen der Luzerner Passion hatten Berufsmusikanten, die eigens dafür engagiert wurden — ,spillüt‘, wie sie Cysat in seinen Akten bezeichnet —, einen nicht geringen Anteil. Für die glanzvolle Aufführung von 1571 mußten nicht weniger als 156 ,Spielleute‘ verpflichtet werden, von denen viele aus anderen Orten der Schweiz, einige sogar von noch weiter her kamen. Im Spielbudget beträgt dieser Posten allein 327 Gulden (etwa DM 18 000), eine Summe, welche die haushälterisch gesinnten Ratsherren bei nachheriger Überprüfung der Rechnungsbücher für übermäßig hoch hielten. Auch sonst wurden tadelnde Stimmen erhoben. U. a. wurde behauptet, daß die Verdienstmöglichkeiten einheimischer Musikanten durch diesen unlauteren Wettbewerb beeinträchtigt würden — ein Einwand, der in manchem recht zeitgemäß klingt! Die Kritiker vermochten sich durchzusetzen, und bei den beiden folgenden Aufführungen wurden die Ausgaben für musikalische Beiträge stark eingeschränkt. Zu den Instrumenten, die man damals in Orchestern zusammenfaßte, gehörten Hörner, Trompeten, Flöten, Schalmeien, Geigen, Lauten, Harfen und Zithern, und deren Gesamtwirkung wurde je nach Gelegenheit durch Spinett und Portativ verstärkt. Diese Instrumentalmusik hatte verschiedene Aufgaben zu erfüllen, darunter vor allem die vielen Prozessionen zu begleiten, die von Zeit zu Zeit durch das ‚Theatrum‘ (Cysats stehende Bezeichnung für den ganzen Spielraum) zogen. Durch eine musikalische Einlage konnte ferner angedeutet werden, daß ein bestimmter Zeitabschnitt in der Handlung verstrichen war, während Pausen, planmäßige — und manchmal wohl auch unvorhergesehene, ebenfalls durch Musik überbrückt wurden. Bei den Luzerner Aufführungen gab es noch andere, mit Querpfeifen und Handtrommeln ausgerüstete Musikanten, die man aufspielen ließ, wenn sich Schauspielergruppen in Marsch setzten oder wenn es darum ging, die Aufmerksamkeit der Zuschauer auf einen bestimmten Bühnenort oder Vorgang zu lenken.

In den Notizen Cysats sind die Aufgaben mindestens drei verschiedener Gruppen von Instrumentenspielern vorgeschrieben. Die eine bestand aus ‚Harsthörnern‘ (eine Art Militärhorn), die andere aus Trompeten, und auf ein Zeichen des Spielleiters hatten beide mit Akkordfanfaren einzusetzen, um beispielsweise den Eintritt des Proclamators mit seinem Gefolge zu verkünden oder den Aufstieg Moses’ auf den Berg Sinai zu untermalen. Was die dritte, wohl auch größere Gruppe von Instrumenten betrifft, so bildete diese eine Art Orchester, das Begleitmusik zu dem, was sonst auf der Bühne vorgeführt wurde, spielte, etwa kriegerische Melodien während des Kampfes zwischen David und Goliath oder „ein trurige, nidre, klägliche music“ für den bethlehemitischen Kindermord. Nach den älteren Traditionen der Kirchenmusik hatte jedoch die menschliche Stimme den wichtigsten musikalischen Beitrag zur gottesdienstlichen Feier zu leisten, und im Luzerner Spiel wurde auch dieses Erbe des früheren Mittelalters bewußt weitergepflegt. Dementsprechend wurden die Sänger ebenfalls in drei Chöre eingeteilt, wobei ein jeder, genau wie die verschiedenen Gruppen von Instrumentenspielern, eine besondere Funktion übernahm. Der erste Chor war achtstimmig und stellte die Engelscharen dar, während der zweite, ein zwölfstimmiger Chor, der als ‚Musica‘ oder ‚Cantory‘ bezeichnet wird, für die übrigen Hymnen, Antiphonen und Choräle zu sorgen hatte. Dagegen fiel dem dritten Chor, dem 20- bis 24stimmigen ‚Synagog‘ eine ganz besondere Aufgabe zu, die in den Aufführungen von 1583 und 1597 auffallend breiten Raum einnahm: der Vortrag der sogenannten ‚Judengesänge‘, einer Reihe von Chorgesängen, die von verschiedenen biblischen Vertretern des Judentums in unisono gesungen und an besonderen Stellen in der Handlung eingeschaltet wurden. Der Text zu diesen Gesängen wurde eigens von Cysat für das von ihm betreute Spiel verfaßt und, wie wir aus seinen Aufzeichnungen weiter erfahren, „durch den würdigen Herren Fridolinum Jungen, Priester vnd Organisten im Hoff alda, in Noten gesetzt“. Im einzelnen erreichen Jungs Kompositionen, die sich vollständig erhalten haben, ein beträchtliches Niveau. Das gleiche kann man freilich von Cysats Versen nicht sagen, aber auch hier leben die alten Traditionen weiter, ja, ein wiederkehrendes Merkmal seines Textes, der Gebrauch von sinnlosen Wortgebilden und angeblich magischen Formeln, um den Eindruck einer Fremdsprache — in diesem Fall, des Hebräischen — zu erwecken, haben wir bereits in den frühen liturgischen Spielen (→ I, S. 56) angetroffen.

Während der Aufführung blieben die Instrumentalisten nicht alle ‚hinter den Kulissen‘. Von Zeit zu Zeit legten sie Spielgewänder an und traten in dazu geeigneten Statistenrollen mit ihren Instrumenten auf, etwa als Herolde, um die Ankunft der Drei Könige durch Trompetenfanfaren anzuzeigen, oder als Hofmusikanten beim Gastmahl des Herodes Antipas. In ähnlicher Weise wurden vom ‚Theatrum‘ aus Gesangsolos von einzelnen Darstellern wie auch Chorgesänge von Schauspielergruppen an bestimmten Stellen der Handlung vorgetragen. Im ganzen erhält man den Eindruck, daß die vielen musikalischen Darbietungen, von denen die sorgfältigen Eintragungen Cysats berichten, für eine erfolgreiche Aufführung der Luzerner Passion unentbehrlich geworden waren; und das war schließlich nicht anders als bei manch anderem langwierigen Spieltext des ausgehenden Mittelalters, der erst durch Instrumentalmusik und Gesang einen Hauch Leben empfing.

Diese Schar von Schauspielern und Musikanten zunächst planmäßig aufzustellen und jede Gruppe daraufhin rechtzeitig in Bewegung zu setzen, war gewiß keine geringe organisatorische Leistung, vor allem wenn wir bedenken, daß an beiden Spieltagen von morgens um sechs bis abends um sechs ununterbrochen gespielt wurde; und abgesehen von der relativ kurzen Zeit, wo sie das ‚Theatrum‘ betraten, um ihren Teil der Handlung zu agieren, mußten sich die Darsteller in ihren Standorten aufhalten. Mit Hilfe der szenischen Anweisungen wie auch von anderen Notizen zur Spielorganisation, die Cysat so gewissenhaft zu Papier gebracht hat, können wir uns ziemlich genau ausmalen, wie er sich an diese recht komplizierte Aufgabe machte. Zu seiner Zeit — wohl als praktische Einrichtung bei den Proben und überhaupt zur besseren Übersicht — hatte man bereits angefangen, den umfangreichen Spieltext in kleinere Abschnitte einzuteilen, und zwar zunächst in ‚Viertel‘, von denen an jedem Spieltag je zwei aufgeführt wurden. Jedes ‚Viertel‘ bestand wiederum aus einer beliebigen Anzahl von ‚Akten‘, die ihrerseits in ‚Szenen‘ unterteilt waren. Am ersten Tag der Aufführung von 1583 bedurfte es z. B. mehr als hundert ‚Szenen‘, um eine lange Kette von biblischen Ereignissen — von der Erschaffung der Welt bis zur Heilung des blinden Marcellus — in mehr oder weniger chronologischer Abfolge abrollen zu lassen, während am zweiten Spieltag fast neunzig solche Episoden die Handlung bis zum letzten Erscheinen des Heilands vor den Jüngern weiterführten. So gab es insgesamt gegen sechzig ‚Akte‘, die rund 11 000 Sprechverse enthielten, und wenn es in der dramatischen Dichtung allein mit Umfang und behaglicher Breite getan wäre, so müßte man dem Luzerner Passionsspiel des späteren 16. Jahrhunderts einen Platz neben Goethes *Faust* einräumen.

Diesen weitläufigen Stoff zu inszenieren, war ein Unterfangen, das die aktive Mitarbeit von fast jedem Luzerner Bürger voraussetzte, und wir wissen, daß das Stadtpatriziat sich eifrig um die ‚vornehmen‘ Rollen bewarb, zu denen vor allem Christus, Gott, Moses, Luzifer und der Proclamator gerechnet wurden. Nach obrigkeitlicher Genehmigung des Spiels wurden potentielle Teilnehmer zunächst aufgefordert, sich beim Spielleiter zu melden; an Interessenten scheint es nie gemangelt zu haben, und bei der Aufführung von 1583 waren die meisten Sprechrollen bereits im vorhergehenden November vergeben. Im allgemeinen fing man aber erst einen Monat vor der Fastenzeit mit den eigentlichen Proben, den ‚Probationen‘, an, und kurz vor dem Aufführungstermin wurden auch einige Kostümproben abgehalten, alles unter der Aufsicht des ‚Regenten‘ und der ‚Verordneten‘, eines eigens dafür, aus den Reihen der Ratsherren gewählten Ausschusses. Für die Aufführung von 1597 nahm Cysat eine gründliche Überarbeitung (oder ,Reformation', wie er es selber nennt) des Spielbuchs vor, indem er zunächst verschiedene Partien des älteren Textes wegließ, dafür aber neue Episoden einbaute und an zahlreichen Stellen den Versdialog umdichtete. Zu all diesen Neuerungen haben sicherlich religiöse wie auch dramatisch-theatralische Erwägungen das ihrige beigetragen, nicht zuletzt der Wunsch, dem Zuschauer noch mehr Glanz und Unterhaltung zu bieten. Dabei spürt man aber zugleich die weitere Absicht, der Außenwelt deutlich vor Augen zu führen, daß Luzern immer noch zu den führenden politischen und militärischen Mächten der Eidgenossenschaft gehörte; und obendrein kommt von dieser Zeit an der Einfluß des pomphaften Barockstils, der bereits in das Jesuitendrama eingedrungen war, immer mehr zur Geltung.

Aus der Vielseitigkeit Cysats als Theaterleiter ergibt sich ganz von selbst der Vergleich mit Vigil Raber. Auch in Luzern war es dazu gekommen, daß die Verantwortung für fast alle Aspekte einer groß angelegten Passionsaufführung in den Händen eines einzelnen lag — von der Besorgung von Bühnenbildern und -maschinerie und der Verproviantierung der Schauspieler in ihren Bühnenständen bis zur gelegentlichen Neugestaltung des Spieltextes. Von den mannigfaltigen Funktionen eines Luzerner Regenten verlangte vor allem die Zuteilung der Rollen ein gehöriges Maß an Takt und Geduld, da die längsten und wichtigsten nicht selten denjenigen zufielen, die sich eher durch gesellschaftlichen Rang als durch schauspielerische Begabung auszeichneten, ja, es kam sogar vor, daß gewisse Rollen, die mehrere Jahrzehnte bei der gleichen Familie geblieben waren, schließlich als Vorrecht beansprucht wurden. An der Luzerner Passion nahmen nur Männer und Knaben teil, und in seinen jüngeren Jahren, bei der Aufführung von 1571, hatte Cysat selber eine weibliche Rolle, die Jungfrau Maria, gespielt. Zwar wird die Beteiligung von Frauen nirgends ausdrücklich verboten, doch ist es charakteristisch für die im allgemeinen konservative Einstellung der Innerschweiz, daß die Luzerner an dieser aus dem Mittelalter überlieferten Tradition bis zur letzten Aufführung ihres Spiels festhielten.

Spätestens von 1560 an, so geht ferner aus der ausführlichen Dokumentation hervor, fanden die Aufführungen auf dem Fischmarkt, dem heutigen Weinmarkt, statt. Hier wurde alle zehn bis zwölf Jahre östlich von einem prächtigen gotischen Zierbrunnen ein mittelalterliches Freilichttheater großen Stils errichtet. Heute noch steht der schöne Brunnen da — das Original wurde allerdings zu Beginn des 20. Jahrhunderts durch eine akkurate Nachbildung ersetzt —, und auch sonst hat dieser Platz, der wichtigste öffentliche Platz von Alt-Luzern, seit Cysats Tagen keine wesentlichen Änderungen erfahren, so daß nicht nur die Länge und Breite des ,Theatrums', sondern auch die Größe der einzelnen Bühnenstände sich ziemlich genau nachmessen lassen. Dadurch wird uns manch anderer wertvoller Anhaltspunkt für die Aufführung gegeben. Den Hauptspielraum bildete zunächst das Pflaster des Fischmarkts, obwohl gewisse Abschnitte der Handlung vermutlich auch auf den erhöhten Plattformen der Bühnenstände präsentiert wurden. Diese Stände (auch ,Höfe' oder ,Häuser' genannt) waren nämlich an beiden Längsseiten des ,Theatrums' aufgebaut, und da jeder ,Hof' einer Hauptperson und deren Anhängern als Aufenthaltsraum zugeteilt war, wurden die einzelnen Bauten entsprechend benannt. So gab es u. a. einen ,Hof' des Moses, des Herodes und des Salvators. Zwischen den ,Höfen' befanden sich die ,Spektanten-Brüginen', Theaterlogen für die vornehmeren Zuschauer, darunter Ratsherren, Geistlichkeit und Ehrengäste. Vom Volk standen oder saßen viele um das ,Theatrum' herum, andere hatten ihre Plätze an den Fenstern und Erkern — und wohl auch auf den Dächern — der hohen Zunft- und Patrizierhäuser, die den Fischmarkt umschlossen. Auch in dem Raum an der westlichen Seite des Brunnens wurden Zuschauertribünen aufgeschlagen, so daß der ganze Aufbau etwa die Form eines Amphitheaters annahm.

Bemerkenswert an den späteren Luzerner Passionsaufführungen ist vor allem die Art und Weise, wie ein hochgiebeliges Patrizierhaus am östlichen Ende des Fischmarkts zu einem integralen Teil der Szenerie umgestaltet wurde. Zu diesem Zweck wurde zwischen den beiden Erkerfenstern des Hauses, die direkt auf den Platz gingen, ein balkonartiges Holzgerüst angebracht. Mit Altartüchern umhängt und einem großen Vorhang versehen, stellte dieses den Himmel dar und war vom ,Theatrum' aus durch eine Leiter zu erreichen; und zu dieser Vorstellung paßte es nun ganz vortrefflich, daß das Haus, dessen Vorderfront zu jener Zeit vermutlich mit einer strahlenden Sonne bemalt war, den Namen ,zur Sunnen' trug. Die Hölle befand sich am entgegengesetzten Ende des Spielraums und bestand aus einer großen vorhangähnlichen Leinwand, auf welcher ein schauriges Fratzengesicht mit aufgerissenem Rachen gemalt war. In ähnlicher Weise wurden entlegene geographische Lokalitäten, wie Ägypten, Rom und Jerusalem, durch besondere auf vier Pfosten aufgebaute und mit einem Dach versehene ,Höfe' dargestellt.

Jede biblische Einzelheit möglichst lebensgetreu auf der Bühne wiederzugeben, war ganz offensichtlich ein Hauptanliegen Cysats; und auch für seine Mitbürger war dieses ultrarealistische Kriterium stets maßgebend. In den früheren Aufführungen hatte der oben erwähnte Zierbrunnen, mit Brettern überbaut und dadurch in einen Bühnenstand für Johannes den Täufer verwandelt, den Jordan abgegeben, aber für Cysat war das immer noch nicht realistisch genug. Bei ihm sollte die szenische Ausstattung der Wirklichkeit in nichts nachstehen, und für die Aufführungen von 1583 und 1597 ließ er daher Wasser aus dem Brunnen — wohl in eine kleine Vertiefung eingebettet — quer über den Fischmarkt ableiten. Überhaupt scheute er weder Mühe noch Auslagen, um spektakuläre Effekte zu erzielen, und eindrucksvolle Massenauftritte wurden sozusagen zu einer seiner ‚Spezialitäten‘. Günstige Gelegenheit dazu bot sich an mancher Stelle dieses umfangreichen Dramas, etwa bei der Hochzeit zu Kana oder beim triumphalen Einzug Christi in Jerusalem. Es waren aber vor allem die Kreuzigungsszenen, die unter Cysats Regie derart anschwollen, daß sie schließlich über fünfzig Sprechrollen enthielten, von der Unzahl von Statisten, die dabei die Hauptperson umdrängten, ganz zu schweigen. Andere Effekte, die der erfindungsreiche Cysat einführte, unterstreichen diese Vorliebe für wirkungsvolle Regiekünste. So diente beispielsweise leichtes Gebäck, das durch einen in der Nähe der ‚Höfe‘ versteckten Blasebalg in die Luft geschleudert wurde, als segenspendendes Manna für Moses und die Israeliten, während die unschuldigen Kinder zu Bethlehem durch lebensgroße Puppen, jede mit einer roten Flüssigkeit gefüllt, dargestellt wurden, die von den Kriegsknechten des Herodes grausam durchstochen wurden.

Sogar die Anzahl der Zuschauer läßt sich mit einiger Genauigkeit abschätzen: gegen Ende des 16. Jahrhunderts werden sich bei einer Aufführung der Passion gut 4000 Menschen, viele von weither gekommen, auf dem Luzerner Fischmarkt zusammengedrängt haben. Und allein die Tatsache, daß so viele Zuschauer optisch wie akustisch erreicht werden sollten, mußte sich entscheidend auf Aufführungsart und Schauspielstil auswirken, denn hier wären histrionische Finessen fehl am Platz gewesen, ja, nach dem Spieltext zu urteilen, bot sich auch kaum Gelegenheit dazu. Im allgemeinen wird der Regisseur mit seinen Spielern zufrieden gewesen sein, wenn sie dazu gebracht werden konnten, ihre Verse laut und deutlich vorzutragen. Aber auch dann waren sie vermutlich nicht überall im überfüllten ‚Theatrum‘ zu vernehmen, zumal die Handlung gelegentlich von ‚Hof‘ zu ‚Hof‘ wechselte. Daß unter diesen Umständen raffinierte Theatereffekte, prachtvolle Kostümierung und reichlich ausgestattete Bühnenbilder immer mehr an Bedeutung gewannen, versteht sich. Am Luzerner Passionsspiel sehen wir aber am allerdeutlichsten, daß die Randgebiete des deutschen Kulturraums vom tiefgreifenden Wandel, der das europäische Theater damals erfaßte, so gut wie unberührt blieben; und nur im Äußerlichen, etwa in der Einteilung des Textes in ‚Akte‘ und ‚Szenen‘, ist der Einfluß der Renaissance zu spüren.

Kurz, das Luzerner Passionsspiel des ausgehenden 16. Jahrhunderts war ein großartiger Anachronismus, dessen Geist — trotz vereinzelter Zugeständnisse an die neue Zeit (vor allem im Wettstreit mit der Bühnenkunst der Jesuiten, die 1578 in Luzern zu spielen begonnen hatten) — noch tief im Mittelalter wurzelte. Daß es fast ein ganzes Jahrhundert nach dem Ausbruch der lutherischen Revolte noch aufgeführt wurde, erklärt sich allerdings wohl nicht allein aus der festen Entschlossenheit der Luzerner, den reformatorischen Ideen Einhalt zu gebieten: brachten doch diese Veranstaltungen den Einwohnern der Reußstadt mancherlei konkrete Vorteile ein. Das sehen wir zunächst an der Person ihres bekanntesten Spielleiters. Nicht nur die Achtung seiner Mitbürger, sondern auch die Anerkennung des Heiligen Stuhls erwarb sich Cysat durch seine langjährige Betreuung des alten Spiels: 1593 wurde er „mitt der dignitet der H(eiligen) Römischen Ritterschafft, sampt gwonlichem Eeren zeichen vnd Liberalitet“ wegen seiner Verdienste um den katholischen Glauben ausgezeichnet. Auch sonst gab es Belohnungen, die dem Seelenheil der Beteiligten förderlich waren, etwa den siebenjährigen Ablaß, den Kardinal Scipio de Pisa 1556 den Luzerner Passionsspielern erteilte. Auch in anderer Hinsicht gingen Cysats Mitbürger nicht mit leeren Händen aus. Durch ihr Auftreten in den wichtigeren Rollen fühlten sich die Vornehmeren unter ihnen in ihrer gesellschaftlichen Machtstellung bestätigt, ja sogar gestärkt — und obendrein erlebten sie die einfache Freude des Theaterspielens, jene Freude am Schöpferischen und Künstlerischen, die von Anfang an eine treibende Kraft in der Entfaltung des mittelalterlichen Dramas gewesen war. Bei alledem sollen die rein materiellen Vorteile, die bei jeder Aufführung der Passion den Luzernern zuflossen, nicht übersehen werden. Für die Händler und Schankwirte bedeutete das von weither zusammengeströmte Volk einen beträchtlichen Zuwachs an Kunden, die in festlicher Stimmung mit ihrem Geld wohl etwas freigebiger als zu anderen Zeiten umgingen. Und für die kleinen Leute, die vielen, die passiv zuschauten, war es zweifelsohne eine begierig erwartete Abwechslung, eine willkommene, wenn auch nur kurze Befreiung vom Einerlei des Alltags.

Damit berühren wir einen weiteren Grund für die Langlebigkeit des Luzerner Spiels. Wie in vielen anderen Stadtstaaten des ausgehenden Mittelalters war auch in Luzern die eigentliche politische Macht in den Händen einer geschlossenen, zumeist eng versippten Gruppe von Patriziergeschlechtern konzentriert. Es ist leicht zu verstehen, daß ihnen alles an der Bewahrung des bestehenden Systems lag, ja, den Monumentalaufführungen Cysats und den damit verbundenen, mehrere Wochen andauernden Vorbereitungen scheinen noch mancherlei von dem ,panem et circenses' des spätrömischen Staats angehaftet zu haben. Zwar treten die sozialen Spannungen der Zeit, geschweige denn die Absicht, die Herrschaft seines eigenen Standes durch solche Massenvergnügungen zu festigen, so sehr diese Dinge auch im Hintergrund mitgewirkt haben, nirgends in den Aufzeichnungen Cysats offen zutage, und bis zur letzten Aufführung (1616) galt es bei den Luzernern als besondere Ehre, am ehrwürdigen Spiel der Vaterstadt teilzunehmen. Die dreifache Bedeutung, die eine Inszenierung des Festspiels für ihn und seine Zeitgenossen besaß, hat Cysat beredt in seinen Ausführungen über die Entstehung des Passionsdramas formuliert: „Zuo der Eere Gottes, Vfferbuwung dess Menschen vnd der Statt Lucern Lob". So fand das geistliche Spiel des deutschen Mittelalters am Ufer des Vierwaldstätter Sees ein Ende, und damit bricht eine kontinuierliche Entwicklung, die sich über fast sieben Jahrhunderte erstreckt, endgültig ab. Wir stehen bereits mitten im Zeitalter des Jesuitendramas.

Texte

Tiroler Passionsspiele (darunter die Sterzinger, Bozener, Brixener und Haller Passionen): hg. J. E. Wackernell, Altdeutsche Passionsspiele aus Tirol, Graz 1897, S. 1—473. — *Donaueschinger Passionsspiel:* Mone ii, Bd. 2, S. 183—350; Hartl iv, S. 90—258. — *Luzerner Passionsspiel:* hg. H. Wyss, Das Luzerner Osterspiel, Bern 1967, 3 Bde.

13. Weltliches Theater: Frühlingsspiele

Daß eine primitive Art von Theater — das seinerseits aus den Riten hervorgegangen war, die alljährlich den Abzug des Winters feierten — als Erbstück der heidnisch-germanischen Vergangenheit noch lange nach der Einführung des Christentums weiterwirkte, steht außer Frage, wenngleich die Formen, in denen es fortlebte, im allgemeinen von größerem Interesse für den Volkskundler sind als für den Historiker des Dramas. Ein immer wiederkehrendes Motiv in solchen Ritualspielen war der Verfall und das Wiederaufleben der Natur, ein Phänomen, das sich am augenfälligsten für unsere Vorfahren in der Vegetation manifestierte, die im Herbst langsam abstirbt, um dann mit dem Einzug des Frühlings wie durch ein Wunder neu zu grünen. So steigt uns bereits aus ferner Urzeit das Motiv von Tod und Auferstehung entgegen, das eine so auffallende — und keineswegs zufällige — Parallele zu den großen Winter- und Frühlingsfesten der Christenheit bietet, aus denen das Drama der Kirche selbst erwachsen war. Damit berühren wir einen wichtigen, wenn auch nicht den einzigen Grund dafür, daß die Erbschaft des heidnischen Germanentums nie völlig ausgemerzt wurde.

Von Anfang an hatte die Kirche aus realpolitischen Erwägungen heraus den weniger anstößigen heidnischen Bräuchen gegenüber eine vorsichtige Toleranz walten lassen, vor allem wenn sie, wie im vorliegenden Fall, unschwer im christlichen Sinne umgedeutet werden konnte. Im übrigen blieb der mittelalterlichen Christenheit die ursprüngliche Bedeutung dieser Kulthandlungen nur vage in Erinnerung — oder diese Bedeutung wurde ganz und gar vergessen; und zu dem Zeitpunkt, wo sich spielartige Veranstaltungen in der geschichtlichen Überlieferung deutlich abzuzeichnen beginnen, sind die magischen Kräfte, die ihnen nach altheidnischem Glauben innewohnten, größtenteils abgestreift worden. Ja, vielenorts waren Überreste des Heidentums im Verlaufe der Jahrhunderte zu Spiel und Lustbarkeit herabgesunken oder in harmlose Festlichkeiten verwandelt worden; und so erklären sich auch Frühlingsriten wie die Verbrennung einer Strohfigur als Symbol des bösen Winters oder der triumphale Einzug des Maigrafen als Verkörperung des strahlenden

Sommers, Volksbräuche, wie sie in manchen Gegenden bis auf den heutigen Tag noch durchaus lebendig geblieben sind. Andere Überbleibsel heidnischen Glaubens — Unheil abwehrende Sprüche und dergleichen — haben sich in Kinderreimen und sprichwörtlichen Wendungen fossilienhaft erhalten. Was nun die Ursprünge dieser und anderer Gebräuche betrifft, so verlieren sich diese überall in grauer Vorzeit, und erst im ausgehenden Mittelalter setzt die textliche Überlieferung ein, aus welcher sich die Vorstufen zu manchen Schau- und Tanzspielen grob und dürftig rekonstruieren lassen. Um diese Zeit waren die altheidnischen mimisch-dramatischen Riten aber längst mit frischen Motiven durchsetzt und hatten obendrein neue gesellschaftliche Funktionen zu erfüllen.

In den deutschsprachigen Ländern des Spätmittelalters, wie übrigens auch in anderen Teilen Mittel- und Westeuropas zu dieser Zeit, waren es vor allem solche Volksspiele, die neben dem kirchlichen Drama die theatralische Unterhaltung der Massen bildeten, und für diese Spielgattung wird meistens die Bezeichnung ‚weltliches Theater‘ gebraucht. Auf eine ganze Gruppe von Spielen bezogen, die bei näherem Zusehen nur einen beschränkten Grad von Homogenität aufweisen, vermag dieser Sammelbegriff dennoch nicht völlig zu befriedigen, es sei denn nur deshalb, daß die Vorführungen von Gauklern und Spielleuten — Puppenspiele, Stegreifkomödien und ähnliches mehr — dabei fast gänzlich außer acht gelassen werden. Zwar wissen wir von diesen Dingen kaum mehr, als daß sie existierten (etwa durch eine Abbildung aus dem *Hortus deliciarum* (→ I, S. 62), die ein solches Marionettenspiel, einen Zweikampf zwischen gepanzerten Rittern, darstellt, oder eine Erwähnung von vagabundierenden Puppenspielern in dem weit ausholenden, moralisierenden *Renner* (um 1300) des Hugo von Trimberg), und doch ist es nicht zu bezweifeln, daß diese Art Unterhaltung im Mittelalter überall ein dankbares Publikum fand. Zu bedenken wäre ferner noch, daß ‚weltliche‘ Elemente, etwa die Salbenkrämerszenen im Innsbrucker Osterspiel (→ I, S. 115) oder das lebenslustige Treiben der Maria Magdalena in Erlau IV (→ I, S. 129 f.), auch im geistlichen Spiel keine Seltenheit sind.

Darüber hinaus erhebt sich die weitere Frage, inwiefern im Rahmen der mittelalterlichen Gedankenwelt eine Unterscheidung zwischen ‚religiös‘ und ‚säkular‘ sinnvoll vorgenommen werden kann: wird doch in den Augen des gläubigen Mittelalters der große Gegenspieler der christlichen Religion weit eher das Gotteslästerliche oder gar das Ketzerische gewesen sein. Andererseits liegen in solchen Volksspielen ganz unbestreitbar die Keime des modernen weltlichen Dramas, vielleicht genauer gesagt, der modernen weltlichen Komödie; und das nicht bloß in dem Sinne, daß hier reichlich Gebrauch von komischen Ingredienzen — Farce, Burleske, manchmal auch Satire — gemacht wird. Allem Anschein nach wurden diese Spiele ausschließlich von Laien zusammengestellt und aufgeführt; und zudem hatte die Geistlichkeit als solche, wenn man auch gelegentlich die Hand der ‚clerici vagantes' zu spüren glaubt, keinen Anteil daran. So anfechtbar der Begriff ‚weltliches Theater' im Hinblick auf die mittelalterliche Periode im einzelnen auch sein mag, lassen wir ihn doch — in Ermangelung eines Besseren — im folgenden gelten und bezeichnen damit zunächst diejenigen Spiele, die aus dem einen oder anderen Grund ganz offensichtlich nicht zum kirchlichen Drama gehören.

Von den aus dem deutschen Kulturraum erhaltenen Texten, die als ‚weltlich' im soeben ausgeführten Sinne anzusehen wären, wurde bezeichnenderweise kein einziger vor der Mitte des 14. Jahrhunderts zu Pergament oder Papier gebracht; und doch müssen Spiele dieser Art bedeutend älter sein, wie allein aus dem Inhalt mehrerer Spieltexte noch deutlich hervorgeht. Wie weit zurück in der historischen Überlieferung die Anfänge eines ‚weltlichen' Dramas gesucht werden sollten, bleibt allerdings eine offene Frage, die nicht zuletzt von der lexikographischen Definition dieser beiden Termini abhängt. Wie dem auch sei, der Literarhistoriker ist letzten Endes auf das geschriebene Wort angewiesen, während die frühesten dialogisierten Laienspiele sicherlich improvisiert waren: die Beteiligten sprachen die wohl noch relativ einfachen Rollen aus dem Stegreif oder hatten sie sich schon längst fest eingeprägt. In den Anfängen bestand also gar kein Anlaß, von einer schriftlichen Vorlage auszugehen, zumal diese Spiele mündlich überliefert wurden. Aber selbst wenn wir uns auf ‚literarische' Volksspiele beschränken, d. h. auf Darstellungen, die bereits so entwickelt waren, daß sie ohne Spieltext nicht inszeniert werden konnten, begegnet uns die weitere Schwierigkeit, daß im Mittelalter die Grenze zwischen dem Drama und den übrigen literarischen Gattungen weit fließender war als in der Neuzeit, eine Schwierigkeit, die ihrerseits eng damit zusammenhängt, ja, eigentlich unmittelbar darauf zurückzuführen ist, daß die Träger der Dichtung damals vorwiegend Berufsrezitatoren waren, die entweder aus dem Gedächtnis vortrugen oder aus Handschriften vorlasen. Zwischen ungeschmücktem Vortrag auf der einen Seite und effektvoller Rezitation auf der anderen kann zugegebenermaßen keine scharfe Trennungslinie gezogen werden, und doch

stehen wir an der Schwelle des Dramatischen, sobald der Erzähler seinen
Stoff durch Mimik, dazu vielleicht auch durch einfache Kostümierung und
Requisiten, zu beleben versucht. Damit kämen wir freilich auf eine be-
deutend engere Definition eines ‚literarischen‘ Dramas im weltlichen Stil,
eines Dramas, dessen Anfänge schwerlich vor der mittelhochdeutschen
Blütezeit anzusetzen wären.

Daß einige nichtkirchliche Spiele nun tatsächlich den Höfen und deren
aristokratischer Kultur im einzelnen verpflichtet waren, scheint bereits
aus dem in mancher Beziehung rätselhaften **Spiel vom Streit zwischen
Herbst und Mai,** einem der ältesten Texte dramatischen und zugleich
rein weltlichen Inhalts in deutscher Sprache, hervorzugehen. Erhalten ist
das ‚Mai-Herbst-Spiel‘ in einer Handschrift des späten 15. Jahrhunderts,
die sich jetzt im Graubündner Staatsarchiv in Chur befindet; und die
Annahme, daß es zunächst auf schweizerischem Boden entstand, wird
auch weitgehend durch die sprachlichen Merkmale des Textes bestätigt.
Um das kleine Spiel vollauf würdigen zu können, reichen unsere Kenntnisse des gesellschaftlichen Lebens jener Zeit leider nicht mehr aus. Auch
in anderer Hinsicht bereitet uns der Text Schwierigkeiten, nicht zum
wenigsten deshalb, weil er offensichtlich von einem nachlässigen, wohl
auch uninteressierten Kopisten nach einer älteren Vorlage abgeschrieben
wurde; ja, es fragt sich sogar, ob wir es hier überhaupt mit einem Bühnenstück zu tun haben. Zwar ist die Antwort der Gelehrtenwelt hierauf
im allgemeinen positiv ausgefallen, doch fällt es nach wie vor auf, daß
szenische Anweisungen ganz und gar fehlen und daß die Rollen nicht
mit den Namen der Redenden versehen sind. Es wäre ferner zu erwähnen, daß die Sprechverse in vier- bis achtzeiligen, manchmal sogar zehn-
zeiligen Strophen gruppiert sind, so daß das Ganze oft wie eine balladen-
hafte Erzählung wirkt. Oder erklärt sich die strophische Form daraus,
daß das Spiel auf ein derartiges Gedicht zurückgeht?

Bei allen sprachlichen Willkürlichkeiten — und dazu auch einigen schwer
durchschaubaren Anspielungen — zeichnet sich in den nicht ganz neunzig
Reimpaaren, die das kleine Stück ausmachen, eine einfache, geradlinige
Handlung deutlich ab. Gotelint, die Tochter des Mai, wird vom Herbst
eifrig umworben und gibt sich willig seinen Verlockungen hin, die ihr
u. a. einen reichlichen Vorrat an Speisen und Getränken in Aussicht
stellen. Der erzürnte Vater beklagt das Geschick seiner Tochter und fordert, von zwölf getreuen Rittern unterstützt, den Entführer zum Kampf
auf. Aber dem reichen Herbst stehen ebenfalls zwölf Ritter rüstig zur

Seite, und im folgenden treten sie einer nach dem anderen hervor: Vülle-wîn (= Füll' den Wein) heißt der eine, Schlintenkrug (= Schluck' den Krug) ein anderer, ein dritter stellt sich den Zuhörern als Lerbûch (= Leerbauch) vor. Damit wird die Gefräßigkeit des herbstlichen Gefolges mehrfach unterstrichen. In auffallendem Kontrast zu diesen Prachtskerlen sind die Mairitter sanftmütige, fast zärtliche Geschöpfe, was ebenfalls durch ihre Namen, etwa Rosenkranz, Lilienstengel, Minnegast oder Morgenrot, angedeutet wird, und es überrascht daher keineswegs, daß sie es mit ihren derben, lebensstrotzenden Gegnern nicht aufnehmen können. So behält der siegreiche Herbst Gotelint für sich, und im Zeichen seines Triumphs teilt er Wein, Wurst und frischgebackene Wekken aus. Dem Mai bleibt nichts anderes übrig als das Los seiner Tochter nochmals zu beklagen.

Auf den ersten Blick scheint nichts eindeutiger zu sein, als daß ein Spiel, dessen Hauptthema ja im Wechsel der Jahreszeiten besteht, auf vorchristliche Bräuche zurückgehen müßte — und damit wäre die Theorie, daß das weltliche Drama des Mittelalters sich im wesentlichen aus uralten Volksfesten entwickelt hätte, einigermaßen bestätigt. Gewiß, die Personifikation der Jahreszeiten als Mächte, die sich feindlich gegenüberstehen, hatte bereits eine lange Geschichte hinter sich, als dieses ‚Mai-Herbst-Spiel' im Laufe des 14. Jahrhunderts seine überlieferte Form annahm. Man denke nur an den bekannten *Conflictus veris et hiemis,* ein Streitgedicht aus der Mitte des 9. Jahrhunderts, das keinem geringeren als Alkuin zugeschrieben wird; und man müßte ferner zugeben, daß der Winter, meistens als greisenhafte Figur dargestellt, die einem jugendlichen kraftvollen Frühling das Feld räumt, in Volksgebräuchen und -spielen aus verschiedenen Teilen Europas gut bezeugt ist. In unserem Text ist es jedoch nicht der Frühling, der den Sieg davonträgt, sondern der Herbst, ein Ausgang, der, genau genommen, auf einen Zusammenhang mit Erntefesten und dergleichen zu weisen scheint. An sich ist es durchaus denkbar, daß die Fülle der Natur, die alljährliche Einbringung von Feldfrüchten in agrarischen Gesellschaften der Vorzeit auf diese oder ähnliche Weise gefeiert wurde, nur dürfen wir die Tatsache nicht ignorieren, daß bis jetzt kein einziger Beleg für einen Ritualkampf zwischen Frühling und Herbst ans Licht gebracht werden konnte. Auch sonst gibt es gewichtige Gründe dafür, daß heidnische Kultspiele schwerlich das unmittelbare — oder auch mittelbare — Vorbild für dieses ungewöhnliche Streitspiel gewesen sein können. Ja, es scheint, als ob der Verfasser, der mit der höfischen Dichtung des 13. Jahrhunderts offenbar mehr als flüchtig bekannt war, dabei eher einen literarischen Zweck verfolgte. So führt der Herold, der das Spiel einleitet, den Namen Pitipas, möglicherweise eine Anspielung auf den gleichnamigen Boten im *Wilhelm von Orlens* (um 1240) des Rudolf von Ems; und es kann ebenfalls nicht gerade Zufall sein, daß die Maitochter Gotelint und einer der Herbstritter Slintesgau nach den Hauptcharakteren der kleinen Versnovelle *Meier Helmbrecht* (um 1260) genannt sind.

Und tatsächlich kann uns der Ton des letztgenannten Werkes, insbesondere die Art und Weise, wie der Niedergang des Rittertums und der innere Verfall der höfischen Standeskultur immer wieder hervorgehoben werden, zu einer Deutung des kleinen Werks verhelfen. Denn nicht um Ritual, sondern um Parodie geht es hier zunächst: atmet doch das eigentliche Thema des Spiels — ein grobianischer Herbst überwindet spielend einen zarten, fast verweichlichten Frühling — den Geist jener erfindungsreichen Variationen, mit denen die Nachfahren das dichterische Erbe von Morungen, Reinmar und Walther weiterführen. In der zweiten und dritten Generation nach der Blütezeit des Minnesangs vermochte man aber nicht mehr an die harmonische Einheit von Lebensideal und Dichtung, von Inhalt und Form zu glauben, und in ihre Verse dringen Spott und Ironie, Travestie und Satire immer häufiger und kräftiger ein, bis der Minnekult und alle damit verbundenen Gemütsbewegungen schließlich der Lächerlichkeit preisgegeben werden. Der Dichter will sich nunmehr ungestört rein materiellen Vergnügungen hingeben, darunter nicht zuletzt dem Genuß einer wohlgefüllten Speisekammer, eine Tendenz, die am krassesten in den sogenannten ,Freß- und Saufliedern' des ausgehenden 13. Jahrhunderts zum Ausdruck kommt. Zu den eifrigen Verfechtern dieses Genres gehört vor allem der um 1270 dichtende Minnesänger Berthold Steinmar von Klingnau, und in den ,Schlemmerliedern' Steinmars und seiner Zeitgenossen stehen die Wonnen der Minne, die von alters her mit dem Maifest verknüpft waren, den Genüssen des Gaumens, den kulinarischen Gaben des Herbstes — leckere Fisch- und Fleischgerichte, stark gewürzte Speisen berghoch auf der Schüssel aufgetürmt und dazu erlesene Weine aus dem Welschland — entschieden nach. So verkündet Steinmar in seinem berühmten ,Herbstlied', einem Lobgesang auf die Zeit des Schlachtfestes und des Heurigen, mit Begeisterung:

> *herbest, underwint dich mîn,*
> *wan ich wil dîn helfer sîn*
> *gegen dem glanzen meien.*

Mit der thematischen Parallele sind die Beziehungen zur ‚höfischen Dorf-poesie‘ noch nicht erschöpft, denn hier und da im kleinen Streitspiel las-sen sich sogar wörtliche Anklänge an die Verse Steinmars vernehmen.

So liegt der Schluß nahe, daß wir es hier mit einer geistreich-spöttischen Umformung des herkömmlichen Wettstreits zwischen den Jahreszeiten zu tun haben, in gewisser Hinsicht zugleich mit einer höfischen Parodie bäuerlicher Festlichkeiten, wie sie bereits mit den ‚Sommer- und Winter-liedern‘ Neidharts einsetzt. Dabei wollen wir auch nicht vergessen, daß die Entstehung des Mai-Herbst-Spiels, soweit eine genauere Datierung möglich ist, in die Zeit um 1350 fällt und daß es daher, chronologisch gesehen, von Steinmar und seinen unmittelbaren Nachfolgern im Lob-preis des Herbstes — Dem von Buwenburg († nach 1282) und Johannes Hadlaub († vor 1340) — nicht allzu weit entfernt sein dürfte.

Aber zu welcher Jahreszeit sollte das Spiel nun aufgeführt werden? Daß der Kopist es offenbar als eine Art ‚Herbstspiel‘ betrachtete — „Hie haut der herbst ain end" lautet sein Explizit —, will an und für sich nicht viel besagen, zumal das Original des von ihm benutzten Textes gut hundert Jahre vorher entstanden sein wird. Außerdem ist kein einziges ‚Herbst-spiel‘ aus dem Mittelalter überliefert, ja, solche Spiele werden nicht ein-mal urkundlich erwähnt, eine Tatsache, die sich wohl zunächst dadurch erklären läßt, daß der Herbst eine relativ festlose Zeit im Kirchenkalen-der ist. Daher wurde es allgemein üblich, daß die Periode zwischen Hochsommer und Weihnachten als Ruhezeit für das mittelalterliche Theater galt. Im Frühling dagegen hat es an dramatischen Vorstellun-gen geistlichen wie auch weltlichen Inhalts nie gefehlt, und dieses Spiel von den streitenden Jahreszeiten — mit einem gehörigen Schuß Ironie vor einem höfischen Publikum inszeniert — hätte seine Wirkung bei den Maifestlichkeiten bestimmt nicht verfehlt.

Aus dem frühen 16. Jahrhundert besitzen wir nun ferner eine Tiroler Fassung desselben Mai-Herbst-Stoffes, eine Fassung, die wie manch anderes Stück, das in diese Landschaft wanderte, durch Aufnahme in die berühmte Sammlung Vigil Rabers (→ S. 97) verewigt worden ist. Daß dieses **Sterzinger Spiel von Mai und Herbst** zu Rabers Zeit nicht mehr im Mai, sondern kurz vor Beginn der Fastenzeit als Fastnachtsunterhal-tung aufgeführt wurde, hatte seine guten Gründe: die Freuden der ge-füllten Schüssel und des überschäumenden Bechers, die hier besungen werden, entsprachen durchaus der Stimmung des spätmittelalterlichen Stadtbürgers, der sich nun gerade auf sechs Wochen Enthaltsamkeit vorzubereiten hatte. Zudem hatte der traditionelle Stoff den Vorteil, daß er mehr oder weniger ohne textliche Veränderungen einem fastnächtlichen Publikum dargeboten werden konnte.

Die Existenz mehrerer Spiele, die legendäre Abenteuer des historischen Neidhart von Reuental († um 1240), vor allem ,dörperliche' Episoden aus seiner fortlaufenden Fehde mit rachsüchtigen Bauern, behandeln, zeugt nicht zuletzt von der außerordentlichen Beliebtheit, die seine Lieder bis ins frühe 16. Jahrhundert hinein genossen. Das älteste der erhaltenen Neidhartspiele, dem der Titel **Neidhart mit dem Veilchen** beigelegt worden ist, gehört ins 14. Jahrhundert und ist somit mindestens so alt wie das Spiel von Herbst und Mai. Überliefert ist es in einer Handschrift aus dem kärntnischen Benediktinerstift St. Paul in Lavanthal; und der Schreiber, der u. a. den Text mit lateinischen Bühnenanweisungen versah, wird fast sicher geistlichen Standes gewesen sein. Damit wäre das Spiel vielleicht in Verbindung mit einem niederösterreichischen Hof zu bringen. Jedenfalls steht das ,St. Pauler Neidhartspiel', wie es auch manchmal bezeichnet wird, dem anmutigen *Jeu de Robin et Marion* (um 1285) des Adam de la Halle in manchem nahe, vor allem in seinem heiteren, leichtbeschwingten Ton, so daß wir zunächst an die Dramatisierung eines pseudo-Neidhartschen Liedes zu denken haben. Die Handlung ist denkbar einfach. In knapp sechzig Versen wird eine schwankhafte Episode in Gang gesetzt und geschickt zu Ende geführt. Eine einleitende Strophe, vom Proclamator gesprochen, gibt in aller Kürze die Personen und das Thema des Stücks bekannt:

> *wer vinde das erste blûmelin,*
> *der sol derer ander bûl jarlang sin.*

Es tritt eine hochgeborene Dame auf, eine Herzogin, die Neidhart ihre Gunst verspricht, wenn er ihr das erste Frühlingsveilchen als Zeichen seiner Minne bringe. Voll Eifer zieht er aus und erspäht die gesuchte Blume auf einer nahegelegenen Wiese. Sorgfältig deckt er seinen Hut darüber und eilt zurück, um der Herzogin und ihren Damen davon zu erzählen. Im festlichen Zug begeben sich alle zum Platz, wo Neidharts Hut liegt. Er hebt ihn auf, aber das Veilchen ist verschwunden. Statt einer zierlichen Blume findet er — so ist wohl anzunehmen, obschon dies freilich nicht ausdrücklich im Text erwähnt wird — ein Bündel dürrer Blätter, ein Symbol des noch nicht überwundenen Winters. Wiederum ist es den Bauern gelungen, den Spieß umzudrehen, denn während Neidharts Abwesenheit — so entnehmen wir aus dem darauffolgenden Dialog — war einer von ihnen herangeschlichen, um die Blume zu pflücken und sich dann eiligst damit davonzumachen. Über diesen, wie sie meint, durchaus unritterlichen Streich empört und beleidigt, verlangt die Herzogin Genugtuung von Neidhart, der in arger Verlegenheit seine Entschuldigungen nur stotternd vorbringen kann. Im nächsten Moment richtet er aber grimmige Worte an die Bauern und droht ihnen mit furchtbarer Rache:

> *ze pfant must ir diu bain hie lan*
> *und uf den stelzen hain gan.*

Damit hört der Text auf, wenngleich die Handlung vermutlich noch nicht ganz zu Ende war. Die letzte szenische Anweisung lautet *Nithardus ad rusticos,* wohl ein Hinweis darauf, daß seine bäuerlichen Gegner, ihm mit finsterem Blick trotzend, nicht von der Stelle weichen wollen; und so gab es vielleicht auch eine Schlußszene, in welcher die Strafen, mit denen Neidhart droht, pantomimisch ausgeführt wurden.

In die höfische Welt weisen nicht bloß die motivischen Elemente. Die disziplinierte Formkunst und Versbehandlung, dazu auch die ‚mâze‘, mit welcher die zentrale Begebenheit, nämlich der Umtausch des Veilchens, dargestellt wird — eine Begebenheit, die in späteren Fassungen gern ins Derb-Unflätige geführt wurde —, verraten ebenfalls die aristokratische Herkunft des kleinen Spiels. In seiner ältesten Gestalt wurde es wohl zunächst vor höfischen Zuschauern im österreichischen Raum agiert. Außerdem hat der Brauch, der ‚Maibuhle‘ das erste Veilchen als Vorboten des Frühlings — und zugleich als versteckte Liebesbeteuerung — zu schenken, eine weite Verbreitung im Süden des mittelalterlichen deutschen Kulturraums gefunden, vor allem in den Alpenländern. Die Pointe des kleinen Spiels beruhte also letzten Endes auf dem Ineinanderfließen von stilisiertem Minnedienst und altheimischen Jahreszeitengebräuchen, auf dem grellen Kontrast zwischen höfischer Verfeinerung und bäuerischer Ungeschliffenheit, auf dem kunstvollen Balancieren von Antithesen, kurz, auf denselben widerspruchsvollen Elementen, die das eigentlichste Wesen der ‚höfischen Dorfpoesie‘ ausmachen; und es ist daher denkbar, daß dieses kleine Neidhartspiel zunächst aus Dilettantenaufführungen in höfischen Kreisen erwachsen ist. Die Ansicht, daß Spielleute als eine Art Berufsschauspieler von Anbeginn dabei gewesen sind, ist freilich auch energisch vertreten worden.

Auf norddeutschem Boden ist uns kein einziges Neidhartspiel bekannt.

In Österreich und Süddeutschland dagegen blieb die Fehde zwischen dem ritterlichen Dichtersänger und seinen ungeschlachten Rivalen bis zum Ausgang des Mittelalters ein gern dramatisierter Stoff, wie wir am Beispiel des sogenannten **Großen Neidhartspiels** (um 1430) noch deutlich sehen können. Zwar ist es in einer norddeutschen Handschrift, einer Wolfenbüttler Papierhandschrift aus dem früheren 15. Jahrhundert überliefert, doch weisen die sprachlichen Merkmale des Textes eindeutig darauf hin, daß er in den österreichischen Alpenländern niedergeschrieben wurde; und dort haben wir auch ganz sicherlich die Heimat des Spiels zu suchen. Aus dem schlichten St. Pauler Spiel ist ein Unterhaltungsstück großen Stils von etwa 2200 Sprechversen geworden. Daß die Anzahl von Darstellern dabei stark anwachsen mußte, versteht sich: an Sprechrollen allein sind jetzt gegen siebzig vorhanden, und wenn man die für die ,Massenszenen' benötigten Statisten hinzurechnet, so werden zumindest hundert Personen im Laufe des ganzen Spiels aufgetreten sein. Und das allein wäre Grund genug zur Annahme, daß es zur Aufführung im Freien gedacht war.

Um die Handlung auf einen solchen Umfang zu bringen, mußte zunächst der Dialog stark erweitert werden, aber auch Tanz und Musik, wie aus den Bühnenanweisungen deutlich hervorgeht, nahmen einen weit größeren Raum in der Gesamtdarstellung ein, ja, in theatergeschichtlicher Hinsicht bieten die durch den ganzen Text verstreuten musikalischen Einlagen wohl das Interessanteste am ganzen Spiel, beispielsweise die erste Szene nach dem Prolog des ,Vorläufers', die damit beginnt, daß „die pfeiferen pfeifend auf" und die Herzogin „mit ir junkfraucn und fraun" fröhlich hereintanzen. Wie sich das alles hier und an anderer Stelle abspielte, läßt sich anhand der meistens knapp gehaltenen szenischen Bemerkungen leider nicht ermitteln. Neben anmutigen Hoftänzen und schwungvollen, dem Schuhplättler und Schnaderhüpferl zweifellos nahestehenden Dorftänzen werden aber auch Bauerntänze erwähnt, einige auf Stelzen, andere mit Schwertern ausgeführt, und es sind vor allem die beiden letzteren, die an eine eventuelle Verbindung zwischen rituellen Volkstänzen und dem weltlichen Theater des Mittelalters denken lassen. Eine reichliche Quelle der Komik, wie bei diesem Thema kaum anders zu erwarten wäre, bilden die unbeholfenen Versuche der Bauern, höfisches Tun nachzuäffen, vor allem wenn es gilt, die zierlichen, eleganten Tanzschritte der vornehmen Welt auszuführen.

Für eine lärmende Burleske dieser Art hatten Verfasser und Publikum offenbar eine ganz besondere Vorliebe, eine Burleske, die auch den derbsten Volkshumor nicht scheut, und es ist charakteristisch für den ungehemmten Naturalismus der Zeit, daß in dieser späteren Fassung des Veilchenabenteuers die Bauern ihrem alten Feind mit einem nicht gerade wohlriechenden Blümlein zuvorkommen. Zudem sollen nun die Zuschauer die für den höfischen Sänger so peinliche Situation voll auskosten! So läßt unser Dramatiker Neidhart zuerst die Herzogin bitten, den Hut aufzuheben, damit sie den „edl veiol zart" aus nächster Nähe besehen kann. Im übrigen kommt dem Motiv des Veilchensuchens aber nur sekundäre Bedeutung zu, denn die Demütigung des ritterlichen Poeten vor der Herzogin dient hier lediglich als Ausgangspunkt für die weitere Handlung, die noch gut 1600 Verse einnimmt.

Was hierauf folgt, ist in der Hauptsache eine längere Reihe von lose zusammenhängenden Episoden, in denen der Edelmann, so bedenklich die Situation für ihn manchmal auch aussieht, seine bäuerlichen Gegner doch am Ende immer zu überlisten weiß. Einige dieser Einzelszenen präsentieren die Farce des Mittelalters von ihrer besten Seite, etwa in einer Szene, wo der wendige Neidhart als Schwertfeger verkleidet auftritt. Arglos geben ihm die Bauern ihre Schwerter und Messer zum Wetzen. Die Entwaffneten werden aber bald eines Besseren belehrt, als sie die Flucht ergreifen müssen und zwei von ihnen an den nächsten Baum gehängt werden. Später im Spiel legt der Ritter die Mönchskutte an, und als gutmütiger ‚pruoder Perchtold' traktiert er nun die Bauern mit Wein, bis sie berauscht zu Boden sinken. Rasch nutzt er die Gelegenheit aus. Einer nach dem anderen werden die Betrunkenen tonsuriert, darauf einem jeden ein Mönchshabit angezogen. Als sie endlich nüchtern werden, können die bestürzten Bauern ihren Augen kaum trauen. Doch sind sie noch närrisch genug, Neidhart beim Wort zu nehmen, als er ihnen erklärt, sie seien jetzt eingesegnete Ordensmitglieder, die mit ihm durchs Land ziehen sollen, um eine neue Klostergemeinde zu gründen. Am Schluß stellt er sie dem Herzog und dem versammelten Hof als heilige Männer vor, was freilich nicht daran hindert, daß es im nächsten Moment zu einer wüsten Schlägerei zwischen den fromm aussehenden Brüdern kommt. Wieder einmal ist es dem verschlagenen Neidhart gelungen, seine Gegner hereinzulegen, und diesmal haben sie obendrein mit dem argen Mißfallen ihres Landesvaters zu rechnen.

In einem so ländlich-bäuerlichen Milieu wirkt es zunächst etwas befremdend, wenn in der folgenden Szene Luzifer und Satan, von einer Rotte hämischer Teufel umschwärmt, beratschlagen, wie sie weitere Zwietracht unter den Bauern stiften können. Vom Standpunkt eines weltlichen Dramatikers des 15. Jahrhunderts aus gab es aber gute Gründe, eine dem geistlichen Drama entlehnte Teufelsversammlung an dieser Stelle einzuschalten, es sei denn nur deshalb, weil das Treiben der Höllenbewohner, possenhaft-drollig und doch zugleich erschreckend, unfehlbare Faszination auf seine Zeitgenossen ausübte. Und vielleicht war ihm eine günstige Gelegenheit geboten worden, die Requisiten eines lokalen Oster- oder Passionsspiels zu seinen Zwecken zu verwenden, groteske Teufelsmasken und dergleichen, die ein unauslöschliches Bild der höllischen Qualen zurückließen.

Auch andere Anzeichen sprechen dafür, daß das kirchliche Drama auf das Große Neidhartspiel eingewirkt hat, am deutlichsten wohl in den Schlußszenen, wo die Handlung, eine Mischung von Sprech- und Stummszenen, gleichzeitig auf verschiedenen Spielflächen ablief. Auf ein solches szenisches Nebeneinander, das an die geistliche Simultanbühne erinnert, scheinen jedenfalls mehrere Regiebemerkungen hinzuweisen. Wie in der Lyrik des historischen Neidhart von Reuental, tritt nun der Bauernführer Engelmar bei einem Tanzfest als Gegenspieler des Ritters auf und verlangt von der schönen Friderun ihren Handspiegel, den sie als Bäuerin in vollem Putz als Schmuckstück um die Taille trägt. Hochmütig schlägt sie ihm die Bitte ab und gibt ihm damit zu verstehen, daß er sich vergebens um ihre Gunst bemüht. In seiner Eifersucht entreißt er ihr den Spiegel und gerät alsbald in eine Rauferei mit bäuerlichen Rivalen. So blitzen auf der einen, wohl mittleren Spielfläche die Dolche und Messer der Bauern auf, die wild aufeinander loshauen. Zur gleichen Zeit bekamen die Zuschauer noch anderes auf beiden Seiten der Bauernschlägerei zu sehen: hier der listige Neidhart, der, in einem Faß versteckt, seine Gegner belauscht, dort eine Schar Bauernmädchen, die von Zeit zu Zeit mit Jubel und Tanz in die Handlung eingreifen. Lobende Worte, die der Herzog von Österreich und seine Gemahlin dem lustigen Bauernfeind und unermüdlichen Verteidiger aristokratischer Ehre spenden, bringen das Stück zum Abschluß. In festlicher Stimmung wird ein Becher Wein herumgereicht, damit die ganze höfische Gesellschaft auf Neidharts Wohl trinken kann.

Aber liegt nun wirklich ein höfisches Spiel vor? Wie wurde es aufgeführt

— und vor welchem Publikum? Wieviel vom Inhalt geht eigentlich auf altes Volksbrauchtum zurück? Und wollte man damit tatsächlich die Bauern satirisch darstellen, wie es Neidhart etwa zwei Jahrhunderte früher in seinen ‚Sommer- und Winterliedern‘ getan hatte? Das sind alles Fragen, auf die wir keine definitiven Antworten geben können. Am wahrscheinlichsten ist es, daß dieses im einzelnen nicht ungeschickt aufgebaute ‚Tanzspiel‘ eine verbürgerlichte Fassung des höfischen Maispiels darstellt, eine Fassung, die durch die Vorliebe des Stadtbürgertums für epische Breite und realistische Kleinmalerei zu einem Spektakelstück größeren Stils angewachsen war. Wir dürfen ferner nicht übersehen, daß im späteren Mittelalter, wo Stadt und Dorf, Kaufherr und Landadel, Bürger und Bauer noch vielenorts in täglicher Berührung miteinander lebten, der spöttisch-bauernfeindliche Ton der Neidhartschen Lyrik und Legende noch lange nicht abgetan war. Oder genauer gesagt: durch den wirtschaftlichen Aufstieg einer breiten Schicht des Bauerntums, ein sozialgeschichtlicher Vorgang, der nicht wenig zur wachsenden Bedeutung der Städte beigetragen hatte und dabei manchen Bauer zum Bürger werden ließ, gewann dieser Spott eine neue Relevanz, indem sich der Stadtbewohner nunmehr als Träger eines höheren Lebensstils empfand — und sich dementsprechend behaupten mußte. Es war fast, als ob man das ländliche Erbe im eigenen Blut verleugnen wollte. Auch sonst verschärften sich zu dieser Zeit die Gegensätze zwischen den Ständen. Wie einst der ritterliche Dienstadel, so konnten sich jetzt die Städter darin nicht genug tun, die Bauern, vor allem die bessergestellten unter ihnen, die es sich an feinen Kleidern und Speisen nicht fehlen ließen, wegen angeblicher Protzerei, Gefräßigkeit, Überheblichkeit und Dummheit anzuprangern.

Wir gehen also sicherlich nicht fehl, wenn wir uns mit einiger Phantasie ausmalen, wie sich die Bürger eines blühenden Städtchens irgendwo im bayrisch-österreichischen Raum beim Einzug des Frühlings daran machten, dieses personenreiche Stück in Szene zu setzen; dabei wird die Aufführung nicht auf dem Platz vor der Kirche stattgefunden haben, sondern draußen im Grünen, auf einer breiten Wiese vor den Stadtmauern, wo reichlich Raum für die ‚Simultanhandlung‘, die der Text an mehreren Stellen vorauszusetzen scheint, vorhanden war. Und so trocken und formelhaft die Wechselreden auch ausfallen, so hölzern und monoton sich die Reimverse auch dahinschleppen, der Kontrast zwischen einem kultivierten Kreis von Aristokraten und den trotzigen, lebenslustigen Bauern kommt durchaus wirkungsvoll zum Ausdruck, nicht zuletzt deshalb, weil diese — streitbar und prunksüchtig, ihre Mädchen ungehemmt umwerbend oder sich den Freuden des Bechers und des Tanzes hingebend — ungeschminkt nach dem Leben gezeichnet sind. Hinzu kommt, daß die Charaktere der einzelnen Bauern differenziert dargestellt sind und daß die Handlung, von einem Neidhartschwank zum nächsten rasch überwechselnd, nie ins Stocken gerät; und durch die zahlreichen Tanzeinlagen wurde die naive Freude der Zeit am Stofflichen vollends befriedigt. In theatralischer Hinsicht zeugt das Große Neidhartspiel schon deutlich genug davon, daß ein selbständiges weltliches Drama im Aufblühen war.

Ein weiterer Beweis für die große Beliebtheit von Neidharts Abenteuern in dramatisierter Form ist das sogenannte **Sterzinger Szenarium** (um 1450), eine Art Soufflierbuch, das eine Tiroler Fassung des bekannten Stoffes enthält. Auch dies ist ein regelrechtes Bühnenstück, das vermutlich eine kaum weniger komplizierte Inszenierung als das Große Neidhartspiel erforderte. Allerdings wird die dafür benötigte ‚Bühne‘ offenbar nichts anderes gewesen sein als ein offener Platz im Freien, durch einfache Schranken und die umstehenden Zuschauer abgesteckt; und wiederum geht es vor allem darum, daß die vornehme Welt sich herablassend über das lärmende, ungeschlachte Gehabe der ländlichen Bevölkerung amüsiert. Doch können die daran Beteiligten eigentlich nur die würdigen Bürger von Sterzing gewesen sein.

Von Laufen bei Salzburg wird berichtet, daß dort im Jahre 1517 ein Neidhartspiel zur Aufführung kam, und noch am Ende der Kämpfe um das Religionsbekenntnis ließ sich Hans Sachs die Gelegenheit nicht entgehen, die Neidhartlegende als unterhaltsames Laienspiel zu gestalten — und zwar für die Fastnacht von 1557. Doch schon gegen Ende des 15. Jahrhunderts war die Fehde zwischen den Bauern und ihrem ritterlichen Widersacher auf der Fastnachtsbühne erschienen, wie wir aus zwei weiteren Neidhartspielen ersehen können. Die eine Dramatisierung, ebenfalls oberdeutscher Herkunft und gelegentlich als **Kleines Neidhartspiel** bezeichnet, liegt in der schon erwähnten Wolfenbüttler Sammelhandschrift (→ S. 133) vor, die andere wurde erst 1946 in den Sterzinger Pfarreiarchivalien aufgefunden und fünf Jahre später als das **Sterzinger Neidhartspiel** herausgegeben. Was als höfisches Maispiel begonnen hatte, diente also im Laufe der Zeit zur Belustigung für die Karnevalstage und gehört somit einer Gruppe von Spielen an, die im deutschen Mittelalter den Hauptbestand des weltlichen Theaters ausmachen: den Fastnachtsspielen. Diesen wollen wir uns nun im folgenden zuwenden.

Texte

Das Spiel vom Streit zwischen Herbst und Mai: hg. S. Singer, Schweizer. Archiv für Volkskunde 23 (1920), S. 112—16; hg. F. Christ-Kutter, Frühe Schweizerspiele, Altdeutsche Übungstexte 19, Bern 1963, S. 9—19. — *Sterzinger Spiel von Mai und Herbst:* hg. O. Zingerle, Sterzinger Spiele. Nach Aufzeichnungen des Vigil Raber, 2. Bde., Wien 1886, Nr. XVI. — *Neidhart mit dem Veilchen:* hg. A. E. Schönbach, Zeitschrift für dt. Altertum 40 (1896), S. 368—74. — *Das Große Neidhartspiel:* KELLER Nr. 53. — *Sterzinger Szenarium:* hg. O. Zingerle, a. a. O., Nr. XXVI. — *Das Kleine Neidhartspiel:* KELLER Nr. 21. — *Sterzinger Neidhartspiel:* hg. A. Dörrer, Der Schlern 25 (1951), S. 103—26.

14. Fastnachtsspiele

In den Tagen unmittelbar vor der Fastenzeit — vom siebten Sonntag vor Ostern (Estomihi) bis zum Aschermittwoch — wurde dem mittelalterlichen Menschen einmal im Jahr die Gelegenheit geboten, sich von den Banden des Alltags zu befreien. Den dunklen, unterdrückten Trieben freien Lauf lassend, konnte er sich dann in derber Lebenslust und Schmauserei austoben; und aus diesem wilden Karnevalsbetrieb, vor allem aus der damit verbundenen Maskerade und einem allgemeinen Bedürfnis nach geselliger Unterhaltung, ging schließlich der Gattungstypus hervor, der in die Theater- und Literaturgeschichte als ,Fastnachtsspiel' eingegangen ist. Über die Vorformen dieser Spiele, die manche Gemeinsamkeiten mit den im vorigen Kapitel behandelten Frühlingsspielen zeigen, wissen wir eigentlich recht wenig, obwohl es andererseits kaum zu bezweifeln ist, daß ihre Wurzeln in vorchristlichen Fruchtbarkeitsriten und Wettkämpfen liegen. Aber erst im späteren Mittelalter vermögen wir etwas Definitives darüber zu erfahren, genauer gesagt, im beginnenden 15. Jahrhundert, wo kurze Stegreifspiele — meist derb-komischen Inhalts und von herumziehenden Maskierten in Gruppen präsentiert — bereits eine beliebte Form von Fastnachtsunterhaltung waren.

Solche theatralischen Aktionen fanden häufig in geschlossenem Raum statt, in dem Versammlungssaal einer Zunft, in der Schankstube eines Wirtshauses oder im Empfangszimmer eines reichen Kaufherrn, und bevor die Darsteller — in der Regel waren es Handwerksgesellen — zum nächsten Spielort weiterzogen, erhielten sie Geschenke oder wurden für das Dargebotene mit Speise und Trank belohnt. Anfangs begnügte man sich wohl mit Verkleidung und Pantomime, dann wurde es mit der Zeit jedoch üblich, daß jeder Darsteller ein paar Reimverse rezitierte, zunächst wohl um die Bedeutung seines Kostüms zu erläutern. Damit sind die ersten Ansätze zu einer Dialogisierung gegeben. Es dauerte nicht lange, bis das gesprochene Wort beträchtlich an Gewicht gewann, und zwar derart, daß die Mitwirkenden nunmehr regelrechte Rollen zu lernen hatten. Auch diesen Entwicklungsprozeß können wir nicht im einzelnen verfolgen, aber es ist unwahrscheinlich, daß schriftliche Vorlagen in der Zeit vor 1400 benutzt wurden — oder gar notwendig waren. Die uns erhaltenen Fastnachtsspiele gehören nämlich größtenteils dem späteren 15. und dem 16. Jahrhundert an; und so alt das fastnächtliche Gesprächsstück als spezifische Gattung auch sein mag, so zeugt die Form, in der die meisten Texte tradiert sind, doch nicht von hohem Alter, ja, viele werden wohl kaum älter sein als die Handschriften, in denen sie enthalten sind. Hinzu kommt, daß der früheste Beleg für das Wort ,Fastnachtsspiel' in einer Urkunde aus dem Jahr 1426 — aus Bad Hall in Tirol — vorliegt.

Die Ansicht, daß das Fastnachtsspiel in seinen überlieferten Formen im wesentlichen ein Phänomen des Spätmittelalters ist, läßt sich auch sonst bestätigen, und zwar nicht zum wenigsten durch die Tatsache, daß an der textlichen Überlieferung die einzelnen Landschaften sehr unterschiedlich beteiligt sind. Dies fällt um so mehr auf, wenn wir bedenken, daß im frühen Mittelalter, wo das fastnächtliche Treiben wohl hauptsächlich aus kultischen Tänzen und Umzügen bestand, derartige Festlichkeiten überall im Lande ein im großen und ganzen ähnliches, wenn nicht sogar einheitliches Gesicht gezeigt haben werden — und daß sie überall, so dürfen wir ferner annehmen, mit derselben naiven Freude und Ausgelassenheit gefeiert wurden. Doch stammen die erhaltenen Spiele fast ausschließlich aus den südlichen Teilen des deutschen Sprachraums: aus der Schweiz, wo die wohlhabenden Handelsstädte Basel, Bern, Luzern und Zürich alle bedeutende Pflegestätten dieser Gattung waren, aus dem Tirolerland, wo Sterzing wiederum als wichtiges Zentrum dramatischer Tätigkeit zu verzeichnen ist, und — all diese an Bedeutung weit überragend — aus der mächtigen Reichsstadt Nürnberg, die „durch die Fülle an völlig gesicherten Texten und die belegte Aufführungstradition der einzige deutlich faßbare Fastnachtsspiel-Ort des 15. Jahrhunders in Oberdeutschland" (E. Catholy) bleibt. Noch weit ins 16. Jahrhundert hinein sollte in der Pegnitzstadt die reiche Blüte dieses Genres anhalten.

So stark war das Interesse am ,Schembartlauf', wie man die eindrucksvolle, von den Nürnberger Zünften alljährlich veranstaltete Prozession nannte, daß die farbigen Kostüme und Tableaus der herumziehenden Gruppen sorgfältig in eigens dafür geführten Chroniken aufgezeichnet wurden. Diese ,Schembartbücher', mit prachtvollen und im allgemeinen lebensgetreuen Illustrationen geschmückt, bilden eine besonders zuverlässige Informationsquelle über das fastnächtliche Brauchtum des ausgehenden Mittelalters. Daraus geht u. a. hervor, daß Überbleibsel altgermanischer Frühlingsriten bei den Nürnbergern des 15. Jahrhunderts noch durchaus lebendig waren; hier finden wir z. B. Jünglinge mit Immergrünzweigen in der Hand oder den ‚wilden Mann', eine in Moos gekleidete Figur, die den abziehenden Winter symbolisiert, mehrfach abgebildet. Das Recht, solche Umzüge zu veranstalten (erstmals 1348/49 urkundlich erwähnt), galt längere Zeit als Privileg der Nürnberger Metzgerzunft und verblieb ihr bis um die Mitte des 15. Jahrhunderts, wo es dann durch Kauf an die Söhne des Stadtpatriziats überging. Aber trotz der naheliegenden Affinität zwischen dem ‚Schembartlauf' — etymologisch wohl mit mhd. *schemen* (= ‚Totenseele') zusammenhängend, wobei ‚Schembart' dann die Bedeutung ‚Maske mit Bart' hätte — und den kleinen mimischen Vorführungen mit Sprüchen maskierter Personen bleibt es im einzelnen doch schwer, eine spezifische Verbindung mit den literarisch-theatralischen Fastnachtsspielen des späteren 15. Jahrhunderts nachzuweisen.

Von den rund 150 Fastnachtsspielen, die die Forschung seit der Mitte des 19. Jahrhunderts gesammelt und herausgegeben hat, wurde weit mehr als die Hälfte in Nürnberg niedergeschrieben und zur Aufführung gebracht, eine Tatsache, die jedoch keineswegs so auszulegen ist, daß sie alle dort entstanden sein müssen. Lokalanspielungen sowie andere Anhaltspunkte lassen deutlich erkennen, daß mehrere Nürnberger Texte im benachbarten Raum — in Augsburg und Oberbayern, aber auch in Bamberg und Würzburg — bekannt waren. In einigen Fällen mag es sich also um Stoffe handeln, die schon vorher in diesen oder anderen oberdeutschen Städten gespielt worden waren; und es gibt tatsächlich mehr als genug Anzeichen dafür — allerdings nur selten in der konkreten Form von Spieltexten —, daß dieses Genre mit nicht weniger Eifer an der Ostseeküste gepflegt wurde, vor allem bei der vornehmen Lübecker Bürgerschaft (→ S. 50 f.). So bedeutend der Beitrag des kultivierten Patriziertums dort und anderswo auch gewesen sein mag, blieben solche Darbietungen im Grund genommen „Ausdruck einer aliterarischen Schicht des Volkes" (H. H. Borcherdt), und in seiner Blütezeit — grob gesagt von 1430 bis 1560 — waren unbändige Roheit und derbe Urwüchsigkeit immer wiederkehrende Merkmale des deutschen Fastnachtsspiels.

Um 1500 war diese Spielgattung zu weiter Verbreitung gelangt, ja, bis in die entferntesten östlichen Teile des deutschen Kulturraums, in Städte wie Thorn und Danzig, drang sie ein, und die aus dem früheren 16.

Jahrhundert belegten Fastnachtsaufführungen sind viel zu zahlreich als daß im folgenden alle aufgezählt werden können. Aber gerade die Häufigkeit, mit welcher die bedeutendsten Städte des ausklingenden Mittelalters sich daran beteiligen, läßt keinen Zweifel zu, daß ein spezifisch bürgerliches Element zu den wesentlichen soziologischen Komponenten dieser Spiele gehörte, wenn es nicht sogar die entscheidende Voraussetzung dafür gewesen ist. Auch sonst drängt sich der Schluß auf, daß die künstlerische Entwicklung des Fastnachtsspiels — aus befreiendem Spaß und Narrentreiben heraus zu einer selbständigen dramatischen Form geworden, die noch vor dem Ende des 15. Jahrhunderts in vereinzelten Fällen von einem gewissen literarischen Ehrgeiz zeugt — ein historischer Vorgang war, der eng mit dem Hervortreten eines individualistischen, die älteren zunftmäßigen Bindungen lockernden Wirtschaftsgeistes zusammenhängt. Die Träger des Fastnachtsspiels waren nämlich in erster Linie Gewerbetreibende, eine noch relativ geschlossene, nach den Maßstäben der Zeit nicht unbemittelte Klasse von Handwerkern, die am kulturellen, gelegentlich auch am politischen Leben keinen geringen Anteil hatte. Sicherlich ist es kein Zufall, daß das Gros der erhaltenen Fastnachtsspieltexte aus der Glanzperiode des deutschen Städtewesens stammt. Neben dem Meistergesang war das Fastnachtsspiel eine der wenigen literaturfähigen Gattungen, die aus dem Nährboden mittelalterlicher Stadtkultur hervorgegangen sind. Und da die eine wie die andere — auch dann, als sich im späteren 15. Jahrhundert deutlich erkennbare literarische Persönlichkeiten als Verfasser hervorzuheben beginnen — eine durchaus bodenständige und korporative Kunstform geblieben ist, wird der geistige Horizont des durchschnittlichen Zunftmitglieds hier ziemlich genau abgesteckt. Dies ist ein weiterer Grund dafür, sich diesen Spielen zuzuwenden, die manch wertvollen Einblick in die gesellschaftlichen Verhältnisse des ausgehenden Mittelalters gewähren.

Bei alledem bleibt das Auffallendste am deutschen Fastnachtsspiel zunächst die bunte Mannigfaltigkeit der textlichen Überlieferung, ein beredtes Zeugnis für die ungeheure Popularität dramatischer Unterhaltung in einer Zeit, die weder Theater im modernen Sinne des Wortes noch Berufsschauspieler kannte. Aber dem Historiker des Dramas, der die fast unentwirrbar ineinander verschlungenen Komponenten dieses Genres auch nur einigermaßen zu ordnen versucht, bereitet diese Fülle von Spieltexten mancherlei Probleme. Diese beginnen gleich mit der scheinbar so einfachen Frage nach dem Grundcharakter eines ‚typischen‘ Fastnachts-

spiels, denn das ausgelassene Spaßmachen, das wir — und das nicht zu
Unrecht — als fast unerläßliche Begleiterscheinung der Karnevalstage
postuliert haben, war für den Fastnachtsdramatiker nicht die einzige
Quelle seiner Inspiration. Immerhin, das Ulkige und Belustigende tritt
wiederholt kräftig hervor, meist mit einem unflätigen Volkshumor, mit
einer unersättlichen Freude am Sexuellen und Fäkalen verbunden, die es
bis zu den äußersten Grenzen des Obszönen treibt. Gleichsam als Sinnbild für diese unaufhörliche Beschäftigung mit der animalischen Seite des
Lebens hat sich tatsächlich ein Fastnachtstext erhalten, der sich gerade-
wegs das **Spiel vom Dreck** nennt: In der Tuchscherergasse zu Nürnberg
hat ein unverschämter Bauer seine Notdurft verrichtet, und in etwa 400
Versen wird das Problem, was denn mit dem übelriechenden Haufen
geschehen soll, eingehend von Vertretern der Bürgerschaft besprochen.
Im starken Gegensatz dazu sind aber auch ganz andersartige Fastnachtsspiele anzutreffen, darunter vor allem die ‚politischen Moralitäten' aus
der Schweiz (→ S. 40 f.), die einen durchaus ernsthaften Ton anschlagen,
indem sie brennende Zeitfragen, nicht zuletzt wichtige Angelegenheiten
von Staat und Kirche, ‚auf die Bühne' bringen.

Damit sind die mit dem Begriff ‚Fastnachtsspiel' verbundenen Schwierigkeiten keineswegs erschöpft. Zu den weiteren Problemen des Theaterhistorikers gehört die Tatsache, daß die zeitgenössische Verwendung dieses Wortes von Anfang an alles andere als konsequent oder systematisch
war. Im 16. Jahrhundert wurden nicht selten ganz heterogene spielartige
Kompositionen unterschiedslos als Fastnachtsspiele bezeichnet, was wohl
vor allem auf die andauernde Beliebtheit dieses Genres schließen läßt.
Wie wir schon gesehen haben, fanden Frühlingsspiele — ob sie nun die
Austreibung des Winters feierten oder die Abenteuer des Neidhart von
Reuental dramatisierten (→ S. 131 f.) — schon wegen des thematischen Zu-
sammenhangs mit der Vorfastenzeit leicht Eingang in das Fastnachts-
repertoire. Außerdem ging von diesen Spielen eine angemessene festliche
Stimmung aus. Aber auch vorwiegend religiöse Stücke wie das *Spiel von
dem hl. Georg* (→ S. 17 f.) oder das **Spiel vom Leben der Heiligen Frau
Susanna**, das wir einem namenlosen Wiener Verfasser des 15. Jahrhunderts verdanken, wurden in die Sammelhandschriften aufgenommen,
und zwar vermutlich aus keinem anderen Grund, als daß sie hin und
wieder vor Beginn der Fastenzeit aufgeführt worden waren. Eine einwandfreie Definition von ‚Fastnachtsspiel' gibt es also nicht, es sei denn,
wir halten uns an die buchstäbliche Bedeutung des Wortes: eine theatra-

lische Form von Unterhaltung, die während der Fastenzeit dargeboten wurde.

Bei aller Verschiedenheit fehlt es jedoch nicht gänzlich an erkennbaren Gemeinsamkeiten, und von diesen ist wohl die hervorstechendste, daß die meisten Fastnachtsspieltexte relativ kurz sind. In einigen wenigen Fällen haben wir es mit Texten zu tun, die nicht einmal 200 Sprechverse aufweisen, obwohl dem freilich entgegenzusetzen wäre, daß andere auf uns gekommen sind, die einen Umfang von über tausend Versen erreichen. Im Durchschnitt aber umfassen die erhaltenen Spiele drei- bis vierhundert Sprechverse, woraus zu schließen ist, daß eine typische Fastnachtsdarbietung eine Spieldauer von etwa 20—30 Minuten hatte. Aber auch in struktureller Hinsicht begegnen uns wiederholt gewisse Ähnlichkeiten. Zu diesen gehört zunächst eine ausgesprochene Vorliebe für die ‚Revue‘, eine besonders einfache Aufbauform, bei der die Personen — manchmal auch Gruppen von Personen, die im Chor sprechen — der Reihe nach auftreten. Zuerst stellen sie sich dem Publikum vor und rezitieren dann ihre Verse, die in den frühesten Spielen vermutlich auf einen Zwei- oder Vierzeiler, wohl ein kerniges Sprüchlein oder eine volkstümliche Lebensweisheit, beschränkt waren. Ein weiteres Charakteristikum des ‚Reihenspiels‘, wie es von manchen Theaterhistorikern genannt wird, besteht darin, daß das Ganze häufig durch einen gemeinsamen Tanz der Spieler zum Abschluß gebracht wird. So erinnert die Darstellungstechnik mehrfach an das Mai-Herbst-Spiel (→ S. 127 f.); auch hier begegnet uns eine Aneinanderreihung knapp gehaltener Einzelreden, in denen es den Darstellern eher darum geht, ihre Verse an die Zuhörer zu richten als miteinander einen Dialog zu führen. Das ist ein uraltes Kennzeichen des Volksspiels, und es ist sehr bezeichnend, daß in den ältesten Fastnachtsspielen die Reihentechnik stark bevorzugt wird. In einem von ihnen — in der Handschrift, wie übrigens auch einige andere Stücke, einfach mit dem Titel **Ein Vasnachtspil** versehen — fehlt es überhaupt an dramatischer Bewegung. Die ‚Handlung‘ besteht lediglich darin, daß fünfzehn ungehobelte Bauerntypen auftreten, um einer nach dem anderen mit ihrer sexuellen Tüchtigkeit zu prahlen. In einer vierzeiligen ‚Ruhmrede‘ stellt jeder unverblümt dar, was er auf diesem Gebiet schon geleistet hat bzw. noch zu leisten gedenkt, und am Schluß spricht der ‚Ausschreier‘ (in anderen Spielen auch ‚Praecursor‘, ‚Proclamator‘ oder gar ‚Urlaubnehmer‘ genannt), der wie auf der geistlichen Bühne als eine Art Conférencier fungiert, einen kurzen formelhaften Epilog:

ir herrn, wir mußen furpas hauen
und uns uberall laßen schauen.
ob wir den leuten dann gefallen,
so woll wir ofter zu euch wallen,
piß wir die stat zucht auch leren,
ob wir mechten besten mit eren.

Daraus geht nun ganz deutlich hervor, daß das gleiche Stück während der zwei- bis dreitägigen Festlichkeiten an verschiedenen Orten gespielt wurde.

Dieselbe Grundstruktur weist das altertümliche **Spiel von den sieben Weibern** auf. Von drastischer Kürze, im ganzen nicht einmal hundert Verse, gehört es vielleicht bereits ins ausgehende 14. Jahrhundert und wäre somit der älteste Fastnachtstext, den wir kennen. Die einleitende Rede ist nicht ganz vollständig überliefert, stellt aber offenbar die Erklärung eines Mannes dar, der von sieben Frauen begehrt wird. In einem raschen Nacheinander gibt jede Prätendentin die Gründe an, warum sie ihn unbedingt zum Ehepartner wünscht, worauf der Begehrte sich für diejenige entscheidet, die zuallerletzt ihren Anspruch auf ihn vorbringt. Ein Proclamator rundet das kleine Stück ab, indem er auf die Pointe des Dargebotenen hinweist, und zwar mit einer scherzhaften, wenn nicht sogar ironischen Anspielung auf einen Vers aus den prophetischen Büchern: „Und sieben Weiber werden zur selben Zeit e i n e n Mann ergreifen und sprechen: Wir wollen uns selbst nähren und kleiden ...“ (Isaias 4,1). Für die Menschen von damals war die Vorführung derartiger kleiner Gesprächsszenen sicherlich in erster Linie ein Mittel zur Steigerung der vergnügten Stimmung der Karnevalstage, eine stete Quelle der Unterhaltung und Geselligkeit. Was unter diesen Umständen rasch entworfen — und wohl erst hinterher endgültig zu Papier gebracht, hatte begreiflicherweise nur wenig mit dem Literarisch-Dramatischen zu tun. Es war aber durchaus möglich, das anspruchslose ‚Reihenspiel‘ so zu gestalten, daß die Einzelreden alle auf eine zentrale Idee oder Figur bezogen wurden, und in den Händen begabter Dramatiker wie Pamphilus Gengenbach (→ S. 55) entwickelte sich diese Spielform zu einem moralisierenden Volksstück von besonderer Schlagkraft.

Die beinahe verwirrende Vielzahl von Texten läßt sich aber auch von einem thematischen Gesichtspunkt her ordnen, ein Verfahren, welches das Wesen des Fastnachtsspiels aufs ganze gesehen freilich kaum befriedigender zu erfassen vermag als dies durch die Berücksichtigung struktureller Merkmale geschieht. Auf den ersten Blick sind zwar einige an sich leicht unterscheidbare Situationen und Stoffe zu erkennen, doch fällt es hier ebenfalls schwer, im einzelnen klare Demarkationslinien zu ziehen. An erster Stelle sei das mehrfach vorkommende Prozeß-Motiv genannt. In verschiedenen Fastnachtsstücken werden wir nämlich in einen Gerichtssaal versetzt, wo das im Gang befindliche Verfahren, wie nicht anders zu erwarten, ausschließlich von der lächerlich-possenhaften Seite her dargestellt wird. Dabei werden die dramatischen Möglichkeiten, die der Gerichtsszene innewohnen, manchmal mit Geschick, in einigen wenigen Fällen sogar mit Geist und Witz ausgenutzt. Insgesamt wären etwa dreißig Texte als ,Gerichtsspiele' anzusehen; und bei fast allen ist wohl anzunehmen, daß der Verfasser, dem realistischen Zug der Zeit folgend, Personen und Situationen aus seiner eigenen städtischen Umgebung aufgegriffen hat. Die Behandlung solcher Alltagsstoffe reicht von grober Karikatur bis zu nüchterner Beobachtung und Wiedergabe des wirklichen Lebens. Zu den einfachsten — wie auch kürzesten — der ,Gerichtsspiele' gehört das **Spiel von Holzmännern.** Hier werden zunächst die streitenden Parteien vernommen, dann zu einem freilich typisch fastnächtlichen Vergleich bewegt — und das alles in knapp 60 Versen! Ein alter Mann beklagt sich über seine Geliebte, die jetzt einem anderen schöne Augen macht; dieser, „ein junger stolzer knecht", gesteht seinerseits ganz offen, daß er ihren Reizen nicht widerstehen kann. Das junge Ding macht auch keinen Hehl daraus, daß die Liebkosungen des Alten sie nicht mehr befriedigen. Darauf verkündet ein weiser Richter sein Urteil: ein Zweikampf soll die Entscheidung darüber fällen, wer die Frau bekommt.

Eine beliebte Variation des Gerichtsspiels war die Scheinverhandlung, wie sie uns beispielsweise im **Spiel von der Vasnacht** vorliegt. Hier wird die personifizierte Fastnacht als Verderberin der öffentlichen Moral angeklagt, und zwar im Namen der verschiedenen Stände. Der Patrizier behauptet, die Fastnacht sei die teuerste Zeit des Jahres — und obendrein gefährde sie die Sittlichkeit seiner Frau und Tochter, während der Bürger sie für eine lästige Störung seiner häuslichen Ruhe hält. Für den Handwerker ist sie die Zeit, wo sich ein jeder wild und ohne Verstand auf der Straße herumtreibt. Der Bauer beklagt, daß die Dörfler sich oft durch das viele Fressen und Saufen ruinieren, und zum Abschluß bringt eine ehrbare Hausfrau die Klage vor, daß sie und ihresgleichen in der Karnevalszeit nirgends vor der Lüsternheit der Männer sicher seien. Aber auf alle Beschuldigungen weiß die Fastnacht eine schlagfertige Antwort.

So lautet das Urteil schließlich doch auf Freispruch — mit der Begründung, daß die sechs Wochen Fastenzeit jedem Menschen reichlich Gelegenheit geben, sich von ein paar Tagen festlichen Ausschweifens zu erholen. Während die stärkste Anregung zum fastnächtlichen Theaterspielen nach wie vor vom Kreis der Handwerker und Kleinbürger ausging, zeigt ein derartiger Text jedoch deutlich genug, daß man mit dem Interesse aller Schichten der an sich streng ständisch gegliederten Gesellschaft rechnete, Landadel und Stadtpatriziat nicht ausgeschlossen.

Etwas vom Geist längst vergangener heidnischer Zeiten, in denen das dramatische Ritual noch die Macht besaß, die Dämonen des Todes und der Krankheit zu bannen, scheint im **Spiel vom Tanawäschel** fortzuleben. Der unmittelbare Anlaß für dieses kulturgeschichtlich äußerst interessante Spiel war eine der verheerenden Epidemien, welche die Menschen des Mittelalters fast unaufhörlich in dem einen oder anderen Teil des Landes heimsuchten, eine Seuche, die, laut der Überschrift zu Beginn des Spieltextes, im Jahre 1414 „überall in allen teutschen landen" ihre Opfer forderte. In seiner überlieferten Form geht das Stück, das vermutlich österreichischer Herkunft ist, allerdings erst auf die Zeit um 1490 zurück, so daß es für spätere Generationen wohl zunächst als grimmige Mahnung an die nicht so ferne Vergangenheit galt, wo die Urgroßväter auf den gefürchteten ‚Tanawäschel' reagiert hatten wie einst ihre germanischen Vorfahren auf andere todbringende Geister. Die Etymologie dieses merkwürdigen Wortes, das wohl beträchtlich älter als das 15. Jahrhundert ist und sich offenbar auf eine besonders virulente Art von Grippe bezieht, bleibt dunkel. Als weiteres Anzeichen dafür, daß das Tanawäschel-Spiel in seinen Ursprüngen zu den ältesten Fastnachtsspielen gehört, sei die dramatische Technik erwähnt, die kaum über die des Reihenspiels hinausgewachsen ist.

Die Handlung beginnt damit, daß Tanawäschel in eigener Person vor Gericht gestellt wird; daraufhin treten die Ankläger einer nach dem anderen auf, um Zeugnis gegen den Verhaßten abzulegen. Ein fahrender Scholar gibt an, die böse Grippe habe ihn derart geschwächt, daß er nicht mehr auf der Suche nach Wissen und Weisheit herumreisen könne. Anschließend beklagt ein junges Mädchen den Verlust ihres innig geliebten Vaters als bitteres Unrecht. Als weitere Vertreter der Gesellschaft erscheinen ein Kaufmann, der die Klage vorbringt, seine Familie nicht mehr unterhalten zu können, da er als Bettlägeriger jetzt außerstande sei, seinen Geschäften nachzugehen, und eine Dominikanerin, die erklärt, daß es ihr bei dem vielen Niesen und Husten in der Kirche fast unmöglich geworden sei, ihre tägliche Andacht zu verrichten. Schließlich kommt Tanawäschel selbst an die Reihe, um sich zu verteidigen: die Betroffenen, deretwegen man ihn anklage, seien doch alle Trunkenbolde, Schlemmer oder Wüstlinge, und in absehbarer Zeit wären sie ohnehin dem Tode verfallen. Vier Ratgeber werden hinzugerufen, um die Aussagen der Beteiligten abzuwägen. Der Angeklagte wird für schuldig erklärt und als „übeltätiger man" und „rechter pöswicht" gehörig abgekanzelt. Nun wird der Gerichtssaal zum Richtplatz, wo ein Mönch dem Verurteilten die Beichte abnimmt. Ein bußfertiger Tanawäschel wird dem Henker ausgeliefert, der ihm mit einem mächtigen Schwerthieb den Kopf abschlägt; und in diesem Schluß wollen einige Forscher das Relikt uralter, Menschenopfer fordernder Schwerttänze erblicken. Wie die meisten Fastnachtsstücke ist das Tanawäschel-Spiel für die sogenannte ‚neutrale' Bühne bestimmt, d. h. für eine beliebige Spielfläche, wie sie überall in der mittelalterlichen Stadt — im Zunftsaal ebenso gut wie auf dem Marktplatz — denkbar ist. Aber so anspruchslos der Aufführungsplatz auch gewesen sein dürfte, ist doch nicht zu bezweifeln, daß Masken, Kostüme, möglicherweise sogar einfache Requisiten verwendet wurden, ja, an mehreren Stellen scheinen sie für die Handlung unerläßlich gewesen zu sein.

Das wirkungsvollste, zugleich auch unterhaltendste der ‚Gerichtsspiele' ist wohl das **Spiel von Rumpolt und Maret**, ein Urteil, das, wenn die handschriftliche Überlieferung nicht trügt, auch von den Zeitgenossen geteilt wurde. Das Stück ist nämlich in nicht weniger als vier Fassungen erhalten, von denen sich zwei in der Sammlung Vigil Rabers (→ S. 102) befinden. Es dürfte ebenfalls auf österreichischem Boden entstanden sein. Doch im Gegensatz zu den Nürnberger Prozeßspielen, wo das juristische Milieu im allgemeinen nur vage — meistens durch die Anwesenheit der Schöffen, die erst am Schluß zu Worte kommen — angedeutet wird, sind hier alle kleinen Details des gerichtlichen Verfahrens festgehalten. Der Autor, der im ganzen gesehen kein geringes Talent an den Tag legt, war mit den Gepflogenheiten des Juristenberufs offenbar durchaus vertraut, nicht zuletzt mit dessen ewiger Wichtigtuerei und unersättlichem Geldhunger. Jedenfalls sind die Advokatenfiguren, die uns vorgeführt werden, nicht sehr schmeichelhaft porträtiert. Die Handlung des Stücks dreht sich um den Bauernsohn Rumpolt, der von Maret, einer Nachbarstochter, wegen Nichteinhaltung seines Gelöbnisses angezeigt worden ist. Es ist

die alte Geschichte, die doch immer wieder neu bleibt. Gegen ein Ehe-
versprechen hat Maret ihre Jungfernschaft geopfert; und damit zeichnet
sich ein Grundmotiv ab, das nach Ansicht einiger folkloristisch eingestell-
ter Theaterwissenschaftler auf heidnische Deflorationsrituale zurückgeführt werden sollte.

Wir befinden uns wiederum im Gerichtssaal. Um die Interessen ihrer
bäuerlichen Klienten wirksamer zu vertreten, prunken die Juristen zunächst mit ihrem lateinischen Fachjargon. Dabei wird allerdings auch
nicht versäumt, eine Vorauszahlung des Honorars zu verlangen. Kaum
ist die Verhandlung im Gang, so beginnt die Situation für Rumpolt
äußerst bedenklich zu werden, so daß ihm nichts übrig bleibt als die
Beschuldigungen energisch zurückzuweisen. Vor aller Öffentlichkeit wei-
gert er sich, Maret zur Frau zu nehmen. Aber diese trotzige Haltung
führt einen Zornausbruch von Marets zänkischer alter Mutter herbei,
und nun hat der präsidierende ‚Offizial‘ alle Mühe, die Ordnung im
Gerichtssaal wieder herzustellen. Eine zweite Zeugin wird vorgeladen:
die Magd Rudleyn, die sich für „ain frumme iunkfraw" ausgibt und dabei alles in Szene setzt, um den Charakter Rumpolts anzuschwärzen —
ohne allerdings zu merken, daß dabei Dinge herauskommen, die ihren
eigenen Ruf nicht gerade ins beste Licht stellen. Rumpolt tut sein Bestes,
um ihn noch zweifelhafter erscheinen zu lassen, aber als ihm die Frage
gestellt wird, wo und wann er denn das alles gesehen habe, was er der
Magd jetzt zur Last lege, entschlüpft ihm unbedacht:

> *es geschag an dem selbigen tag,*
> *da ich pey der Marethen lag.*

Eines weiteren Beweises seiner Schuld bedarf es nicht. In einem letzten
Versuch, seinen Sohn zu retten, will Rumpolts alter Vater dem Official
ein Schmiergeld anbieten, aber dieser ist nicht zu kaufen. Das Urteil
wird verkündet — Rumpolt wird für schuldig befunden.

Damit ist das Spiel jedoch nicht ganz zu Ende. Gerade als der Offizial
auf dem besten Wege ist, das junge Paar zusammenzubringen, stürzt Jans,
ein früherer Verehrer von Maret, herein und möchte sie unbedingt als
seine Braut beanspruchen. Er ist aber zu spät gekommen, und Rumpolt,
dem kurze Zeit vorher solch ein Zeuge sehnlichst erwünscht gewesen
wäre, muß den Eindringling jetzt zurückweisen, um die Ehre seiner künftigen Frau zu wahren. Es folgt eine rührende Versöhnung zwischen den
Liebenden, und die schwatzhafte Mutter und der bärbeißige alte Vater

geben sich jetzt auch damit zufrieden. So zeichnet sich das kleine Rum-
polt-Spiel vor allem durch den mitreißenden Fluß der Handlung aus,
die zwar mehr als einmal eine ganz unerwartete Richtung einzuschlagen
droht, doch unentwegt auf die Entwirrung zusteuert. Dies wäre dem Verfasser allerdings schwerlich gelungen, wenn er nicht zugleich die für viele
Fastnachtsspiele so charakteristische Abfolge von formelhaften Einzelsprüchen in ein pulsierendes Aufeinander von Rede und Gegenrede umgestaltet hätte. Gut herausgearbeitet ist auch der Kontrast zwischen den
verschiedenen Menschentypen; auf der einen Seite die grob-komischen,
aber keineswegs einfältigen Prozessierenden, auf der anderen die hoch-
mütigen, lateinkundigen Juristen, die unbedingt ihre geistige und soziale
Überlegenheit zeigen müssen.

Manche Ähnlichkeit mit derartigen Gerichtsszenen weist das sogenannte
‚Werbespiel‘ auf, denn auch hier werden zunächst die Aussagen der Auftretenden der Reihe nach angehört und anschließend das Urteil verkündet. Der Unterschied liegt aber vor allem darin, daß das gerichtliche
Milieu jetzt fehlt. In den Werbespielen handelt es sich eher um eine
Gruppe von Personen, die zusammenkommen, um ihre Talente auf die
Probe zu stellen, sei es um zu entscheiden, wer von ihnen den Ruf des
feurigsten Liebhabers verdient, sei es bloß um festzustellen, wer der
größte Narr ist. So sind dann fast immer Elemente des Lächerlich-Possenhaften vorhanden. Im übrigen waren solche Themen für die Technik
des ‚Reihenspiels‘ besonders geeignet. Oder ist es eher so, daß die Eigenart dieser Spielgattung notwendigerweise zu derartigen Themen führte?
Das **Spiel vom Moriskentanz**, in dem sich zehn Narren um die Gunst
der ‚Frau mit dem Apfel‘, d. h. Frau Venus, bewerben, darf als typisches
Beispiel solch eines fastnächtlichen Werbespiels gelten. Der Apfel, erklärt
die Göttin, sei für den Bewerber bestimmt, der die größte Torheit auf der
Suche nach Liebe begangen habe. Die Kandidaten melden sich, und einer
nach dem anderen beschreiben sie die Taten, mit denen sie diese sonderbare Ehre zu gewinnen hoffen. Der eine behauptet, er habe sich derart in
seine Hausmagd verliebt, daß er nunmehr alle Arbeiten, für die er sie
gedungen habe, mit eigener Hand verrichte, ein anderer kann stolz berichten, daß er sich mit Freuden ein Zeichen in die Ferse habe einbrennen
lassen, damit ihn seine Geliebte sogleich unter ihren vielen anderen
Verehrern erkennen könne. Den Preis erhält jedoch der zehnte und letzte
Narr, dessen glühende Leidenschaft ihn dazu bringt, von seinem eigenen
Exkrement zu probieren, und zwar in der Hoffnung, durch solche Narre-

tei seiner Dame ein holdes Lächeln zu entlocken — ein fäkale Ruhmestat, wie sie die Fastnachtsdramatiker immer wieder in den Vordergrund stellen. Den sonderbaren Titel des Stücks — in der Handschrift trägt es nur die Überschrift ‚Morischgentanz‘ — haben wir wohl so zu verstehen, daß zum Abschluß alle zehn einen Tanz um Frau Venus aufführen.

An Variationen dieser Grundsituation fehlt es keineswegs, die meisten selbstverständlich im gleichen derben Volkston ausgeführt. Im **Spiel vom Werben um die Jungfrau** begegnet uns z. B. eine ganze Schar von Freiern, die alle demselben Mädchen den Hof machen: ein Ritter und ein Bauer, ein Priester und ein Mesner, ein Mönch und ein Laienbruder, ein Schmied und ein Wagner, ein Schuster und ein Schneider, ein Kürschner und ein Metzger, jeder von ihnen fest überzeugt davon, daß er mehr als die anderen zu bieten hat. Das leichtsinnige junge Ding hört die Verehrer der Reihe nach an, um sie dann alle grob abzuweisen, bis zuletzt „ain schreiber stolz und fein“ sein Sprüchlein sagt. Seine beredten Worte verdrehen ihr derart den Kopf, daß sie es kaum noch erwarten kann, in seinen Armen zu liegen. Darauf folgt der traditionelle Ausgang: der ‚Ausschreier‘ lobt ihre Wahl und fordert die Zuhörer auf, sich zu Tanz und Lustbarkeit bereit zu machen. Und inmitten so viel bürgerlichen Spießertums und klerikaler Lüsternheit haben wir diese plötzlich aufflammende Leidenschaft für einen jungen *scholasticus* vielleicht als Hinweis auf die Identität des Verfassers zu verstehen, etwa einen fahrenden Schüler, der sich an den biederen Vertretern des Bürgertums, die ihm in Nürnberg oder sonstwo begegnet waren, rächen wollte.

Dem Fastnachtsdramatiker, dem die realistischen Stoffe des Alltags ausgingen, stand eine Fülle von anderen Quellen zu Gebote: antike Legende, germanische Sage, höfische Epik, kurz, das ganze Erbe des dichtenden Mittelalters konnte herangezogen werden, aber wie bereits mit den legendären Abenteuern des Neidhart (→ S. 131 f.) geschehen war, griff man nur das heraus, was als Volksbelustigung brauchbar war. Dabei kam es oft zu den seltsamsten Umarbeitungen und Neuformungen von längst Überliefertem. Im **Spiel von Meister Aristoteles** macht sich der griechische Philosoph zum Narren, indem er sich auf Geheiß einer schönen Königin wie ein Pferd auf allen Vieren fortbewegt; und in der Augsburger Handschrift wird abgebildet, wie eine gebieterische Reiterin, eine Gerte schwingend und die Zügel fest in der Hand, auf dem Rücken eines bärtigen Aristoteles sitzt. Darin ist wohl ein deutlicher Hieb — dergleichen pflegten die ‚Dunkelmänner‘ der Zünfte häufig auszuteilen —

gegen den für die Antike schwärmenden Gelehrten, den gräkophilen Humanisten des 15. Jahrhunderts zu sehen, der bei allen geistigen Eroberungen doch letzten Endes weiblichen Listen ebenso leicht wie andere Sterbliche erliegt. Ja, man wollte offenbar zu verstehen geben, daß er ihnen sogar noch leichter zum Opfer fällt. In nur wenig abgewandelter Form begegnet uns dasselbe Motiv im **Spiel von Fürsten und Herren**, wo der Weise von Stageira wiederum als weltfremder Pedant dargestellt wird und sich durch die Reize einer Königin von Arabien betören läßt.

In der altgermanischen Heldendichtung dagegen wurzelt das **Spiel von dem Berner und dem Wunderer**, das uns ein interessantes Beispiel dafür liefert, wie die Sage vom Untergang der Nibelungen noch im ausgehenden Mittelalter weiterwirkte. Und wie in der germanischen Frühzeit geht es auch hier um streitbare Naturen, die allerdings auf sonderbare Weise mit dem von Theologen und Dichtern so beliebten Kampf zwischen Gut und Böse verwoben sind. Eine edle Jungfrau bittet König Etzel um Schutz vor dem „wilden Wunderer", der sie unbedingt zu seinem Weib machen will. Gerne verspricht ihr der gutmütige Herrscher die Dienste seiner getreuen Vasallen, doch stellt es sich bald heraus, daß keiner sich ihrer annehmen will. Nicht einmal der sonst so ritterliche Rüdiger von Bechlarn ist gewillt — anscheinend aus realpolitischen Gründen —, ihr zu Hilfe zu kommen. So bleibt es dem mächtigen Dietrich von Bern überlassen, sich für die Dame einzusetzen. In hartem Nahkampf besiegt er den Wunderer, schlägt ihm den Kopf ab — und erhält dessen Rüstung als Beute. Doch die Dankbarkeit des holden Geschöpfs, das er gerettet hat, ist für ihn die schönste Belohnung für seine Mühe.

Kaum weniger weit entfernt vom Geist dessen, was sie angeblich zur Schau stellen, sind die fastnächtlichen Dramatisierungen von Stoffen aus der höfisch-ritterlichen Welt, Bearbeitungen wie das **Spiel von der Krone** oder das **Spiel von der Luneten Mantel,** in denen das glanzvolle Treiben am Artushof nur noch trübe und verschwommen reflektiert wird. Wie bereits aus dem zweiten Titel zu entnehmen ist, gehen beide Spiele, die vielleicht ursprünglich nicht nürnbergischer, sondern alemannischer Herkunft sind, auf die Sagen von der Tafelrunde zurück. Auch sonst stehen sie einander inhaltlich sehr nahe, so nahe sogar, daß man mit gutem Grund vermutet hat, daß hier Teile des gleichen Stücks vorliegen, die dann später fälschlicherweise voneinander getrennt wurden. Im erstgenannten Spiel werden König Artus und seine schöne Gattin mit einer

magischen Krone beschenkt, die nur von einem vorbildlichen Ehemann
getragen werden kann. Im Mittelpunkt des zweiten steht ein von Heinrich von dem Türlin in seiner *Krone* (um 1230) behandeltes Abenteuer:
die Keuschheit der Damen der Tafelrunde wird durch einen Mantel geprüft, der allein einer treuen Ehefrau paßt. So besteht die Handlung in
beiden Fällen darin, daß die Bewerber für den Preis der Reihe nach auf
die Probe gestellt werden. Die Ritter ziehen an Artus' Thron vorbei,
um sich die Krone aufsetzen zu lassen, und in ähnlicher Weise müssen
sich die Hofdamen, die Anspruch auf den Mantel erheben, dieser Proze-
dur unterziehen. Dabei wird keine Gelegenheit versäumt, die Schwächen
und Vergehen der moralisch Entblößten zu rügen. Es handelt sich also
eigentlich um eine leichte Abwandlung des ‚Werbespiels‘, das in dieser
Form vielleicht genauer als ‚Probespiel‘ zu bezeichnen wäre.

Einen willkommenen Vorrat an mehr oder weniger fertigen Bühnenstof-
fen boten auch die Werke spätmittelalterlicher Schwankerzähler, wie wir
etwa am **Spiel von Mönch Berchtolt** sehen können, das wenigstens z. T.
die Umarbeitung einer pikanten italienischen Novelle gewesen sein
dürfte. Hilla, eine dralle Landpomeranze, wird dem Bauern Hans
Schlauch als Ehefrau versprochen, aber um dem Bräutigam die Freuden
des Ehebetts zu sichern, soll im voraus geprüft werden, ob die Braut
wirklich heiratsfähig ist. Im Nu hat sich Bruder Berchtolt eingestellt.
Wie alle Geistlichen der Fastnachtsbühne kann er sich gerade auf diesem
Gebiet großer Erfahrung rühmen und stellt seine Dienste jetzt hilfsbe-
reit zur Verfügung.

Aufs ganze gesehen war das Fastnachtsspiel des 15. Jahrhunderts jedoch
alles andere als die Arbeit von literarisch Gebildeten. Weit öfter wurde
das, was sich tagtäglich auf der Gasse oder im Wirtshaus der mittelalterlichen Stadt abspielte, in diese bescheidene dramatische Form gebracht;
und es sind tatsächlich nicht wenige Fastnachtsstücke überliefert, die den
Eindruck erwecken, als hätten die Verfasser den Inhalt ganz und gar
ihrer bürgerlichen Umgebung abgelauscht. Über die Darstellung von
wohlbekannten, fast sprichwörtlich gewordenen Menschentypen, wie sie
zu allen Zeiten auf der Bühne zu sehen gewesen sind, kam man dabei
allerdings nur selten hinaus: die Schwiegermutter, die es immer besser
weiß als das junge Ehepaar, die Klatschbase, die überall Zwietracht sät,
der frömmelnde Kleriker, vor dem keine Frau sicher ist, das zänkische
Eheweib, der Pantoffelheld, der treulose Gatte und — auf der deutschen Fastnachtsbühne wohl die beliebteste Figur von allen — der un-

geschlachte Bauerntölpel. Hinter der mit solchen Typen verbundenen Komik tauchen auch unverwüstliche Themen der Weltliteratur auf: die Jagd nach Liebe, die Eheleute, die dauernd in Streit miteinander leben, der Zaghafte, der, aufs äußerste provoziert, auf einmal über die Stränge schlägt, der Sieg des Listigen über den Einfältigen, aber auch der Gauner, der — wie es manchmal im wirklichen Leben geschieht — in die von ihm selbst gegrabene Grube fällt.

Um das letztgenannte Thema geht es im **Spiel von einem Domherrn und einer Kupplerin,** einer nicht ungeschickt aufgebauten Farce von knapp 140 Sprechversen, deren Wirkung auf der bei Dramatikern seit jeher beliebten Verwechslung von Personen beruht. Aber auch die Inszenierungstechnik steht auf einer höheren Stufe, jedenfalls im Vergleich zu dem einfachen, aus lauter aneinandergehängten Einzelsprüchen bestehenden Reihenspiel. Das liegt zunächst daran, daß die Spieler mehrmals Schlag auf Schlag einsetzen müssen, um die lebhaften Wechselreden voll zur Geltung zu bringen. Ähnliches läßt sich auch von der Aufführung sagen, die Kostüme und sonstige Requisiten erfordert haben wird, ja, in einigen szenischen Bemerkungen werden solche Dinge ausdrücklich erwähnt.

Vor allem jedoch wird hier eine regelrechte, wenn auch nicht in jedem Detail durchschaubare Handlung geboten. Ein Kanoniker des Bamberger Domstifts — wohl ein deutlicher Hinweis auf die Herkunft des Stücks, zumal Nürnberg damals dem Bistum Bamberg unterstellt war — wird von einer alten Kupplerin auf der Straße angesprochen. Es dauert nicht lange, bis sie ihn in ihre Netze verstrickt, und er erklärt sich bereit zu einem Stelldichein. Gleich darauf trifft ein Bote des Bischofs ein, um wichtige Dienstangelegenheiten zu melden. Der Domherr verwünscht diese unerwartete Wendung und verläßt die Szene, um sein geistliches Gewand abzulegen — ein Vorgang übrigens, wie man ihn in den älteren Fastnachtsspielen, wo die Darsteller, ähnlich wie auf der geistlichen Simultanbühne, alle von Anfang bis Ende für den Zuschauer sichtbar blieben, vergebens suchen wird. Inzwischen bringt es die glatte Zunge der Kupplerin fertig, daß eine verheiratete Frau dem angeblich von Liebesglut verzehrten Domherrn ihre Dienste verspricht. Die Geschäftemacherin eilt weg, um ihr den neuen Liebhaber zuzuführen, aber er ist nicht mehr zu finden. Die Bürgersfrau ist jetzt zu Hause und wird ungeduldig. Deshalb postiert sie ihre Magd im Fenster, um Ausschau zu halten (was wiederum eine etwas kompliziertere szenische Ausstattung vorauszusetzen scheint als die herkömmliche ‚ortlose Bühne‘). In bürgerliche Kleider gehüllt, nähert sich eine männliche Figur mit der Kupplerin. Aber statt des erwarteten Domherrn, wie die Magd jetzt zum Schrecken ihrer Herrin konstatiert, ist es deren Ehemann. Ob sich dieser einen kleinen Seitensprung erlaubt hat oder ob er seine Frau bloß auf die Probe stellen will, mußte das damalige Publikum — wie noch heute der Einzelleser — für sich entscheiden. Verdutzt steht die Hausfrau da, bis das kecke Mädchen ihr einen Rat zuflüstert: sie solle sich als Beleidigte aufspielen und ihrem Mann wegen seines Fehltrittes hart zusetzen. Gesagt, getan. Er bekommt den ganzen Zorn einer aufgebrachten Frau zu spüren, während die Magd auf die Kupplerin losfährt. Der Ehemann für seinen Teil versucht seine Schuld auf die Unterredungskünste der Kupplerin abzuwälzen, auf die er nun ebenfalls tüchtig einschlägt.

So löst sich das Ganze unter gegenseitigen Schlägen und Beschimpfungen in Verwirrung auf, doch läßt der possenhafte Ton zugleich die Möglichkeit einer späteren Versöhnung der Ehepartner aufkommen. Anschließend spricht der Ausschreier seine Abschiedsverse, worauf sich die Spieler zum üblichen Schlußtanz versammeln. Da die weiblichen Rollen — das gehörte ja zu den festen Traditionen des mittelalterlichen Theaters — alle mit Männern besetzt waren, kann man sich unschwer vorstellen, was für boshaft-grobkörnige Karikaturen des Frauentums dabei vorgeführt wurden. Durch das Tragen von Masken wurde das Ganze möglicherweise noch mehr ins Grotesk-Lächerliche gezogen; und sicherlich gab die Rauferei, die das kleine Stück abschließt, reichlich Gelegenheit zu drastischen komischen Effekten.

Ein anderes Bild von dem, was zuweilen auf dem mittelalterlichen Marktplatz vor sich ging, bietet das **Spiel von einem Arzt und einem kranken Bauer.** Ähnlich wie in der Salbenkrämerszene der späteren Osterspiele tritt ein Kurpfuscher, ein gewisser ‚medicus Viviam‘, mit seinen Assistenten Quenzelpelsch und Hulletus auf. Nur sind die Kunden nicht mehr die drei Frauen auf dem Weg zum Grabe Christi, sondern eine Gruppe von zügellosen Bauern, die ausschließlich an Störungen der Verdauungsfunktion zu leiden scheinen. Auch sonst gerät das Dargestellte — vom Dialog, der das alles begleitet, ganz zu schweigen — weit mehr ins Derb-Zotenhafte als die entsprechenden Szenen im volkssprachlichen religiösen Drama, wo man in diesen Dingen, wie wir schon mehrmals beobachten konnten, ebenfalls nicht gerade prüde war. Daß die Hauptaktion, eine vor aller Öffentlichkeit vorgenommene Radikalkur an einem der Bauern, von Erfolg gekrönt ist, versteht sich von selbst. Nach mancherlei Anstrengung wird der Patient von einer besonders hartnäckigen Verstopfung befreit — und damit das Zeichen zum fröhlichen Schlußtanz gegeben. Das kleine Stück, im ganzen etwa 250 Verse lang, darf als Beispiel eines weiteren fastnächtlichen Spieltypus gelten: das sogenannte ‚Arztspiel‘, in dessen Mittelpunkt der pfiffige Quacksalber steht, ein wendiger Geschäftemacher, der seine zweifelhaften Heilkünste an arglosen Klienten ausübt und ihnen dabei das Geld aus der Tasche zu locken versteht. Aber ob diese populäre Figur nach dem Vorbild des possenhaften Salbenkrämers des Osterzyklus gezeichnet wurde oder, wie andere behaupten, in erster Linie als letzter Überrest vorchristlicher Todes- und Auferstehungsmagie anzusehen ist, gehört zu den Fragen, die zwar berechtigt sind, doch kaum definitiv beantwortet werden können.

Ganz abgesehen vom offensichtlichen Genuß, mit dem man die Handlung um die Endprodukte von Darm und Harnblase kreisen läßt, ist das soeben besprochene Spiel für viele andere Fastnachtsstücke darin typisch, daß hier eine kräftige Verspottung des Bauerntums vorzuliegen scheint. Ja, so beliebt war die Figur des tölpelhaften Bauern auf der Nürnberger Fastnachtsbühne, daß nach dem dortigen Sprachgebrauch ‚Paurenspil‘ ungefähr dasselbe wie ‚Vasnachtspil‘ bezeichnete; auch die Tatsache, daß das Tun und Treiben der Bauern sich jahrzehntelang im Rahmen fastnächtlicher Unterhaltung behaupten konnte, kann schwerlich ohne soziologische Bedeutung sein. Innerhalb der städtischen Bevölkerung jener Zeit gab es sicherlich Parvenüs, die nur allzu gerne ihre angebliche Überlegenheit über die Vettern vom Lande demonstrieren wollten; und unter diesen Umständen scheint es bedenklich, wenn nicht sogar verfehlt, dem ‚Bauernspiel‘ ganz und gar eine satirische Kritik abzusprechen, wozu einige Kritiker neigen. Andererseits — das muß man zugeben — war die Idee, durch Anprangern einer besonderen gesellschaftlichen Klasse oder Institution eine Besserung der sozialen Verhältnisse herbeizuführen, dem Mittelalter im allgemeinen fremd. Wie der Bußprediger sittlichen Lastern wie Völlerei, Trunksucht und Geiz energisch zu Leib rückte, so erblickte der Fastnachtsdichter seine Aufgabe vornehmlich darin, die Torheiten seiner Mitmenschen zu geißeln, zumal nach einer im Stadtbürgertum weithin verbreiteten Auffassung das Narrenwerk ebenfalls als eine Art Laster empfunden wurde. Es ging weniger darum, die gesellschaftliche Ordnung zu reformieren als den Einzelmenschen zu erziehen.

Hinzu kommt, daß im Deutschland des 15. Jahrhunderts die sozialen Voraussetzungen für eine Gesellschaftssatire im vollen Sinne des Wortes noch nicht gegeben waren, nicht zuletzt, weil es keinen wirklichen Gegensatz zwischen Stadt und Land gab. Zwar ist anzunehmen, daß um diese Zeit jeder dritte oder vierte Deutsche ein Städter war, aber die Städte waren immer noch relativ klein. Eine Einwohnerzahl von 15 000 galt bereits als großstädtisch, und selbst zu seiner Glanzzeit hatte der mächtige Stadtstaat Nürnberg wohl eine Gesamtbevölkerung von höchstens 30 000. Aber sogar die größten deutschen Städte des Spätmittelalters hatten ländlichen Charakter, was seinerseits eng damit zusammenhängt, daß die dicht vor den Mauern liegenden Wiesen und Äcker unerläßlich für die Ernährung der anwachsenden Bürgerschaft geworden waren. So griffen Land- und Stadtwirtschaft überall ineinander, und es war keine Seltenheit, daß die Pfahlbürger — die bäuerlichen Untergebenen, die den städtischen Grundbesitz bewirtschafteten — im Gemeinwesen Aufnahme fanden. Dabei erhielten sie vielenorts die vollen Bürgerrechte. Alles in allem wird sich der deutsche Städter des ausgehenden Mittelalters von seinen bäuerlichen Vorfahren, von landwirtschaftlicher Kultur und agrarischer Lebensform — in sozialer wie auch räumlicher Hinsicht — nicht allzu weit entfernt gefühlt haben. Es ist, um nur ein Beispiel zu geben, mit einiger Verläßlichkeit errechnet worden, daß im 15. Jahrhundert noch beinahe ein Drittel der Bevölkerung Nürnbergs aus Bauern bestand. Dies alles sind gewichtige soziologische Faktoren, die berücksichtigt werden müssen, ehe man die im deutschen Fastnachtsspiel wiederholt vorkommende Darstellung des Bauernstandes als Bauernsatire schlechthin interpretiert.

Daneben hat man noch andere Gründe dafür vorgebracht, daß der Bauer so häufig — und zwar fast ausschließlich als komische, mit Spott und Hohn überschüttete Figur — die Fastnachtsbühne betrat. Wie manch anderes Beispiel volkstümlicher Kunst dürften die überlieferten Spieltexte wohl z. T. auf ältere Vorbilder zurückgehen, vor allem auf die ‚höfische Dorfpoesie‘, die, wie wir bereits gesehen haben, ihre Spuren in den Frühlingsspielen (→ S. 129 f.), aber auch gelegentlich in den weltlichen Teilen des religiösen Dramas (→ I, S. 129 f.) hinterlassen hat. Es ist jedenfalls nicht zu leugnen, daß bei Neidhart und seinen Nachfolgern dem Bauern eine sehr ähnliche Rolle zugedacht ist, nämlich die eines streitsüchtigen Dorflümmels, der fortwährend dem Gespött eines höheren Standes ausgesetzt wird. War diese literarische Konvention —

eine Konvention, der in ihren Anfängen allerdings die sozialen Spannungen im bayrisch-österreichischen Raum zugrunde lagen — erst einmal in die Hände des aufstrebenden Stadtbürgertums übergegangen, so mußte es wohl dazu kommen, daß diese Schicht, genauer gesagt, die zunftmäßig organisierten Handwerker, Gewerbetreibenden und Kleinhändler, sich mit der ritterlichen Partei identifizierte. Dabei fragt es sich nun freilich, ob all das nur im Rahmen eines fiktiven Wettstreits geschah: war doch die in adligen und bürgerlichen Kreisen weitverbreitete Verachtung des Bauerntums unbestreitbar noch im 15. und 16. Jahrhundert eine soziale Realität. Und bei den herrschenden ständischen Vorurteilen war es dem damaligen Kleinbürger sicherlich auch willkommen, jemanden zu haben, auf den er herabschauen konnte. Nicht zum ersten Mal in der deutschen Literatur werden Kunst und Leben gegenseitig aufeinander eingewirkt haben.

Immerhin spricht manches dafür, daß es sich hier — wenigstens teilweise — um ‚gesunkenes Kulturgut‘, um ein literarisches Motiv handelt, das mit dem Niedergang der höfischen Dichtung um so eifriger weiterhin von bürgerlichen Nachfahren gepflegt wurde. Die bäuerliche Figur der Fastnachtsspiele sollte also nur bedingt als Reflektion spätmittelalterlicher Zustände angesehen werden. Wie dem auch sei, der ungehobelte, zotenreißende ‚Dörper‘, der übrigens bereits in den frühesten Spielen auftritt, war um die Mitte des 15. Jahrhunderts schon längst zu einer stehenden Figur der Karnevalsbelustigung geworden. Ja, von so zentraler Bedeutung war er, daß die Fastnachtstücke der Nürnberger oft in Bauerntracht aufgeführt wurden — ob diese nun zum Dargestellten paßte oder nicht. So wurden im Laufe der Zeit Bundschuh und Bauernkittel zu Sinnbildern des fastnächtlichen Spaßmachers, eine Entwicklung, für welche es manche Parallelen in der Theatergeschichte gibt. Man denke nur an die ‚commedia dell'arte‘, wo der Harlekin, an seinem besonderen Kostüm zu jeder Zeit erkenntlich, eine ähnliche Funktion übernahm.

Im Zusammenhang mit der so häufig auftretenden Bauernfigur soll ein weiteres Charakteristikum erwähnt werden, das der moderne Leser wohl gleich als das Markanteste, freilich mitunter auch als das Langweiligste am altdeutschen Fastnachtsspiel empfindet: seine fast unaufhörliche Beschäftigung mit dem Obszönen. Schon die Tatsache, daß sämtliche Rollen, weibliche wie auch männliche, von Männern gespielt wurden, führte notwendigerweise zu einer travestierenden, oft grotesken Darstellung des Sexuellen. Wir dürfen ferner annehmen, daß schlüpfrige Anspielungen, überhaupt die ausgesprochene Neigung zu Derbheit und zu grober Redeweise, durch Gestikulation und Mienenspiel (mit oder ohne Larve) bis zum Überdruß ergänzt und unterstrichen wurden. So ausgeprägt ist diese Tendenz zur Zote, daß es durchaus möglich wäre, eine ganze Typologie des Fastnachtsspiels darauf aufzubauen: zu unterscheiden hätte man dann lediglich zwischen Stücken, die sich vorwiegend mit den fäkalen Funktionen befassen, und solchen, die geschlechtlichen Dingen den Vorzug geben. Daß in beiden Kategorien der Dialog reichlich mit Unanständigkeiten gewürzt ist, gehört sozusagen zum eisernen Bestand dieser Spielgattung; und wenn es darum geht, das Derb-Unflätige in immer neuen Variationen zu präsentieren, wird nun tatsächlich eine gelegentlich ans Virtuose grenzende Sprachgewandtheit an den Tag gelegt. Für Zeitgenossen war das sicherlich nicht die geringste Attraktion solcher Spiele, denn dem geselligen Charakter fastnächtlicher Unterhaltung entspricht es durchaus, daß die Anwesenden hin und wieder aufgefordert werden, den Sinn doppeldeutiger Metaphern zu entschlüsseln oder gemeinsam an der Lösung von Rätseln und dergleichen mitzuwirken. Nicht in der Handlung, die in vielen Fällen recht unbedeutend war, in einigen sogar gänzlich fehlte, sondern in der fortwährenden, zum großen Teil wohl auch spontanen Wechselwirkung zwischen Darstellern und Zuschauern lag der besondere Reiz derartiger Darbietungen.

Wie soll nun diese naive, unermüdliche Freude am Obszönen erklärt werden? Genügt ein allgemeiner Hinweis auf die historische Periode, in welcher die Spiele entstanden sind, eine Periode, in welcher man sich bei der Erwähnung von fäkalen und sexuellen Vorgängen kraftvoll und ungehemmt auszudrücken pflegte? An sich war die Obszönität kaum etwas Neues. In der mittelalterlichen Dichtung — von der Vagantenlyrik des Hochmittelalters bis zu einer Verserzählung wie Heinrich Wittenweilers *Ring* (um 1400) oder den Liedern Oswalds von Wolkenstein († 1445) — tritt sie wiederholt hervor; und auch die Polemiker der Reformationszeit, Altgläubige wie Protestanten, scheuen sich nicht, sogar mitten in gelehrten theologischen Kontroversen, dem Gegner die übelsten Schimpfwörter an den Kopf zu werfen. Andererseits ist die Unflätigkeit des deutschen Fastnachtsspiels auch ohne allzu starke Anlehnung an die grobianischen Tendenzen des 15. Jahrhunderts zu begründen, und zwar zunächst ganz einfach als ungebundenes

Sichgehenlassen, als eine Art Sicherheitsventil, das den Menschen von damals gestattete, sich zumindest einmal im Jahr über die verbindlichen Normen der Gesellschaft befreiend hinwegzusetzen. Zu erwähnen wäre ferner, daß nach kirchlicher Vorschrift keine Ehen während der Fastenzeit eingesegnet werden durften. Hierdurch lassen sich zweifelsohne die vielen fastnächtlichen Anspielungen auf die Freuden des Brautbetts erklären, vor allem aber jene Szenen, in denen junge heiratsfähige Mädchen — und manchmal sogar alte Jungfern — darüber klagen, daß niemand mehr da ist, um sie von einer Krankheit zu heilen, die meistens euphemistisch als ‚Nachthunger' bezeichnet wird.

Oder liegt wirklich etwas Besonderes in der Intensität, mit welcher derartige Themen auf der Fastnachtsbühne behandelt wurden — wie es die neuere Forschung behauptet? Handelt es sich hierbei nicht eher um ein Phänomen, das sich nur im Rahmen des sozialen Milieus, aus dem die Fastnachtsspiele hervorgegangen sind, entwickeln konnte? Gewiß, es ist nicht zu leugnen, daß die Zünfte — vor allem, in den süddeutschen Städten, wo diese Gattung ihre üppigste Blüte erlebte — fast ausschließlich Männergemeinschaften waren, und wir können obendrein ziemlich sicher sein, daß die Lehrlinge und Gesellen, im Haus ihres Meisters zusammenlebend, im allgemeinen eine recht klösterliche Existenz führten, wenigstens in dem Sinne, daß der lange Arbeitstag ihnen wenig Kontakt mit dem weiblichen Geschlecht erlaubte. Vergessen wir auch nicht, daß der Durchschnittshandwerker kaum ans Heiraten denken konnte, bis er es selber zum Meister gebracht hatte — und vielenorts wurde die Anzahl der Meisterstellen mit Absicht kleingehalten. So spricht schon manches dafür, daß wir es hier mit einer Gesellschaftsgruppe zu tun haben, in der eine Art aufgezwungenes Zölibat herrschte, und zwar gerade in den Jahren, wo die sexuellen Triebe am regsten sind. Unter diesen Umständen werden die Feste und Feierlichkeiten, überhaupt die geselligen Zusammenkünfte der Zunftmitglieder, die ja oft im mittelalterlichen Äquivalent einer ‚Tabakskollegium'-Stimmung stattfanden, einen besonders fruchtbaren Nährboden für Zoten, zweifelhafte Anspielungen und sonstige Unanständigkeiten gebildet haben; und diese haben, wie die Anthropologen und Psychologen uns versichern, in einer größtenteils aus Männern bestehenden Organisation eine durchaus nützliche Funktion zu erfüllen, nämlich, ein verbales Stimulieren des Sexualtriebs, das seinerseits dazu dient, „das Interesse an der Gegengeschlechtlichkeit wach- und festzuhalten" (H. Schelsky).

Nach dieser Theorie würde also dem Fastnachtsspiel eine bestimmte soziologische Rolle zufallen.

Um Genaueres über die Bedeutung dieser Thematik auszusagen, müßte man allerdings weit mehr über die Soziologie des Fastnachtstheaters wissen. Dem heutigen Leser fällt es z. B. nicht immer leicht zu glauben, daß die unflätigsten dieser Spiele anders als vor einem ausschließlich männlichen Publikum aufgeführt wurden, ja, aufgeführt werden konnten, und doch scheinen andere, an sich kaum weniger anstößige Darbietungen einen gemischten Zuschauerkreis vorauszusetzen. Eine definitive Antwort auf diese Frage hängt z. T. mit der Form und Funktion des Tanzes zusammen, der charakteristischerweise meist nichts mit dem Inhalt des Spiels zu tun hat. Solche Schlußtänze allein wären freilich kein überzeugender Beweis für die Mitwirkung von Frauen, zumal es nicht selten den Anschein hat, als hätten sich nur die Darsteller, die ja alle Männer waren, daran beteiligt. Aber es liegen noch andere Spieltexte vor, in denen die Schlußverse des Ausschreiers direkt an die Zuschauer gerichtet sind, und zwar als Aufforderung, an Tanz und Lustbarkeit teilzunehmen. Damit wurde wohl der Augenblick angekündigt, wo sich die Spieler — auch diejenigen, die als Mädchen oder Frauen verkleidet waren — eine Partnerin aus dem Publikum holen konnten. Gelegentlich ist sogar von dem „ersten reien" die Rede, eine Art Ehrentanz, den der Ausschreier oder Spielleiter „mit der Gastgeberin oder einer unter den Anwesenden besonders ausgezeichneten Frau geteilt haben wird" (E. Catholy). Darauf mögen sich auch andere Tanzlustige aus dem Publikum dem Reigen angeschlossen haben, und das festliche Treiben, an dem das weibliche Geschlecht im allgemeinen keinen geringen Anteil hatte, trat wieder in den Vordergrund.

Zusammenfassend kann man sagen, daß einige der frühesten Fastnachtsspiele wohl zunächst als Unterhaltung für Männergruppen, wie es die Zünfte zu dieser Zeit waren, entstanden sind; den derb-unflätigen Ton, der diesem Genre während seines ganzen Weiterbestehens anhaftet, hätten wir somit als eine nicht allzu schwer erklärbare Begleiterscheinung dieser Anfänge anzusehen. Den Aufstieg des Karnevalsspiels, geschweige denn seine durch das spätere 15. Jahrhundert bis in die Reformationszeit und darüber hinaus andauernde Beliebtheit, kann dies jedoch nicht hinreichend begründen. Allein die bunte Verschiedenheit des Stoffes und der Form, welche die erhaltenen Spieltexte kennzeichnet, weist darauf hin, daß hier noch andere Faktoren mitgewirkt haben werden.

So fällt es — um gleich einen dieser Faktoren hervorzuheben — bei näherer Untersuchung auf, daß die zotige Komik im allgemeinen zurücktritt, wenn das einfache ,Reihenspiel' ins sogenannte ,Handlungsspiel' verwandelt wird, d. h. in ein Spiel mit vorwiegend erzählerischer Funktion. Und eine derartige Entwicklung liegt ja eigentlich in der Natur der Sache. Je mehr Vorgänge der Zuschauer zu sehen bekommt, desto weniger Zeit — vermutlich auch weniger Lust — hat er, sich mit Rätseln, Wortspielen und doppeldeutigen Witzen abzugeben. Es wäre ferner hervorzuheben, daß viele Spiele, wie die Texte selbst reichlich bestätigen, durch die Hände von mehr als einem Bearbeiter gegangen sind, ja, überhaupt nur in einem beschränkten Sinne als individuelle Dichtungen angesprochen werden können. So gesehen ist das deutsche Fastnachtsspiel, im korporativen Denken des Mittelalters noch stark verwurzelt, ein vorzügliches Beispiel gemeinschaftlichen Kunstschaffens, in dem sich, greifbarer als sonstwo in der Literaturgeschichte, die kollektive Psyche des deutschen Städtewesens, wie es damals an zahlreichen Orten in voller Blüte stand, offenbart. Im übrigen bedarf es freilich keiner eingehenden Untersuchung der Texte, um zu konstatieren, daß die Vorliebe für das Obszöne eines von mehreren dort vorhandenen Elementen gewesen ist.

Kulturgeschichtlich sind diese anderen Elemente nicht weniger aufschlußreich. Aus dem **Spiel von dem Herzogen von Burgund** schlägt uns z. B. der virulente Antisemitismus des Spätmittelalters entgegen, in diesem Fall wohl der Niederschlag einer zwischen dem Nürnberger Stadtrat und der dortigen jüdischen Gemeinde schwelenden Feindseligkeit, die im Laufe des 15. Jahrhunderts mehrmals lichterloh entbrannte. Zu berücksichtigen sind auch vor allem die Fastnachtsspiele aus Tirol und der deutschsprachigen Schweiz, die in literarischer Hinsicht keineswegs von größerer Bedeutung, für den Historiker jedoch von besonderem Interesse sind, da sie im großen und ganzen einen anderen Geist atmen. Die Sterzinger Spieltexte — sogar diejenigen, die ganz offensichtlich Bearbeitungen von Nürnberger Originalen sind — machen den Bauer nicht bloß zur Zielscheibe des Spottes und schlagen auch sonst einen gedämpften Ton an, während die Spiele der Eidgenossen sich eher durch einen Hang zum Politisieren auszeichnen, ein Charakteristikum, das wohl mindestens z. T. dem Bedürfnis des werdenden Schweizerbundes entsprang, sich erneut gegen die habsburgische und burgundische Übermacht zu behaupten.

Im ganzen gesehen bilden die überlieferten Spieltexte einen getreuen Spiegel der damaligen Gesellschaft, und das Bild, das sich darin abzeichnet, läßt die schöpferischen Kräfte jener Zeit, das gemeinnützige Sinnen und Trachten der Handwerker und Kleinkaufleute hervortreten, zeugt aber zugleich von einer ausgesprochenen Spießermentalität. Arbeitsam, materiell-praktisch, nüchtern, erscheint der spätmittelalterliche Stadtbürger in diesen Stücken vor allem als ein Mensch, der sich gern nach wohlverdientem Feierabend Geselligkeit und Vergnügungen zuwandte, im übrigen aber nicht sonderlich an dem interessiert war, was außerhalb der eigenen Ringmauern geschah. In seiner Eigenschaft als Fastnachtsdramatiker war er zwar durchaus bereit, das höhere Reich der Dichtung, etwa die Welt des Artusromans oder der klassischen Sage, zu betreten, und doch ist es bezeichnend für seinen Geschmack, daß das Übernommene fast ausnahmslos ins Niedrige und Possenhafte verzerrt wird. Die positiven Werte, die auf der Fastnachtsbühne zum Ausdruck kommen, bleiben — ebensosehr wie die Vorurteile und sonstigen menschlichen Schwächen — diejenigen einer Gruppe, die am ehesten unter dem Sammelbegriff ‚unterer Mittelstand‘ zu kategorisieren wäre, eine Bezeichnung, die nichts an allgemeiner Gültigkeit einbüßt durch die unleugbare Tatsache, daß auch andere Schichten des Stadtbürgertums, sei es als aktiv Mitwirkende oder bloß als Zuschauer, das ihrige dazu beigetragen haben. Das deutsche Fastnachtsspiel nahm die ihm eigentümliche Form aber nicht zuletzt deswegen an, weil es dem in literarischen Dingen noch relativ anspruchslosen Geschmack einer größeren Kulturgemeinschaft entsprach, die, wenn auch von einem rasch erwachenden nationalen Bewußtsein getragen, noch keinen fest geschlossenen Nationalstaat wie ihre westlichen Nachbarn aufgebaut hatte.

Texte

Das Spiel vom Dreck: KELLER Nr. 23. — *Das Spiel vom Leben der Heiligen Frau Susanna:* KELLER Nr. 129. — *Ein Vasnachtspil:* KELLER Nr. 28. — *Das Spiel von den sieben Weibern:* KELLER Nr. 122. — *Das Spiel von Holzmännern:* KELLER Nr. 52. — *Das Spiel von der Vasnacht:* KELLER Nr. 51. — *Das Spiel vom Tanawäschel:* KELLER Nr. 54. — *Das Spiel von Rumpolt und Maret:* KELLER Nr. 130 (abweichende Fassungen: KELLER Nr. 115; hg. O. Zingerle, Sterzinger Spiele. Nach Aufzeichnungen des Vigil Raber, 2 Bde., Wien 1886, Nr. I und Nr. VIII). — *Das Spiel vom Moriskentanz:* KELLER Nr. 14. — *Das Spiel vom Werben um die Jungfrau:* KELLER Nr. 70. — *Das Spiel von Meister Aristoteles:* KELLER Nr. 128. — *Das Spiel von Fürsten und Herren:* KELLER Nr. 17. — *Das Spiel von dem Berner und dem Wunderer:* KELLER Nr. 62. — *Das Spiel von der Krone:* KELLER Nr. 80. — *Das Spiel von der Luneten Mantel:* KELLER Nr. 81. — *Das Spiel von Mönch Berchtolt:* KELLER Nr. 66. — *Das Spiel von einem Domherrn und einer Kupplerin:* KELLER Nr. 37. — *Das Spiel von einem Arzt und einem kranken Bauer:* KELLER Nr. 6. — *Das Spiel von dem Herzogen von Burgund:* KELLER Nr. 20.

15. Fortdauer und Wandel des Karnevalsspiels

Der ephemere Charakter der meisten Fastnachtsspiele — ‚Eintagskompositionen' hat man sie treffend genannt — ist zweifellos der Hauptgrund, warum sie bis auf ganz wenige Ausnahmen anonym auf uns gekommen sind. Getrost können wir hinzusetzen, daß es im allgemeinen auch unwesentlich ist, wer sie verfaßt hat. Der größte Teil dessen, was in den Handschriften und Frühdrucken vorliegt, war zunächst als Anleitung für die Spieler gedacht. Bei der Aufführung kam es vermutlich immer wieder zu Abweichungen von der schriftlichen Vorlage, nicht zum wenigsten, weil Improvisation nun einmal zum Wesen dieses Genres gehörte. Die erhaltenen Texte sind also alles andere als definitive Werke. Schon damals wurden sie als eine Art gemeinschaftliche Gebrauchskunst empfunden, und es überrascht keineswegs, daß von den vielen Fastnachtsspieldichtern des 15. Jahrhunderts nur zwei mit Namen identifiziert werden können.

Der ältere von ihnen, zugleich der älteste Fastnachtsdramatiker überhaupt, über den wir sichere Nachrichten besitzen, ist Hans Rosenplüt (oder Rosenblut — wie bei vielen Namen der Zeit schwankt die Schreibart), dessen Lebensdaten zwischen 1400 und 1470 liegen. Den größten Teil seines Lebens verbrachte er als Bürger der freien Reichsstadt Nürnberg, wo er vermutlich auch geboren wurde; und wiederum paßt es ganz und gar zu dem, was wir sonst über den soziologischen Hintergrund dieses Genres wissen, daß er, seines Zeichens Gelbgießer, das Handwerkliche jahrelang mit dem gleichen Eifer wie das Dichterische betrieb. Von 1444 an finden wir ihn im Dienst des Nürnberger Rats, und zwar als Büchsenmeister, ein Beruf, in dem wir wohl eher das mittelalterliche Äquivalent eines Artillerieinspektors zu sehen haben als, wie von anderer Seite behauptet, einen Boten, der mit dem Austragen der städtischen Briefe beauftragt wurde. Von Rosenplüts umfangreichem Schaffen ist noch relativ viel erhalten. Schwänke, geistliche Sprüche, Wein- und Neujahrsgrüße, dazu auch gereimte Ehrenreden, die seinen Stolz auf die ruhmreiche Vergangenheit der Vaterstadt bekunden, flossen ihm mühelos aus der Feder; und die Gewandtheit, mit der er solche Gelegenheitsgedichte verfaßte, darunter nicht zuletzt die Priamel, eine damals beliebte Stegreifspruchdichtung im scherzhaften Ton, sowie seine Beredsamkeit im Vortrag derselben erklären wohl den eigentümlichen, aber durchaus im ehrbaren Sinne zu verstehenden Spitznamen *schnepferer* (etwa ,Schwätzer'), den ihm die Nürnberger zulegten. Unter diesen Umständen fällt es um so mehr auf, daß er, soweit sich jedenfalls nachweisen läßt, in keinerlei Beziehung zu den Nürnberger Meistersingern stand. Aus Rosenplüts Spruchdichtung, die durch die Aktualität ihrer Thematik mehrmals eine sichere Datierung erlaubt, geht ferner hervor, daß er an den Hussitenkriegen (1431) teilnahm und daß er in der Zeit nach 1450 seinen Mitbürgern bei der Behauptung ihrer schwer erkämpften Rechte gegen die lokalen Territorialherren tatkräftig zur Seite stand. Im ganzen hinterlassen seine zahlreichen Reimpaardichtungen, vielseitig und volkstümlich-witzig, doch nie von großer literarischer Bedeutung, den Eindruck eines aufgeschlossenen, pflichtbewußten Bürgers, der das politische Geschehen seiner Zeit mit wachem Interesse verfolgte.

Daß im Nürnberg des 15. Jahrhunderts ein solcher Mann auch etwas zum Fastnachtstheater beizutragen hatte, bedarf kaum einer näheren Erklärung, und mindestens zwanzig der erhaltenen Texte nürnbergischer Herkunft — die genaue Anzahl sowie die einzelnen Titel schwanken von Forscher zu Forscher — sind als seine Arbeit anzusehen. Vor allem muß ihm **Des Turken Vasnachtspil** zugeschrieben werden, zunächst wegen stilistischer Ähnlichkeiten mit seinen anderen Werken, aber auch weil der Inhalt im großen und ganzen mit dem Bild übereinstimmt, das man sich sonst von diesem Handwerker-Poeten und seiner geistig-sozialen Umwelt gemacht hat. Es handelt sich nämlich um einen der frühesten datierbaren Fastnachtsspieltexte, der unverhohlen eine politische Richtung einschlägt. Auf deutschem Boden — im Gegensatz etwa zur Schweiz — gibt es nur wenige Fastnachtsstücke, die zur Tagespolitik Stellung nehmen; und für den Kulturhistoriker ist die ,Türkenfastnacht', die uns übrigens in siebenfacher Überlieferung erhalten ist und bereits 1817 von Ludwig Tieck in sein *Deutsches Theater* aufgenommen wurde, von besonderem Interesse, weil sich hier die in den Massen gärende Unzufriedenheit mit der bestehenden Ordnung kristallisiert. Unter dem Mantel fastnächtlicher Belustigung bietet Rosenplüt eine scharfe Zeitsatire. Die Mächtigen im Lande, Kaiser und Papst nicht ausgenommen, werden attackiert — und damit

ein Urteil über das morsche Heilige Römische Reich als politische Institution gefällt. Ja, so düster und trostlos sehen die Dinge bei den
Deutschen aus, daß sogar die heidnischen Türken als Befreier zu begrüßen wären; um seinen Mitbürgern das himmelschreiende Unrecht, das
tagtäglich in einem angeblich christlichen Land begangen wird, noch
eindringlicher vor Augen zu führen, läßt der Verfasser diese Erbfeinde
der Christenheit in einem durchaus günstigen Licht erscheinen. Durch
die Eroberung Kontantinopels (1453) war die Türkengefahr ein höchst
aktuelles Thema geworden, und wir können ziemlich sicher sein, daß
das Stück nicht lange danach verfaßt wurde.

Eröffnet wird das Spiel durch die Ankündigung eines Herolds: der
Großtürke kommt in eigener Person zu den Deutschen, und die er-
freulichen Zustände im Osmanischen Reich, wo alles „wol und frid-
lich" steht, werden nun in lebhaften Gegensatz gestellt zu dem, was
man im Orient von Deutschland gehört hat, einem Land, wo Bauern
und Bürger in ständiger Angst vor dem wüsten Treiben von Raub-
rittern und sonstigen Verbrechern leben. Indem die Vertreter der westlichen und östlichen Reiche einer nach dem andern im Stil des alter-
tümlichen ‚Reihenspiels' ihre Verse sprechen, wird die Tendenz ver-
schärft. Nur um ihre eigenen Interessen zu fördern, heißt es, wollen
die hohen Herren Krieg gegen die Türken führen. Ritter und Adlige
wehren sich heftig gegen jede Einmischung in deutsche Angelegenheiten, während der Sultan und seine Ratgeber — an dieser Stelle dürfte
ein literarischer Topos der Blütezeit, der des ‚edlen Heiden', leise nach-
klingen — Partei für den kleinen Mann nehmen. Noch einmal werden
die im Reich grassierenden Mißstände in den Mittelpunkt der Reim-
reden gestellt: Wucherei, Pfründenkauf und Korruption in der Rechts-
pflege seien überall anzutreffen, und fast noch schlimmer sei die
Prunksucht und der Eigendünkel des Adels, überhaupt die Gleichgültigkeit der herrschenden Mächte gegen das harte Los des Volkes. Aber
schon der Gedanke, daß ein Heide aus dem Morgenland intervenieren
könnte, um die Ordnung im Reich wiederherzustellen, ruft Empörung
bei den deutschen Machthabern hervor. Kaiser, Papst und Kurfürsten
entsenden ihre Boten zum Großtürken, die ihn mit Vorwürfen und
Beleidigungen von seiner Reise abzuhalten versuchen.

Kaum sind diese Schimpfreden zu Ende, als zwei Bürger auftreten, um
dem Großtürken sicheres Geleit gegen alle, die ihm mit Gewalt drohen,
zu garantieren — darin lag sicherlich ein Anflug von Lokalpatriotis-

mus, der dem Selbstbewußtsein der reichsfreien Nürnberger entsprang. Dankend geht der orientalische Herrscher darauf ein und versichert den Zuhörern, daß sie auch in seinen Domänen gern gesehene Gäste sein werden. So wurde in den Händen Rosenplüts das einfache, herkömmliche Fastnachtsspiel zum Instrument der Gesellschaftskritik, zu einer bitteren Anklage gegen die Unterdrücker der Armen und Schutzbedürftigen, und es war gewiß ein tief empfundenes Mitleidsgefühl, das ihn hier zum Dichten trieb. Im übrigen war er aber kein großer Neuerer. Strukturell kommt er kaum über die alte Revueform hinaus, und auch sonst werden die Traditionen des Karnevalspiels bei ihm fortgesetzt, nicht zuletzt darin, daß seine Zeitkritik die zotige Komik des Bauernspiels keineswegs ausschließt.

Der einzige Spieltext, in dem Rosenplüt ausdrücklich als Autor genannt wird, befindet sich in einer Münchner Handschrift mit dem Titel **Des Künig von Engellant Hochzeit;** und wiederum handelt es sich um einen politisch-satirischen Stoff, wenn auch diesmal die Tendenz gedämpfter ist und der Schluß überhaupt versöhnlicher wirkt. Entwicklungsgeschichtlich steht das etwa 180 Verse umfassende Stück auf einer sehr frühen Stufe: besteht doch die ,Handlung‘ lediglich darin, daß acht Herolde der Reihe nach ihre Ankündigungen ausrufen. Damit wird nun allerdings mit Humor und keinem geringen Geschick an die im Spätmittelalter beliebte Herolds- und Wappendichtung angeknüpft. Der König von England, so heißt es, hat soeben seine Tochter dem „jungen Herzog von Orlenz“ zur Frau gegeben, und wer nun Lust hat, ist zur Hochzeit herzlich eingeladen. Für die vier besten Turnierritter und die höfischste Dame gibt es Preise. Aber auch dem Trägsten im ritterlichen Kampfspiel steht eine Auszeichnung in Aussicht: ein Esel mit kostbarem Geschirr! Und als die Herolde einander in scherzhaft-überschwenglichen Schilderungen der Trophäen überbieten, wird es immer deutlicher, daß die Freigebigkeit des englischen Monarchen nicht allzu ernst genommen werden soll. Kurzum, die Fastnacht ist die Zeit, wo man Schabernack treibt und leichtgläubige und einfältige Mitbürger auf der Hut sein müssen! Zuallerletzt wird eine königliche Bekanntmachung feierlich verlesen. Darin werden „zwelf pürgen reich“ genannt, die für die Richtigkeit des Anerbotenen einstehen wollen. Aber die Namen und Titel, die hier aufgezählt werden — fiktive Herrscher, machtlose Fürsten, Strohmänner der damaligen Großpolitik, etwa „der hochmaister zu Preußen“, dessen Territorien seit der Schlacht bei Tannenberg (1410) erheblich zusammengeschrumpft waren, oder „der künig in Tenmark", der nach der großen Auseinandersetzung mit der Hanse im 14. Jahrhundert zu einer Marionette der Ostseestädte geworden war —, sind eher dazu geeignet, noch weitere Zweifel aufkommen zu lassen. Anschließend kommt ‚die Moral von der Geschicht': Wer nach alledem noch keine Lust verspürt, der Einladung zu folgen, soll ruhig daheim bei seiner Frau bleiben!

Hinter dem spielerischen Ton des wohl erstmals um 1440 aufgeführten Stücks spürt man aber wiederum die Unzufriedenheit der Menge mit ihren Machthabern, vor allem mit den gekrönten Häuptern. Auf die Grenzen der Rosenplütschen Dramatik hinzuweisen, wäre ein leichtes, ja, das Spiel von der englischen Hochzeit entspricht nicht einmal der bescheidenen Anforderung, daß der behandelte Stoff in Rede und Gegenrede umgesetzt werden sollte. Doch wußte Rosenplüt hier wie auch in einigen anderen Stücken dem Nürnberger Karnevalsspiel eine neue Richtung zu geben, die in manchem die polemischen Fastnachtsspiele der Reformationszeit vorwegnimmt. Darüber hinaus gebührt ihm „das Verdienst, das Fastnachtspiel zu einer literarischen Gattung erhoben zu haben" (W. Stammler), und das war, historisch gesehen, keine geringe Leistung.

Greifbarer als literarische Persönlichkeit ist der zweite Fastnachtsdramatiker des 15. Jahrhunderts, dessen Name uns überliefert ist — und zwar in nicht weniger als sieben Stücken. Hans Folz, um 1450 in Worms geboren, übersiedelte 1479 nach Nürnberg, wo er auf verschiedenen Gebieten — als Spruchdichter, Meistersinger, Fastnachtspoet, wohl auch als Spielleiter und Darsteller — bis zu seinem Tod (zwischen 1506 und 1515) tätig war. In seinen jüngeren Jahren hatte er sich energisch für die Reform der Wormser Singschule eingesetzt, dem Anschein nach etwas zu energisch, denn seine Neuerungsversuche, insbesondere der Vorschlag, daß der einzelne Meistersinger, statt bei den Tönen der ‚alten Meister' zu bleiben, künftighin eigene Melodien komponieren dürfte, stießen auf heftigen Widerstand; und es war wohl diese Opposition, die ihn auf die Wanderschaft trieb. In der freieren Luft des mächtigen oberfränkischen Stadtstaats, wo humanistische Tendenzen schon in die Breite zu wirken begonnen hatten, war man auch in meistersingerischen Kreisen empfänglicher für neue Ideen, und in relativ kurzer Zeit, wenn auch freilich nicht ohne einige Kämpfe, drangen die von Folz angestrebten Reformen durch. In alledem erwies er sich als ein Mann von Energie und Entschlossenheit; und seine Verse, davon etwa 13 000 in Spruchform, bekunden gleichermaßen jene Vorliebe für das Praktische und Nützliche, die nach unserer heutigen Ansicht nicht nur den Menschen und Dichter, sondern auch seine ganze Generation charakterisiert — und die, das sei noch hinzugefügt, mit dem Berufsstand, dem er angehörte, so eng zusammenhängt. Wie Rosenplüt war auch Folz im bürgerlichen Handwerkertum verwurzelt, ein tüchtiger Barbier und Wundarzt, bei dem das Interesse an der Heilkunst stets ein Gegengewicht zu seiner literarischen Tätigkeit bildete; aus dieser Beschäftigung mit medizinisch-naturwissenschaftlichen Dingen erklärt sich seine nicht unbeträchtliche Gelehrsamkeit. Wie sehr er seine poetische Sendung in einem utilitaristisch-handwerklichen Sinne verstand, ersieht man daraus, daß er seine heilkundlichen Lehren und Rezepte mehrfach in Verse brachte, um sie dann als Flugblätter im Nürnberger Volk kursieren zu lassen. Ebenso typisch ist es, daß er, soweit sich feststellen läßt, eine eigene Presse besaß, mit welcher er seine Schriften zu drucken und verlegen pflegte. So bekamen seine Mitbürger Sprüche und Reimtraktate in die Hand, die sie über mancherlei Gesundheitsprobleme, etwa die Bekämpfung der Pest, die heilsamen Eigenschaften von Mineralbädern oder die Anwendung von Weinbrand als Medikament, aufklären sollten.

Von seinen Zeitgenossen wurde „der geschworene Meister der Wundarznei" aber nicht zuletzt als Verfasser von Fastnachtsspielen geschätzt. Wie schon erwähnt, sind sieben Stücke mit Folzens Namen belegt, und aus stilistisch-inhaltlichen Gründen können ihm zumindest noch zehn weitere mit ziemlich großer Sicherheit zugeschrieben werden, darunter die lebhafte kleine Farce von dem Domherrn und der Kupplerin (→ S. 154). Seine Verfasserschaft ist für das **Spiel von dem Alten und Neuen Testament** gesichert, das längste Spiel (im ganzen fast 1000 Verse), das wir von Folz besitzen. Als typische Nürnberger Karnevalunterhaltung darf es schwerlich angesehen werden, aber es ist auf alle Fälle ein weiterer Beweis dafür, daß durchaus ernsthafte, sogar kirchlich-religiöse Stoffe von Zeit zu Zeit auf die Fastnachtsbühne kamen. Das hier behandelte Thema ist nämlich kein anderes als die Disputation zwischen Ecclesia und Synagoga, die in mehrere geistliche Dramen aufgenommen wurde (→ S. 85), nur erscheint sie jetzt leicht abgewandelt als Streitgespräch zwischen einem christlichen Doktor der Theologie und einem gelehrten Rabbiner. Im übrigen wurde auf Konzessionen an die fastnächtliche Stimmung verzichtet, zumal das Hauptgewicht eindeutig auf einer langwierigen theologischen Auseinandersetzung liegt, im ganzen so gelehrt-tendenziös, daß sich die Frage erhebt, ob Folz hier nicht eher im Auftrag eines frommen Gönners geschrieben hat als aus eigenem Antrieb. Wie auch anderswo im deutschen Fastnachtsspiel (→ S. 162) sind die antisemitischen Strömungen der Zeit auch hier nur zu deutlich spürbar; hinter dem Kirchendoktor, der sich gegen die Juden als starrsinnige Verleugner der christlichen Wahrheit wendet, stehen die weltlichen Behörden wie auch die damalige Volksmeinung. Sozialgeschichtlich betrachtet vermag uns ,Die Alt und Neu Ee' (so die Überschrift in der Wolfenbüttler Handschrift) die sich steigernde Haßwelle der Nürnberger zu beleuchten, die 1498 in der Vertreibung der jüdischen Gemeinde aus der Stadt gipfelte.

Die wenigen übrigen Spiele, die Folz mit Sicherheit zugesprochen werden können, halten sich weitgehend an die ausgetretenen Pfade des frühen 15. Jahrhunderts, doch wußte er überall einen frischeren, individuelleren Ton zu finden. Sprachlich gewandter und von lebhafterer Darstellungskraft als seine Vorgänger, gewinnt das Fastnachtsspiel bei ihm sichtlich an literarischem Charakter — und dafür spricht schließlich auch die Tatsache, daß er für die Drucklegung von mehreren seiner Stücke sorgte. Wie er die einfache Revueform handhabe, zeigen vor allem drei kurze Stücke, die in die Kategorie ,Werbespiel' einzureihen sind: das **Spiel von Frau Venus und den Weibernarren,** das uns das bekannte Motiv von der Liebesgöttin mit dem Apfel (→ S. 150) vorführt, das **Spiel von den zwölf buhlerischen Bauern** und das **Spiel von den zehn Narren.** Jedesmal geht es um die gleiche Grundsituation, um derbmäulige Tölpel, die einer nach dem anderen erzählen, zu welchen Narreteien sie sich durch ihre Liebschaften verführen lassen. Im **Spiel von einer Bauernhochzeit** werden mit guter Beobachtungsgabe und einer mehr als gehörigen Portion von Zoten und Unflätigkeiten die heiklen Probleme einer Brautwerbung auf dem Lande dargestellt, während das **Spiel von einem Bauerngericht** eine gelungene Variation der beim Nürnberger Publikum beliebten Schöffengerichtsszene bringt, und zwar so, daß in knapp 125 Versen eine Reihe von Urteilen, mehr wortwitzige Sprüche als juristische Entscheidungen, verkündet werden.

Noch origineller und lebhafter gestaltet sich der Dialog im **Spiel von einem Kaiser und einem Abt,** das die Forschung ebenfalls Folz zuschreibt. Es ist die Dramatisierung eines im Mittelalter weitverbreiteten Schwankstoffes, der auch außerhalb des deutschen Kulturraums auftaucht; und es war, nebenbei bemerkt, eine englische Fassung dieses Schwanks, die Gottfried August Bürger als Grundlage für seine gleichnamige Ballade von 1784 diente. Im Mittelpunkt der Handlung steht ein Müller, der für seinen geistlichen Herrn einspringt und mit sprichwörtlicher Bauernschläue drei spitzfindige Rätselfragen des Kaisers meisterhaft pariert. Gutmütig gibt sich dieser geschlagen und läßt den pfiffigen Müller gleich zum Abt ernennen. Die Freude an Rätselfragen, vor allem wenn eine Bedingung mit deren Lösung verknüpft wird, ist uraltes Sagengut und gehört zur Weltliteratur, aber sie war auch, wie wir bereits gesehen haben (→ S. 159), ein wesentlicher Bestandteil fastnächtlicher Unterhaltung. So werden in diesem kleinen Stück, um die Wortwitze und Rätsel noch schärfer herauszustellen (und wohl auch als praktisches Hilfsmittel für Laienspieler), wichtige Wechselreden häufig durch Stichreime hervorgehoben, eine Form von Reimbrechung, in welcher die zweite Zeile eines Reimpaars dem nächsten Sprecher zufällt. In der Anwendung dieses formalen Kunstgriffs zeigt sich bereits ein beträchtlicher Abstand von der primitiven Dialogisierung der früheren Fastnachtsspiele.

Im **Spiel von König Salomon und Markolfo** (um 1490) tritt der Gebrauch von belebter, stichomythieartiger Rede und Gegenrede noch stärker hervor, und hier können wir im einzelnen noch gut verfolgen, wie ein Stoff von epischen Proportionen planvoll und bedacht auf das Kleinformat des Fastnachtsspiels zugeschnitten wurde. Die von Folz benutzte Quelle war offenbar zunächst das Volksbuch von Salomon und Markolf, eine Prosafassung aus dem 15. Jahrhundert, aber er wird wohl auch — zumindest in groben Umrissen — das im 12. Jahrhundert entstandene Spielmannsepos von Salman und Morolf gekannt haben. Daß es nicht seine Absicht gewesen sein kann, dem Nürnberger Publikum den Inhalt des noch ziemlich umfangreichen Volksbuchtextes vorzuführen, erübrigt sich zu sagen, denn es waren ja eigentlich nicht die Handlungsvorgänge, sondern das rasche Nacheinander von listigen Fragen und schlagfertigen Antworten, das den Fastnachtsdramatiker des späteren 15. Jahrhunderts zum Nachdichten lockte. Und gerade hier kam ihm die gründliche Umformung zugute, die man im ausgehenden Mittelalter am Salman-Stoff vorgenommen hatte. In den späteren Fassungen ist nur wenig vom frühhöfischen Morolf übrig geblieben; der Königsbruder, der als ritterlicher Kämpfer und erfahrener Weltmann tatkräftig in die Handlung eingreift, erscheint nunmehr als Markolf, ein verschlagener Bauer, der ständig in verbalem Wettstreit mit König Salomon steht — und daraus immer wieder als Sieger hervorgeht. Schon im 12. Jahrhundert hatte der Spielmann den alttestamentlichen Salomo in einen christlichen, in Jerusalem regierenden Monarchen verwandelt und damit eine Personifikation menschlich-königlicher Weisheit geschaffen, aber die Wortgefechte zwischen König und Bauer, wie sie Folz gestaltet, klingen stellenweise durchaus parodistisch. Auch sonst spielen die sozialen Tendenzen des Spätmittelalters hinein, sei es auch nur darin, daß die niederen Volksschichten sich mit dem listigen Markolf, der es so gut versteht, seinen Herrscher an der Nase herumzuführen, weitgehend identifizierten. Und in dem Gedanken, daß der kleine Mann durch Mutterwitz und eigene Lebenserfahrung über die ‚Weisheit‘ der herrschenden Mächte zu triumphieren vermag, liegt sicherlich ein radikaler Kern.

Derartige Elemente paßten nun alle vorzüglich zum Stil und Inhalt des anspruchsvolleren Fastnachtsspiels Folzscher Prägung, das seine Wirkung vorwiegend aus einer „Drastik der Rede" (E. Catholy) zog; und in seiner Bearbeitung des beliebten Stoffes sind sie geschickt und sinnvoll zusammengefügt, sinnvoll jedenfalls in den Augen seiner Zeitgenossen, selbst wenn der nicht eingeweihte Leser des 20. Jahrhunderts zunächst ratlos vor einem Mosaik von scheinbar unzusammenhängenden Motiven steht. Aber das Vertrautsein mit den lustigen Streichen Markolfs war ja der Ausgangspunkt für ein Verständnis des aus knapp 450 Versen bestehenden Spiels, und das konnte Folz bei seinen Zuhörern ohne weiteres voraussetzen. Was ihnen hier geboten wurde, ist also eine Art Querschnitt durch die Fabel von Salomon und Markolf, eine konzentrierte, gewissermaßen auch stilisierte Fassung, hauptsächlich in der Form kurzer Auszüge aus dem Volksbuch, die allerdings an zwei theatralisch wichtigen Stellen durch Episoden aus dem älteren Versroman ergänzt werden: um die eigentliche Handlung einzuleiten, erscheint Markolf als Straßenverkäufer, in der Schlußszene ist er als Pilger verkleidet. Auf diese Weise war es dem Verfasser möglich, auf die größeren Zusammenhänge der Erzählung hinzudeuten, ohne jedoch jede einzelne Episode ausdrücklich zu erwähnen, geschweige denn vor dem Publikum agieren zu lassen. Auf die derbe Unflätigkeit, für die das Nürnberger Fastnachtsspiel immer Platz hatte, konnte Folz ebenso wenig wie seine Vorgänger verzichten. Doch geht eine künstlerische Ge-

wandtheit und Reife von diesem Stück aus, die an die gesellschafts-
satirische ‚sotie‘, wie sie um diese Zeit in Frankreich florierte, oder an
das im Plauderton gehaltene ‚interlude‘ der Tudorzeit denken läßt. Es
bleibt nur noch die Frage, ob Folz in einem anderen geistig-kulturellen
Milieu nicht Bedeutenderes auf dramatischem Gebiet geleistet hätte.

Wie wir bei Rosenplüt und Folz gesehen haben, hatte das Nürnberger
Karnevalsspiel, wenn auch nur vereinzelt, zur Erörterung wichtiger
Zeitfragen gedient, aber es war vor allem auf schweizerischem Boden,
daß das Volksstück mit ausgesprochen politischer Tendenz gedieh. Damit
kommen wir auf die volkssprachliche ‚politische Moralität‘ zurück, eine
Gattung, die sich schon um die Mitte des 14. Jahrhunderts entfaltet
hatte (→ S. 40 f.), denn im **Spiel von den alten und jungen Eidgenossen**
wird diese durchaus ernsthafte Tradition — freilich nicht ohne einige
satirisch-humorvolle Beigaben — fortgesetzt. Es ist dies „die älteste
deutsche politische Komödie" (J. Baechtold), ein Werk mit zwei Gesich-
tern, das uns, in manchem noch der mittelalterlichen Gedankenwelt
verhaftet, zugleich an die Schwelle der Neuzeit führt. Aus den vielen
aktuellen Anspielungen im Text ist zu schließen, daß es in der zweiten
Hälfte des Jahres 1513 entstanden ist, und zwar als ‚Neujahrsspiel‘,
eine Bezeichnung, die jedoch die Möglichkeit einer Aufführung in der
Karnevalszeit nicht ausschließt, zumal im Spätmittelalter der Jahres-
anfang in verschiedenen Landesteilen um gut zwei Monate später als
heute, gelegentlich sogar erst zu Ostern, angesetzt wurde. Alles in allem
können wir ziemlich sicher sein, daß das Stück erstmals im Frühjahr
1514 vor einem Zürcher Publikum präsentiert wurde. Was aber die
Verfasserschaft betrifft, so läßt sich diese Frage wohl kaum endgültig
entscheiden. Am ehesten ist es Balthasar Spross (geb. um 1490) zuzu-
sprechen, einem vielseitigen, tatkräftigen, nach den Strafakten der Zeit,
in denen er zweimal als Beschuldigter genannt wird, zu urteilen, auch
hitzköpfigen Zürcher Bürgerssohn, der sich am politischen Leben seiner Vaterstadt eifrig beteiligte. Verschiedene Male wurde er im Auftrag
der Ratsherren auf diplomatische Missionen ins Ausland geschickt.
1514 ist er als ‚Scholarch‘ (etwa Rektor) am Zürcher Carolinum, dessen
Schüler sehr wahrscheinlich die Rollen des ‚Eidgenossenspiels‘ besetzten,
urkundlich bezeugt. Zuletzt war er als Hauptmann an den Feldzügen
in Italien beteiligt, wo er 1521 den Tod fand. Wie so viele seiner Generation war er, ein ‚artium magister‘ der Universität Paris, wo er vermutlich fünf Jahre lang studierte, in den Bann der neuen intellektuel-

len Strömungen gezogen worden. Nicht weniger charakteristisch für den Autor und das frühe 16. Jahrhundert ist es allerdings, daß die Spuren humanistischen Geistes, die an mehreren Stellen im Text deutlich zutage treten, noch immer den älteren Spieltraditionen unterworfen sind.

Am auffallendsten zeigt sich diese Anlehnung an die theatralischen Konventionen des Spätmittelalters im ständigen Gebrauch der einfachen Aufzugsform. Das ‚Eidgenossenspiel' ist nämlich durchweg ein ‚Reihenspiel' (→ S. 144), das, genau wie die früheren Fastnachtsstücke, keine Handlungsvorgänge im eigentlichen Sinne bietet, sondern ein Nacheinander von zusammenhängenden ‚Szenen', die alle auf ein zentrales Thema bezogen sind. Auf den kurzen Prolog, in dem die Zuhörer aufgefordert werden, „gegen disem glückhafften nüwen iar" der Ereignisse des vergangenen Jahres eingedenk zu sein, damit „schaden, kummer vnd ouch leid" künftighin verhütet werden können, folgt eine längere Diskussion — ganz im Stil des mittelalterlichen Streitgesprächs — zwischen einem patriotisch gesinnten Eidgenossen und einem scharfzüngigen Franzosen. Die Politik seines Königs energisch verteidigend, beschuldigt dieser die Schweizer des Undanks, worauf der Eidgenosse das Gespräch auf den Gegensatz zwischen ererbtem und angeborenem Adel bringt, auf den Gegensatz zwischen willkürlicher Adelsherrschaft und einem durch Rechtschaffenheit und Tapferkeit erworbenen Adel, wie ihn die freien Bauern der Schweiz verkörpern. Abgeschlossen wird dieser Teil der Handlung durch das Auftreten eines Narren, der mit einem kurzen Spruch auf das Kommende hinweist. Von dieser traditionellen Gestalt, die so häufig im Mittelpunkt fastnächtlicher Unterhaltung steht, jedoch bereits in den früheren Spielen der Kirche (→ I, S. 182) anzutreffen ist, macht der Verfasser gern Gebrauch, und zwar vor allem, um die Ansichten und Äußerungen der anderen Sprecher ironisch zu kommentieren. Etwas lebhafter geht es zu, als eine Gruppe von Bauern mit Musik hereintanzt, nur sind es diesmal nicht fratzenhafte Tölpel, wie auf der Nürnberger Fastnachtsbühne, sondern ehrbare Vertreter des Schweizer Volks, die auch ein Wort zur Tagespolitik beizutragen haben.

Durchaus im Stil der älteren Spiele ist es ferner, daß hier rein typische Figuren, Vertreter von Nationen oder Ständen ohne individuelle Charakteristik vorgeführt werden: ein Eidgenosse, ein Franzose, ein Bauer oder die ‚Frouw von Meyland' (sinnbildlich für das Herzogtum Mailand — und darüber hinaus für die ruhmreichen Siege der Eidgenossen in der

Lombardei). Dem Verfasser ging es aber vor allem darum, ein politisch-tendenziöses Ziel zu verfolgen, und so waren für ihn die Personen seines Stückes im Grunde genommen Sprachrohre, die Argumente und Gegenargumente aus der Geschichte belehrend und warnend hervorbrachten. Dabei gelten seine härtesten Worte dem König von Frankreich, in dem er den gefährlichsten Gegner der Eidgenossenschaft zu sehen glaubt, und an mehreren Stellen weist er mahnend auf die brennende Frage der französischen Pensionen und das überhandnehmende Reisläufertum hin. Im letzten Auftritt kommen die alten und jungen Eidgenossen — die einen die Männer der Urkantone, die in Gottvertrauen und biederem Gemeinsinn den ersten Schweizerbund besiegelten, die anderen die Vertreter einer neuen Generation, die, von den jüngsten militärischen Erfolgen geblendet, dem Traum einer schweizerischen Großmacht nachhängen — zu einer Tagsatzung in Beckenried zusammen. Das Schlußwort liegt bei den Alten: die jungen Schweizer sollen vom Söldnerdienst in fremden Heeren ablassen und, dem Vorbild ihrer schlichten Vorfahren nachstrebend, im eigenen Lande brüderlich zusammenhalten. Anschließend folgt ein ‚Annexum Ludi‘, eine Art Nachspiel, in dem es zu einer possenhaften Rauferei — wohl ein Zugeständnis an die Schaulustigen im Publikum — zwischen Narren und Schülern kommt.

Daß der Verfasser ein Gelehrter war, ersieht man schon aus den ausführlichen lateinischen Bühnenanweisungen. Daß er obendrein ein humanistisch Gebildeter war, erweist die Tatsache, daß das Werk in fünf Akte gegliedert ist, eine Einteilung, die in einem Stück von nicht ganz 750 Sprechversen zwar kaum eine theatralisch-dramatische Funktion zu erfüllen hatte, doch andererseits vom neu erwachten Formsinn der Zeit zeugt. Und wie wir gleich sehen werden, wurden auch anderswo im deutschen Fastnachtspiel (→ S. 179) solche äußerlichen humanistischen Beigaben gern übernommen. Noch deutlicher und überzeugender kommt die Begegnung mit der Kultur der Antike im vierten ‚Akt‘ zum Ausdruck, als der Verfasser mehrere Helden aus der römischen Geschichte, darunter Horatius Cocles, Mucius Scaevola und Scipio Africanus, revuemäßig auftreten läßt, um sie seinen Mitbürgern als Musterbeispiele republikanischer Tugend vorzuhalten. Damit wollte er sie als gute Eidgenossen aber zugleich ermahnen, dem ‚Römischen Reich deutscher Nation‘ treu zu bleiben und die praktischen Vorteile einer kaiserfreundlichen Politik zu erwägen, eine Auffassung, die um diese Zeit zahlreiche Anhänger in der Zürcher Bürgerschaft hatte. Von einer zeitgenössischen Reaktion auf das

‚Eidgenossenspiel' ist uns allerdings nichts überliefert, und es ist daher anzunehmen, daß seine Verbreitung und Nachwirkung nicht sehr groß war. Dafür war es wohl thematisch allzu sehr an die politische Situation der Eidgenossenschaft um 1514 gebunden. Mit diesem bühnenwirksamen, von nationalem Selbstbewußtsein erfüllten Tendenzstück steht Spross, wie wir im Rückblick sehr deutlich sehen können, dennoch am Anfang einer Entwicklung, die über das Mittelalter hinausführt; und in den nächsten Jahren, als sich die religiösen Gegensätze zuspitzten, wurde die ‚politische Moralität' von seinen Landsleuten Pamphilus Gengenbach und Niklaus Manuel zu einem Kampfdrama von einiger literarhistorischer Bedeutung umgestaltet. Daß sie dabei eine gewisse Anregung von diesem Zürcher ‚Neujahrsspiel' erhielten, ist zumindest denkbar.

Ersprießlicher zeigt sich die Wechselwirkung zwischen gelehrtem Humanistendrama und volkstümlichem Karnevalsschwank im **Spiel vom klugen Knecht** (um 1505), das in einer Handschrift der Luzerner Bürgerbibliothek vorliegt. In diesem Teil des alemannischen Raums ist es vermutlich auch entstanden. Als längeres Unterhaltungsstück (fast 1000 Sprechverse) zeichnet es sich durch die Lebendigkeit der Darstellung sowie durch ausgefeilte Komposition aus, Eigenschaften, die im allgemeinen nicht zu den Vorzügen fastnächtlicher Darbietungen gehören. Das Hauptmotiv der Handlung — der Betrüger, der am Schluß selber betrogen wird — war allerdings längst zum literarischen Gemeingut des Abendlandes geworden. Auch sonst war der Autor, von dem wir übrigens nicht das geringste wissen, offenbar kein erfinderischer Geist. Die Situationskomik, die er uns hier vorführt — vor allem der um sein Honorar geprellte Jurist, wie auch die feststehenden Typen, mit denen er die Bühne bevölkert, etwa das keifende Eheweib oder der pfiffige Knecht — findet sich bereits in älteren italienischen Spielen und Anekdoten, ja, ließe sich letzten Endes bis in die Zeit der altrömischen Atellanen zurückverfolgen. Und dennoch kann er eine bescheidene Nische in den Annalen des deutschen Dramas beanspruchen. Sein Verdienst war es, diese Komponenten im Rahmen des traditionellen Fastnachtsspiels, das er vornehmlich als ein Mittelding zwischen ‚Paurenspil' und ‚Gerichtsspiel' behandelt, anschaulich und lebenskräftig und mit einem wachen Sinn für das Theatralisch-Wirksame zusammenzufügen.

Ein schlaudummer Bauer, der seiner knauserigen Frau ihr mühsam zusammengebrachtes Spargut von acht Gulden entwendet hat, um sich neue Kleider anzuschaffen, schickt seinen Stallknecht mit dem Geld zu einem Tuchhändler. An Durchtriebenheit steht dieser Junge seinem Herrn aber in nichts nach, und es gelingt ihm, die acht Gulden wie auch das eingekaufte Tuch für sich zu behalten. Doch kommt der Betrug heraus, und die Szene wechselt zum Gerichtssaal über, wo er zur Rechenschaft gezogen wird. Aber sogar auf der Anklagebank verliert er nichts von seiner Schlaubergerei. Den Rat seines Advokaten, den Stummen zu spielen, befolgt er mit solcher Beflissenheit, daß er auf jede Frage der Ankläger stets nur ein nichtssagendes ‚weiw' hervorbringt. Dem einen Amtsrichter geht das bald „übers bonenlied". Schließlich sind seine drei Kollegen fest davon überzeugt, daß sie einen harmlosen Narren vor sich haben, ja, fast haben sie den Verdacht, daß der Bauer und der Tuchhändler den Angeklagten zu ihrem eigenen Vorteil ausnutzen wollen. Das Verfahren wird eingestellt. Aber als der Advokat das vereinbarte Honorar von acht Gulden von seinem Klienten verlangt, wird er mit einem spöttischen ‚weiw' für seine Mühe belohnt. So ziehen am Schluß alle drei Gegner, der verschmitzte Bauer, der hartherzige Kaufmann und der wichtigtuerische, geldgierige Jurist, den kürzeren; und nicht zum ersten Mal auf der Fastnachtsbühne wird gezeigt, wie der ‚kleine Mann' seiner Sache mit Bauernschläue und Mutterwitz zum Sieg verhelfen kann.

Die Ähnlichkeiten mit der geistreichen französischen Farce *Maistre Pierre Pathelin* (um 1465), insbesondere mit zwei ihrer Hauptfiguren, einem betrogenen Tuchhändler und einem einfältigen Schäfer, der unter fast identischen Umständen vor Gericht steht — und ebenfalls noch glimpflich davon kommt, indem er alle Fragen mit einem blödsinnigen ‚baa' beantwortet —, sind viel zu zahlreich, um bloß zufällig zu sein. Doch dürfte das unmittelbare Vorbild des Luzerner Spiels eher eine neulateinische Schulkomödie gewesen sein, die gerade um die Jahrhundertwende, wie die vielen Schüleraufführungen und Nachdrucke bezeugen, einen durchschlagenden Erfolg im deutschen Kulturraum erlebte: Johannes Reuchlins fünfaktiges Stück *Henno*, das erstmals 1497 von Studenten im Hause des mit ihm befreundeten Bischofs von Worms aufgeführt wurde. Auch hier liegt eine freie Nachdichtung des französischen Schwanks vor, den Reuchlin während seiner Studienjahre oder auf einer seiner verschiedenen Reisen in Frankreich gelesen, vielleicht sogar gesehen haben dürfte. Und abgesehen von den vielen Ähnlichkeiten im Inhaltlichen (bei Reuchlin kommt z. B. auch eine Bäuerin namens Greta vor), zeigt sich die Einwirkung des Humanismus auf den *Klugen Knecht* vor allem in der Akteinteilung, die aber noch willkürlicher und inkonsequenter als im ‚Eidgenossenspiel' von 1514 durchgeführt ist. Im ganzen scheinen sechs

‚Akte‘ vorzuliegen — die Unsicherheit rührt davon her, daß der Text an mehreren Stellen lückenhaft überliefert bzw. falsch rubriziert ist —, aber eine sinnvolle Gliederung des Ganzen ergibt sich nicht daraus, nicht zuletzt, weil die ‚Akte‘ an Länge völlig ungleich sind. Während der zweite ‚Akt‘ z. B. nur knapp neunzig Verse enthält, weist der letzte — den szenischen Anweisungen nach zu urteilen — bereits einen Umfang von beinahe 400 auf! So blieb die Nachahmung der Griechen und Römer bei den volkssprachlichen Theaterdichtern des beginnenden 16. Jahrhunderts noch vielfach im rein Äußerlichen befangen, ja, bis sich eine klare Vorstellung vom dramatischen Aufbau nach antikem Vorbild durchsetzte, sollte es noch gut ein Jahrhundert dauern.

Auch sonst fällt es schwer zu glauben, daß der Verfasser des *Klugen Knechts* der Gelehrtenwelt angehörte. Viel eher haben wir es mit jemandem zu tun, der in der handwerklichen Auffassung der Dichtung lebte und wirkte — und dabei manche Brosamen humanistischer Gelehrsamkeit auflas und zu seinen eigenen Zwecken verarbeitete. Daß wir auf alle Fälle zunächst an das einheimische Fastnachtspiel anknüpfen müssen, geht bereits aus dem Inhalt des Luzerner Spiels hervor. Darauf deuten die gut beobachteten bäuerlichen Charaktere sowie die amüsanten Wortwechsel bei der Gerichtsverhandlung hin, die stellenweise stark an den Streit zwischen Rumpolt und Maret (→ S. 148) erinnern. Zu erwähnen wäre ferner der Prolog. In den einleitenden Versen werden nämlich die Zuschauer um Aufmerksamkeit gebeten, damit das Spiel beginnen kann, d. h. es liegt hier die gleiche Art formelhafter Eingangsrede vor, die bereits in den ältesten und einfachsten Spieltexten anzutreffen ist — und die von vornherein durch die Aufführungssituation dieser Gattung bedingt war. Im *Klugen Knecht* fällt die Funktion des ‚Ruheheischers‘ einem ‚exclamator‘ zu, der, den moralischen Kern des Stücks hervorhebend, dem Publikum den Gang der Handlung kurz andeutet; in ähnlicher Weise werden in dem ‚Beschlusz‘ (der vermutlich von demselben Exclamator gesprochen werden sollte) die Zuschauer nochmals aufgefordert, aus den possenhaften Vorgängen, die ihnen soeben vorgeführt worden sind, eine ernsthafte Lehre zu ziehen. Was Verfasserschaft und Herkunft des Stücks betrifft, so ist es zuletzt nicht ohne Belang, daß kurz vor der Schlußrede die traditionelle Narrengestalt auftritt, um ihren Kommentar zum Ausgang des Prozesses zu geben.

Bei alledem will das Luzerner Spiel doch nicht gänzlich zum herkömmlichen Mustertypus fastnächtlicher Unterhaltung passen. Zwar besteht der

Dialog hauptsächlich aus längeren expositorischen Einzelreden, aber im Gegensatz zum typischen ‚Reihenspiel' beruht die Wirksamkeit des *Klugen Knechts* auf einer Abfolge von Szenen, „die deutlich voneinander abgehoben und doch wieder aufeinander bezogen sind" (E. Catholy), anders gesagt, auf einer ‚Handlung' im engeren Sinne des Wortes. Und vielleicht war es gerade die Begegnung mit einer konsequent aufgebauten Handlung, wie sie der Reuchlinsche *Henno* in seiner realistischen Erfassung von Menschen und Zuständen bot, die unserem Autor die entscheidende Anregung dazu gab, über die Darstellung von feststehenden Typen hinaus zur Charakterisierung von einzelnen Personen weiterzugehen, was ihm übrigens auch überraschend gut gelang. Damit kommt, so indirekt und ohne innerliche Berührung es auch geschehen sein dürfte, ein weiterer schöpferischer Impuls aus der humanistischen Dramatik, die, wie die Kunst der Renaissance überhaupt, gern den Ausdruck individuellen Erlebens betont.

Auch in anderer Hinsicht zeichnet sich hier ganz deutlich eine Wendung im deutschen weltlichen Spiel ab. War das ältere Fastnachtsspiel vornehmlich als kurzer Beitrag zur festlichen Stimmung gedacht, der anfänglich keine andere Wirklichkeitssphäre als die unmittelbare Umwelt eines engeren Kreises von Handwerkern und Kleinbürgern kannte, so begegnet uns im *Klugen Knecht* ein neuer Typus von Karnevalsspiel, das zwar ebenfalls zur allgemeinen Erheiterung dienen soll, doch dabei eine eigene Spielrealität heraufbeschwört, eine Realität, die nicht mehr genau mit derjenigen des Publikums zusammenfällt. Und mit der im 16. Jahrhundert zunehmenden Verwendung eines erhöhten Podiums als Spielfläche sollten die Zuschauer auch physisch von dieser Realität getrennt werden. Mit einem Wort, der *Kluge Knecht* ist bereits ein vollwertiges Theaterstück, das auch ohne den fastnächtlichen Rahmen für sich bestehen — und gespielt werden konnte. Und selbst wenn man die subtilere Situations- und Charakterkomik der Pathelin-Farce vermißt, von der satirischen Schärfe des französischen Stücks ganz zu schweigen — die thematischen Ähnlichkeiten sowie der Gebrauch der Volkssprache zwingen fast zu einem Vergleich —, ist das Luzerner Spiel vom klugen Knecht wenigstens als ein beachtenswerter Versuch anzusehen, die Volkstümlichkeit des Karnevalsspiels mit dem geregelten, formstrengen Humanistendrama zu vereinen.

So drangen mit der Wiederentdeckung der Antike formal und inhaltlich neue Elemente in das Fastnachtsspiel ein, wenngleich diese freilich keine entscheidende Neuformung herbeiführte. Dafür verhielten sich die deutschen Humanisten viel zu ablehnend gegenüber solchen Formen von Volksunterhaltung. Durch die rege Übersetzertätigkeit des ausgehenden 15. Jahrhunderts erreichten die von ihnen erschlossenen Stoffe jedoch eine breite Leserschaft, und auf diese Weise wurden manche Themen aus der klassischen Dichtung auch im Volk bekannt. Gelegentlich fanden sie Aufnahme in die Schöpfungen der Handwerker-Dramatiker. Unter den Tiroler Spielen, die Vigil Raber für seine Sammlung (→ S. 101) zusammentrug, befindet sich beispielsweise ein 1511 niedergeschriebenes **Spiel von Esopus,** das ganz offensichtlich von Heinrich Steinhöwels Verdeutschung der Fabeln (zwischen 1476 und 1480 gedruckt) ausgeht. Die Stürme der lutherischen Revolte brachten eine weitere Verschiebung der Akzente im Fastnachtsspiel mit sich. Jetzt ging es nicht mehr bloß um Spaßmachen und gesellige Unterhaltung, sondern um moralischen Nutzen, und vielenorts wurden konfessionell-polemische Töne angeschlagen. Doch blieben solche Stücke bei aller Wandlung des Gehalts fest im Bürgerlich-Volkstümlichen verwurzelt. Mit Hans Sachs (1494—1576), der sich in seinen späteren Jahren diesem bescheidenen Genre mit unverminderter Gestaltungskraft und freundlich schalkhaftem Humor zuwandte (und dabei das fastnächtliche Repertoire um nicht weniger als 85 Stücke bereicherte), erreicht das Karnevalsspiel seinen literarischen Höhepunkt, zugleich auch seine endgültige Form. Im Rückblick ist es jedenfalls nicht weiter verwunderlich, daß der tüchtige Schuster-Dichter auf diesem Gebiet ohne nennenswerte Nachfolger blieb. Bereits im letzten Drittel des 16. Jahrhunderts war das literarisch-theatralische Fastnachtsspiel zur Bedeutungslosigkeit herabgesunken, und nur wenige Jahrzehnte später war es als lebensfähige Gattung aus der deutschen Literatur verschwunden.

Aber wenn das Studium des antiken Schrifttums wie überhaupt der erfrischende Zug freier Geistesentfaltung nicht spurlos am deutschen Fastnachtsspiel vorbeiging, so ist andererseits auch nicht zu vergessen, daß die derb-komischen, ungeschliffenen Unterhaltungsstücke der Handwerker ein besonders fruchtbares und vitales Thema für die Humanisten abgaben: die Torheit alles menschlichen Tuns und Strebens. In der Schwankdichtung längst vorgebildet, war es ein Motiv, das wie von selbst aus dem Karnevalstreiben hervorging: war doch die Fastnacht gerade die Zeit, wo die Menschen sich allen Ernstes daran machten, den Narren zu spielen. Aber gibt es denn nicht andere Zeiten im Jahr, wo sie unwissentlich noch größere Narreteien begehen? Ja, sind die Menschen nicht alle Narren, ein jeder nach seiner Art, das ganze Jahr hindurch? Damit erhoben sich noch schwerer wiegende Fragen. Was ist denn eigentlich Torheit? Und wie unterscheidet sie sich von der Weisheit? Vermag die klare und gerechte Vernunft dem Narrentum der Welt nicht Einhalt zu gebieten? Oder ist die Torheit nicht selber eine unentbehrliche Ingredienz des Lebens und der Gesellschaft, ein irrationales Element, das doch letzten Endes als eine Art Lebensweisheit anzusehen wäre? Mit solchen und ähnlichen Fragen wurden zuletzt auch überkommene Ansichten und Maßstäbe in Frage gestellt, ja, es war der unaufhaltbare Verfall der mittelalterlichen Geisteswelt selber, der sich hier bekundete.

Eine Antwort darauf, traditionsgebunden und zugleich optimistisch-belehrend, gab Sebastian Brant in seinem *Narrenschiff* (Erstausgabe 1494, „gedruckt zuo Basel uff die Vasenacht"), das im Stil der mittelalterlichen Ständesatire (→ I, S. 122) eine Katalogisierung der verschiedensten menschlichen Laster und Schwächen unternimmt. Und noch durchaus mittelalterlich ist Brants Auffassung, daß auch die schlimmsten Untugenden als Narrenwerk zu betrachten sind. Wie sehr diese satirische Sittenlehre der damaligen Wertanschauung entsprach, beweist aber vollends ihr ungeheurer Erfolg, und bei allen poetischen Mängeln war es das erste Werk in deutscher Sprache, das noch zu Lebzeiten des Verfassers zu europäischem Ansehen gelangte. Einen weit genialeren Ausdruck erhielt der gleiche Grundgedanke zu Beginn des 16. Jahrhunderts. In seinem *Lob der Torheit* (1509 verfaßt) griff Erasmus von Rotterdam das bewährte Narrenmotiv wieder auf und schuf damit eines der bleibenden Literaturwerke der Renaissance. Daß die Torheit selber als Frau Stultitia, eine allegorische Figur in Gelehrtentalar und Narrenkappe, gleich zu Beginn des Werkes das Katheder besteigt, um ihre eigene Nützlichkeit und Macht in einer geistreichen Lobrede zu verkünden, war gewiß ein glänzender Einfall. Doch ist es nicht ausgeschlossen, daß diese Frauengestalt bereits auf der Fastnachtsbühne bekannt war. Länger können wir bei dem unvergleichlichen ‚Humanistenfürsten' nicht verweilen, denn dieses mit tiefem Ernst und feinsinniger Ironie durchsetzte Buch zu würdigen, heißt zugleich die Schwelle zur Neuzeit zu überschreiten. Der Zeitpunkt ist nun gekommen, wo wir uns vom Drama des Mittelalters verabschieden müssen.

Texte

Des Turken Vasnachtspil: KELLER Nr. 39; FRONING III, S. 972—81. — *Des Künig von Engellant Hochzeit:* KELLER Nr. 100. — *Das Spiel von dem Alten und Neuen Testament:* KELLER Nr. 1. — *Das Spiel von Frau Venus und den Weibernarren:* KELLER Nr. 38; hg. I. Spriewald, Hans Folz. Auswahl, Studienausgaben zur neueren dt. Literatur 4, Berlin 1960, S. 38—41. — *Das Spiel von den zwölf buhlerischen Bauern:* KELLER Nr. 43; hg. I. Spriewald, a. a. O., S. 42—47. — *Das Spiel von den zehn Narren:* KELLER Nr. 44; hg. I. Spriewald, a. a. O., S. 48—51. — *Das Spiel von einer Bauernhochzeit:* KELLER Nr. 7; hg. I. Spriewald, a. a. O., S. 31—37. — *Das Spiel von einem Bauerngericht:* KELLER Nr. 112; FRONING III, S. 993—97; hg. I. Spriewald, a. a. O., S. 51—55. — *Das Spiel von einem Kaiser und einem Abt:* KELLER Nr. 22; FRONING III, S. 982—92. — *Das Spiel von König Salomon und Markolfo:* KELLER Nr. 60. — *Das Spiel von den alten und jungen Eidgenossen:* hg. F. Christ-Kutter, Altdt. Übungstexte 18, Bern 1963. — *Das Spiel vom klugen Knecht:* KELLER Nr. 107. — *Das Spiel von Esopus:* hg. O. Zingerle, Sterzinger Spiele. Nach Aufzeichnungen des Vigil Raber, 2 Bde., Wien 1886, Nr. X.

Schlußwort: Das dramatische Erbe des Mittelalters

In den vorhergehenden Kapiteln haben wir den Aufstieg und Niedergang des mittelalterlichen Dramas im deutschen Kulturraum verfolgt, eine lange und variationsreiche Entwicklung, die sich über mehr als sechs Jahrhunderte erstreckt und somit gut die Hälfte der mittelalterlichen Periode umspannt. Dabei wurde der Begriff ‚Drama‘ freilich des öfteren etwas weit gespannt, denn in den meisten geistlichen Spielen geht es in erster Linie um die mimische Vorführung von biblischen Geschehnissen und christlichen Legenden, nicht um das Dramatische im eigentlichen Sinn des Wortes. Außerdem war die Phantasie des mittelalterlichen Dramendichters fest an biblische Überlieferung und kirchliche Tradition gebunden, ja, selbst wenn er poetische Gaben besaß, erblickte er seine Aufgabe vornehmlich darin, einen Spieltext nach dem gegebenen Grundbestand zusammenzustellen. Das dürfte schließlich auch der Grund dafür sein, daß man bei der Erforschung des mittelalterlichen Schauspiels immer wieder dazu tendiert, sich mit vorwiegend theaterwissenschaftlichen Problemen zu befassen. Hingegen ist die Bedeutung dieser Spiele als ästhetische und kulturelle Phänomene relativ wenig behandelt worden, eine Tatsache, die ihrerseits wohl damit zusammenhängt, daß nur wenige von ihnen, wie verschiedentlich im Laufe unserer Ausführungen angedeutet wurde, die Beachtung des modernen Lesers als literarische Werke beanspruchen können. Anders gesagt: die deutschen Schauspiele des Mittelalters — das bürgerliche Fastnachtsspiel nicht weniger als das kirchliche Drama — sind in der Hauptsache Kollektivwerke, anonyme Kompilationen, in denen sich das Individuelle nur schwerlich Geltung verschaffen konnte. Daß sie mit dem, was das deutsche Mittelalter im Bereich des Epos und der Lyrik geschaffen hat, nur selten einen Vergleich aushalten, ist nicht weiter verwunderlich.

Aber das Drama, so sehr es auch wie die übrigen Literaturgattungen vom Worte lebt, gehört nicht ausschließlich zur Literatur. Erst durch die Vortragskunst und Gesten ausgebildeter Darsteller, durch Kostümierung und szenische Aufmachung, manchmal durch Gesang und Instrumentalmusik verstärkt und untermalt, vermag es sich voll zu entfalten; und dazu bedarf es nicht zuletzt der Interpretationsgabe und des organisatorischen Talents eines Spielleiters. Dies gilt ebensosehr für das Mittelalter, insbesondere für das spätere Mittelalter, wo die Schaulust des Bürgertums durch gewaltige, mehrtägige Aufführungen befriedigt werden mußte, wie für jede andere Periode der alten und neuen Geschichte. Ohne Schauspieler, eine ‚Bühne' (die aber erst bei der Verlegung der Spiele ins Freie eine feste Form annahm) und — ein Publikum, kurz, ohne eine relativ komplexe Organisation hätten die klerikalen Spielordner des 10. Jahrhunderts auch wenig ausrichten können. Und gerade deshalb ist das mittelalterliche Schauspiel, besonders in seinen späteren Entwicklungsphasen, ein so getreuer Spiegel des damaligen Lebens. Auf den Seiten dieser Spieltexte verstreut — von den schlichten, in dramatisch-ästhetischer Hinsicht vielfach überlegenen Oster- und Weihnachtsfeiern bis hin zu den umfangreichen Passionsspielen — bietet sich dem Kulturhistoriker ein reichhaltiges Material sondergleichen. Aus mancher Dialogstelle klingt uns heute noch der unmittelbare, lebendige Tonfall mittelhoch- und mittelniederdeutscher Rede entgegen; und wir erfahren, wie die Menschen von damals ihrer täglichen Arbeit nachgingen oder sich miteinander auf dem Marktplatz unterhielten. Auch sonst gibt es gute Gründe, warum diese Spiele die Aufmerksamkeit des Theaterhistorikers weiterhin verdienen, darunter nicht zuletzt die Tatsache, daß nach mehr als einem Jahrhundert eifrigen Forschens noch manche Probleme ungelöst — oder bestenfalls nur halb gelöst — bleiben. Von diesen sei zunächst das genauere Wie und Warum des Übergangs von sakraler Handlung zu liturgischem Spiel genannt, Fragen, die uns wiederum auf das Grundproblem des wechselseitigen Verhältnisses zwischen Religion und Kunst verweisen. Auch ist wohl kaum das letzte Wort über die Vorformen des Fastnachtsspiels — und damit über deren Zusammenhang mit älteren Volksbräuchen — gesagt worden. Hinzu kommen noch manche Eigenarten der hoch- und spätmittelalterlichen Theaterkunst, die durch eingehende Beschäftigung mit den Spieltexten sicherlich näher beleuchtet werden können.

Für das 20. Jahrhundert sind diese Spiele ferner von großem Interesse, weil die Regisseure des Mittelalters nicht wenige Aspekte des modernen Theaters vorweggenommen zu haben scheinen, vor allem was experimentelle Techniken, neue und ungewöhnliche Inszenierungsarten usw. betrifft, etwa den Gebrauch von nebeneinander aufgebauten Bühnenbildern, die Anordnung der Zuschauer um eine kreisrunde Spielfläche (eine

Bühnenform, die allerdings nur in England einwandfrei bezeugt ist) oder Aufforderungen an das Publikum während der Darstellung zu aktiver Mitbeteiligung. Ja, denkt man an die lebhafte Mischung von propagandistischem Eifer, volkstümlichen Redewendungen, derb-realistischen Details, von Humor, Schrecken und moralischer Ermahnung, die dem spätmittelalterlichen Publikum geboten wurde — und das Ganze obendrein mit Tanz und Gesang durchsetzt —, so hat man gewisse Züge des nach-Brechtschen Theaters bereits in embryohafter Form vor sich.

Im ganzen gesehen findet die Auffassung, daß ein Volkstheater, wie es nachweislich von etwa 1300 an in den deutschsprachigen Ländern bestand, die Leistungen von Berufsdramatikern und -schauspielern zu überflügeln vermag, keine Bestätigung am Beispiel des Mittelalters. Diese Ansicht zu vertreten — und sie ist hin und wieder mit mehr Enthusiasmus als historischer Einsicht verfochten worden — heißt aber zugleich einen wesentlichen Unterschied zwischen dem neuzeitlichen und dem mittelalterlichen Drama zu übersehen, nämlich daß ein Berufstheater, mag es in rein künstlerischer Hinsicht noch so überlegen sein, sich nicht unbedingt besser dazu eignet, dem inbrünstigen, vorbehaltlosen Glauben, der das geistliche Spiel des Mittelalters beseelte, Ausdruck zu verleihen. Die erhaltenen Texte zeugen öfters von einer Naivität und Zweckbestimmtheit, die auf eine Dilettantenaufführung vor einem nicht allzu anspruchsvollen Publikum schließen lassen; das war gerade die Situation, die wir im späteren Mittelalter vorfinden, wo jeder, der an solchen gemeinschaftlichen Theatervorstellungen beteiligt war, derselben homogenen, vorwiegend bürgerlichen Gesellschaftsschicht angehörte und dieselben religiösen Grundüberzeugungen teilte. Es ist sicherlich zu begrüßen, wenn spielfreudige Laien sich etwas mehr als eine passive Zuschauerrolle wünschen und darangehen, ihre eigene dramatische Unterhaltung zu organisieren, und doch hat, so bedauerlich dies zu konstatieren ist, die histrionische Kunst bei solch aktiver Teilnahme nie ihre schönsten Blüten getrieben. Daß einem Liebhabertheater gewisse Grenzen gesetzt sind, gehört zu den wichtigen Erkenntnissen, zu denen die Dichter und Theoretiker der Renaissance gelangten, als sie — nicht ohne starke Anlehnung an die Spieltexte der Antike, vor allem an die Komödien von Terenz und Plautus — die neuen Modelle zu konstruieren begannen, die die mittelalterliche Vorstellung vom Dramatischen ein für allemal ablösen sollten.

Wie in einem früheren Kapitel ausführlich dargelegt wurde, gab es Gegenden, wo die älteren dramatischen Formen bis zum Ende des 16. Jahrhunderts und noch später gepflegt wurden. Dabei läßt sich allerdings zugleich feststellen, daß die geistlichen Spiele der Vorreformationszeit nirgends so rasch oder so unwiederbringlich verschwanden wie im deutschen Sprachraum. In einigen Städten, z. B. in Straßburg, Augsburg und Frankfurt, war das mittelalterliche Theater bereits um 1530 erloschen; und an vielen Orten, wo sich früher eine rege Spieltätigkeit entfaltet hatte, waren die alten Traditionen um die Mitte des Jahrhunderts in Vergessenheit geraten. So wurde in nur wenigen Jahrzehnten ein reiches dramatisches Erbe in alle Winde zerstreut. Aber auch vom katholischen Süden, vornehmlich Luzern und Tirol, wo die Oster- und Passionsspiele ihre mittelalterliche Eigenart am längsten bewahrten, ging keinerlei Einfluß auf die Weiterentwicklung des deutschen Kunstdramas aus. Wie einsichtige Zeitgenossen schon damals erkannten, bedeuteten die theologischen Kontroversen, die durch das Auftreten Luthers ausgelöst wurden und die vom Wormser Reichstag (1521) bis zum Augsburger Religionsfrieden (1555) immer wieder entbrannten, einen entscheidenden Bruch mit der Vergangenheit; und im Rückblick ist die Auswirkung dieser gewaltigen, zermürbenden Auseinandersetzung auf das geistig-künstlerische Leben der deutschsprachigen Nationen kaum weniger folgenschwer gewesen. Darin haben wir sicherlich den Hauptgrund dafür zu suchen, daß die historische Entwicklung der deutschen Literatur — insbesondere die des Dramas — für die nächsten anderthalb Jahrhunderte auffallend anders als bei den westlichen Nachbarn verlaufen sollte.

Aufschlußreich vor allem ist der Vergleich mit dem englischen Drama, das erst in der zweiten Hälfte des 16. Jahrhunderts seinen meteorartigen Aufstieg begann, um dann binnen wenigen Jahren eine ungeahnte Höhe zu erreichen. Dabei wurden — im Gegensatz zu den anderen Ländern Europas — verschiedene charakteristische Züge des mittelalterlichen Theaters mehr oder weniger unverändert übernommen, so z. B. das enge Nebeneinander von Ernst und Komik, die Freiheit, mit welcher sich die Handlung von Ort zu Ort bewegen konnte, oder die nicht unbeträchtliche Rolle, die Gesang und Tanz auf der Bühne zukam. Und es ist bezeichnend, daß diese Dinge durch die Glanzzeit Shakespeares bis zur Schließung der Theater auf Antreiben der Puritaner (1642) durchaus lebendig blieben. In England nicht weniger als in Deutschland wollte die Renaissance dem Drama innerlich wie äußerlich eine gelehrt-humanistische Form aufzwingen, was u. a. zur Folge hatte, daß es nunmehr auch als literarische Wortkunst um seiner selbst willen gewürdigt wurde. Daß diese Bestrebungen, an einheimische Spieltraditionen anknüpfend, zu einer schöpferischen Neuorientierung führen konnten, dafür liefert uns wiederum die Entwicklung des Dramas im elisabethanischen England das schönste Beispiel, denn hier liefen die mannigfaltigsten Strömungen aus Altertum, Mittelalter und Humanismus, aus der Schulkomödie wie auch dem Volksstück, zu neuen meisterhaften Gebilden zusammen.

Andererseits ist der Versuch, die Stoffwelt des antiken und neulateinischen Dramas einem breiteren deutschen Publikum vorzuführen, durchaus nicht unterlassen worden. Man denke nur an das *Spiel vom klugen Knecht* (→ S. 177 f.). In den folgenden Jahrzehnten sollte auch Hans Sachs vielfach die gleichen Quellen für seine ‚Komödien‘ und ‚Tragödien‘ heranziehen, die das unerschöpfliche Material für viele Dramen der Shakespeare-Zeit bildeten: griechische und römische Geschichte, mittelalterliche Sage und Legende, italienische Erzähllliteratur, überhaupt humanistische Bildung und Kunst. Entwicklungsgeschichtlich fehlt es nicht an interessanten Parallelerscheinungen. Es sei im Vorübergehen auf die dramatischen Kompositionen der frühen Tudorzeit hingewiesen, auf das noch ganz am Ende des 15. Jahrhunderts gedichtete *Fulgens and Lucrece* von Henry Medwall († um 1505), eine lebhafte Bühnendebatte, in der zwei Rivalen um die Hand der römischen Senatorentochter Lucretia anhalten, und dann vor allem auf die ‚interludes‘ des John Heywood (um 1497 bis 1578), kurze geistreiche Unterhaltungsstücke wie *The Play of the Weather*, *The Four P’s* und *The Pardoner and the Frere*, die nun tatsächlich manche Gemeinsamkeiten mit den Schwänken und Fastnachtsspielen von Hans Sachs aufweisen.

Doch auch die Unterschiede sprechen für sich. Zwar hatte der Nürnberger Schuhmachermeister, sei es auch nur durch seine stoffliche Vielseitigkeit, die Grundlage für ein weltliches deutsches Drama geschaffen, aber von Anfang an war seine Muse eine bescheidene, häusliche Göttin, die Hauptingredienzen seiner Inspiration reiche Belesenheit, unermüdliche Freude am literarischen Schreiben und — nicht zuletzt — Fleiß und tüchtige Handwerkergesinnung. Obendrein fehlte es bei ihm gänzlich an den geschmackbildenden Komponenten, die eine unerläßliche Voraussetzung für die hohe Entwicklung des elisabethanischen Dramas waren: der Gönnerschaft adliger Gesellschaftskreise, der verfeinernden Hand der humanistisch gebildeten Akademikerwelt, einem Berufstheater, das seinerseits nur in einer großen Landesmetropole wie im London des ausgehenden 16. Jahrhunderst möglich gewesen wäre. Im übrigen war Sachs allzu sehr in seinem behäbigen, begrenzten Bürgerdasein befangen, um echte Dramatik zu gestalten, vor allem wenn man darunter die Darstellung von seelischen Konflikten oder erschütternden Vorgängen versteht; und seine Stücke, sogar die besten von ihnen, die durchaus spielmäßig konzipiert sind und heute noch ihre Wirkung auf der Laienbühne nicht verfehlen, hätten auch unter weit günstigeren Umständen für das dramatische Schaffen späterer Generationen kaum richtungweisend sein können. Ja, gemessen an dem, was in den anderen westlichen Nationalliteraturen im Zeichen der Hochrenaissance hervorgebracht wurde, wird man seine Spiele eigentlich nur in einem beschränkten Sinne als Dramen gelten lassen können.

So rasch und unaufhaltsam der Sterbeprozeß des mittelalterlichen Schauspiels auch vor sich ging, verschwand es jedoch nicht ohne einige bleibende Spuren im kulturellen und künstlerischen Leben der Nation zu hinterlassen. Von den frühesten Oster- und Weihnachtstropen bis zu den spektakulären Masseninszenierungen des 15. und 16. Jahrhunderts war die Musik, sei es als intonierte Wechselgesänge, kommentierende Choreinlagen oder eingestreute Lieder und Tänze mit Instrumentalbegleitung, stets ein integraler Bestandteil derartiger Aufführungen gewesen. Und als nun im späteren Mittelalter das geistliche Spiel immer mehr in die Hände von Laien überging, entsprach es dem Geist der Zeit, daß sich auch fromme Bürger der Kirchenmusik annahmen. Es wurde jetzt zunehmend als gottgefällige Aufgabe empfunden, die hohen Feste der Kirche mit angemessenen Liedervorträgen in der Muttersprache zu verschönern, und seit dem 14. Jahrhundert können wir verfolgen, wie sich Laien, vornehmlich aus den Kreisen bürgerlicher Handwerker, zu Singbruderschaften zusammenschlossen. Manchenorts hatten diese Bruderschaften auch den weiteren Zweck, jedem verstorbenen Mitglied ein würdevolles Begräbnis zu sichern und bei sonstigen religiösen Feiern, etwa Hochzeiten und Prozessionen, den gesanglichen Rahmen zu liefern. Das geschah wohl zunächst unter der Ägide der Kirche, zumal diese Sangeskunst eine gewisse schulmäßige Übung erforderte; und da nun ferner die Musik während des ganzen Mittelalters als streng akademische Wissenschaft galt, kam es gelegentlich vor, daß die Singbrüder Unterricht von Geistlichen in den sieben freien Künsten erhielten. Daß solche Vereinigungen für die Pflege des Singens und des Dichtens von Anfang an zunftmäßig organisiert wurden, erklärt sich unschwer aus der gesellschaftlichen Zusammensetzung der Mitgliedschaft.

189

Die erste Singschule, von der wir Zuverläßliches erfahren, wurde in Mainz zu Beginn des 14. Jahrhunderts von dem bürgerlichen Minnesänger und Spruchdichter Heinrich von Meißen (genannt Frauenlob) gegründet. In der Sangeskunst sah er u. a. ein geeignetes Mittel, die Mitglieder der verschiedenen Zünfte und Innungen der Erzbischofsstadt zusammenzubringen. Im engeren Freundeskreis sollte man die Freude am eigenen Musizieren gemeinsam genießen und darüber hinaus, wie wir vermuten, den Gottesdienst mit musikalischen Darbietungen bereichern. Noch vor Frauenlobs Tod (1318) waren fast alle Mainzer Zünfte in seiner Singschule vertreten, und es erfolgte eine rasche Ausbreitung solcher Sängergenossenschaften, vor allem in den südlichen Teilen des deutschen Raums. Daraus erwuchsen die Meistersingerzünfte, die im 15. und 16. Jahrhundert die schöpferische Lebenskraft wie auch die eifrige Musikpflege des deutschen Bürgertums charakterisieren, wenn auch freilich die Grenzen einer handwerksmäßigen Kunstauffassung zugleich deutlich genug in Erscheinung treten. Auch nach der Reformation blieb diese bürgerliche Kunstdichtung noch vielfach von ihren geistlichen Ursprüngen geprägt. Zwar durften in den protestantischen Singschulen neben theologischen Themen auch ernste weltliche Stoffe behandelt werden, das ‚Hauptsingen‘ wurde jedoch weiterhin in der Kirche an bestimmten Sonntagen abgehalten — und unter den ‚Merkern‘ befand sich noch vielenorts ein Geistlicher, der das Vorgetragene auf dogmatische und biblische Korrektheit zu prüfen hatte.

Ähnlich wie die Passionsspiele des Spätmittelalters von Generation zu Generation anschwollen, so nahmen auch die Beiträge sangesfreudiger Laien zu den österlichen und pfingstlichen Feiern an Umfang zu; und die Parallele ist keineswegs willkürlich, denn das Leiden Christi am Kreuz bildete auch das zentrale Thema der neuen religiösen Musik, die mit dem Einzug der Reformation aufblühte. In den Händen der Reformatoren wurde das ältere geistliche Drama manchmal durch behördlichen Beschluß ausgelöscht, manchmal aber auch einer radikalen Umformung unterzogen, um es der evangelischen Richtung anzupassen. Zunächst mußten die Szenen weltlichen Inhalts ausgemerzt werden — und davon gab es, wie wir schon mehrfach festgestellt haben, nicht wenige. Eine weitere ‚Reform‘ bestand darin, daß die Sprechverse der überlieferten Spiele in viel engere Übereinstimmung mit dem Wortlaut der Lutherschen Bibelübersetzung gebracht wurden. Überdies wurde in verschiedenen protestantischen Städten angeordnet, daß die Aufführung nicht mehr im Freien stattfinden sollte. So kehrte das religiöse Drama in den Kirchenraum zurück, wo es entstanden war, und wurde wieder — wie im 10. und 11. Jahrhundert — zu einem sakralen Akt. In streng evangelischen Kreisen empfand man es sogar nunmehr als Sakrileg, Christus in menschlicher Gestalt auf die Bühne zu bringen, und überall in den reformierten Landesteilen ging die Tendenz dahin, auf prächtige szenische Äußerlichkeiten zu verzichten. Zwar traten die Hauptpersonen immer noch kostümiert auf, aber die Handlungsvorgänge, die man vorher mit einer Vielfalt von realistischen Theatereffekten inszeniert hatte, wurden jetzt immer mehr durch den erzählenden Kommentar eines Chors ersetzt.

Aus alledem ergab sich eine Annäherung an die ,Choral-Passion', die sich um die Mitte des 16. Jahrhunderts im Rahmen der protestantischen Liturgie entwickelt hatte. Wie die biblischen Spiele der Reformatoren war auch die Choral-Passion die Weiterbildung eines älteren katholischen Ritus im protestantischen Geist. Während der Karwoche war der Brauch aufgekommen, den Leidensweg Christi im Gregorianischen Lektionston vor dem Altar zu rezitieren, und zwar als epischen Bericht mit verteilten Rollen. Dabei wurden die Hauptrollen des Heilands und der Evangelisten von Geistlichen als Soli vorgetragen, während die Nebenrollen — Gruppen von Jüngern, Juden, Kriegsknechten usw. — einem Chor zufielen. Dies wurde alles mehr oder weniger unverändert in die protestantische Choral-Passion übernommen, allerdings mit einem wichtigen Unterschied: an die Stelle der klerikalen ,Soliloquenten' traten Chorsänger aus einer der ,Kantoreien', wie die protestantischen Chorschulen genannt wurden. Auch mußte der lateinische Text des katholischen Ritus den ins Deutsche übertragenen Evangelien weichen; und um den rezitierenden Einzelgesang der Hauptpersonen kontrastreich zu untermalen, wurde der mehrstimmige Chorgesang der Massenauftritte kunstvoll erweitert. Noch bis ins 17. Jahrhundert hinein wurde in der Komposition von Choral-Passionen auf jede Art von Instrumentalbegleitung verzichtet.

Musikalisch erwies sich diese Neuerung älterer liturgischer Formen als höchst wirkungsvoll, wohl nicht zuletzt deshalb, weil sie in einem realistischen Vortragsstil von geschulten Sängern — und dazu in der Muttersprache der Zuhörer — aufgeführt wurde. Und doch riß die historische Kontinuität mit dem geistlichen Schauspiel des Mittelalters, das ja seit den Anfängen manches vom ,Musikdrama' an sich gehabt hatte, damit nicht ab. Der Gesamteindruck, der von der Choral-Passion ausging, war immer noch der eines Dramas, und derartige Aufführungen wurden bezeichnenderweise ganz allgemein als ‚dramatische Passionen' bekannt. Das früheste Beispiel dieser Art von Komposition ist die *Matthäuspassion* (um 1550) von Johann Walther, dem Freund und musikalischen Mitarbeiter Luthers, und die große Beliebtheit dieser Gattung wird vollends durch die vielen anderen ‚Passionen' bezeugt, die in den folgenden Jahrzehnten erschienen.

Die ausgesprochene Tendenz des nachreformatorischen Zeitalters zu musikalischer Dramatisierung der Heilsgeschichte läßt sich auch in anderen Übergangsformen verfolgen, etwa in Kirchenkantaten und geistlichen Konzerten, aber nirgends deutlicher als im Aufstieg des Oratoriums zu einer selbständigen Gattung. In seinen Ursprüngen geht das Oratorium auf die ‚laudi spirituali' zurück, geistliche Volkslieder in italienischer Sprache, die zu Beginn und am Ende der in den römischen Betkapellen (‚oratori') abgehaltenen Andachtsübungen gesungen wurden. Schon 1558 hatte der hl. Filippo Neri († 1595) ein öffentliches Oratorium beim Kloster San Girolamo eingerichtet, und in seinen geistlichen Exerzitien nahmen einfache strophische Chorlieder, an denen sich die anwesenden Laien beteiligen konnten, einen breiten Raum ein. Da Neri ferner großen Wert darauf legte, daß in seinen Betsälen gut gesungen wurde, ließ er den Stammchor der von ihm gegründeten ‚Congregazione dell'Oratorio' von namhaften Meistern ausbilden. Auch die Gesänge, die diese öffentlichen Andachten verschönern sollten, mußten kompositionell von Bedeutung sein. Um die emotionale Wirkung der geistlichen Lauden zu steigern, wurden sie — ähnlich wie die Tropen des 10. Jahrhunderts — in der Folgezeit auch als Wechselreden zwischen Gruppen von Sängern gestaltet. Aus solchen ‚Dialog-Lauden' ging schließlich eine neue musikalische Gattung hervor, eine Art geistlicher Konzertoper, die von Anfang an mit der protestantischen Choral-Passion geistesverwandt war. Im frühen 17. Jahrhundert umfaßte das typische geistliche Oratorium bereits dramatische Chöre, Rezitative und lyrisch-pathetische Arien im italienischen Stil, die in ihrer Gesamtheit die Erzählung biblischer Begebenheiten zum Ziel hatten.

Mehr als jede andere Komposition trug die *Historia der Auferstehung* (1623) von Heinrich Schütz dazu bei, die Anerkennung seiner Landsleute für das italienische Oratorium zu gewinnen. Zu Beginn seiner Karriere hatte der ‚Vater der deutschen Musik' in Venedig studiert (1609—12) und dabei manche Stilelemente aus dem katholischen Süden aufgenommen, mit denen er die protestantische Kirchenmusik in seinen späteren

Jahren bereicherte. Bezeichnend für den damaligen Geschmack — und nicht zuletzt für den Einfluß der norddeutschen Geistlichkeit — ist es, daß die 1678 gegründete Hamburger Oper mit der Aufführung eines Werkes im Oratorienstil eröffnet wurde: dem geistlichen Singspiel *Adam und Eva* von dem Schütz-Schüler Johann Theile. Von dort führt der Weg weiter zu breit angelegten geistlichen ‚Musikdramen' wie J. S. Bachs *Matthäuspassion* (1729) und G. F. Händels *Messias* (1742), Werken von monumentalen Dimensionen, die kühl errechnet und bis ins letzte Detail durchdacht, doch die geheimnisvolle Kraft besitzen, einer Zuhörerschaft aus den verschiedensten Volksschichten verständlich zu bleiben — und darüber hinaus eine Aura von Frömmigkeit und Glaubensinbrunst auszustrahlen.

In solchen kühn entworfenen Gesamtkompositionen haben wir die eigentlichen Nachfolger der allumfassenden mittelalterlichen Passionsspiele zu sehen. Zwar wird das ungeheure Panorama biblischen Geschehens nicht mehr visuell präsentiert, sondern in ein überwältigendes Meer von Tönen verwandelt, das alles vergeistigt und ins Unendliche steigert — und gerade deswegen vermögen diese mächtigen, sorgfältig aufgebauten Klangstrukturen den irdischen Beschränkungen, die kostümierten Schauspielern und szenischem Zubehör anhaften, mit feierlicher Erhabenheit zu trotzen. Diese Macht, sich über menschliche Gebrechlichkeit majestätisch emporzuschwingen, haben sie aber vor allem mit den schlichten liturgischen Feiern gemeinsam, die wir zu Beginn unserer Darstellung kennenlernten; und insofern in beiden Kunstformen die göttliche Offenbarung als reine Emanation des Geistes aufgefaßt und dementsprechend gestaltet wird, hat das Rad der Geschichte seinen Kreis vollendet. Geistig wie auch ästhetisch haben wir uns wiederum dem 10. Jahrhundert und den Anfängen des geistlichen Spiels genähert.

Zeittafel

In diesem chronologischen Überblick, der die Darstellung gelegentlich um einiges ergänzt, wird auch der Inhalt des ersten Bandes (Grundlagen der Germanistik 15) berücksichtigt.

Ende des 8. Jhs.	Briefe Alkuins, in denen er sich darüber beschwert, daß die Vornehmen am Hof Karls des Großen sich bei Gastmählern und anderen Festlichkeiten von Schauspielern und Tänzern unterhalten lassen.
816	Konzil von Aachen verordnet, daß Geistliche sich von jeglicher Festlichkeit fernzuhalten haben, an der Spielleute und Histrionen teilnehmen.
um 900	Aufstieg des Benediktinerklosters St. Gallen als Pflegestätte kirchlicher Musik. Namhaft sind vor allem Notker Balbulus († 912) als Schöpfer von Sequenzen und Tutilo († 915) als Dichter von dialogisierten Tropen.
um 950	Erste Ansätze zu einer spielmäßigen Darstellung des Ostergeschehens. In verschiedenen Teilen Westeuropas werden die den Offizien des Karfreitags und des Ostergottesdienstes angeschlossenen Riten durch dialogisierte Tropen erweitert.
um 960	Hrotsvit von Gandersheim verfaßt sechs christliche Dramen, eigentlich ‚dialogisierte Legenden‘, nach Terenzischem Vorbild.
um 970	Einbeziehung des ‚Quem quaeritis‘-Tropus in die Osterfeier durch die *Regularis Concordia* des Bischofs Aethelwold von Winchester bezeugt: Grabbesuch der Marien durch drei Kleriker, mit langen Mänteln bekleidet und Weihrauchfässer schwingend, dargestellt; dazu Wechselgesang zwischen den Frauen und einem am Altar (= Sepulchrum) sitzenden Engel. An dieser Entwicklung nehmen auch oberrheinische und bayrische Klöster führend Anteil.
Ende des 10. Jhs.	Einfachste Grundform des ‚Quem quaeritis‘-Tropus in St. Gallen (cod. 484) niedergeschrieben.
Mitte des 11. Jhs.	Entstehung des Weihnachtstropus, wohl nach dem Vorbild des Ostertropus.

Weiterentwicklung der Osterfeier. Zunahme an Rollen, zunächst durch das Auftreten einer Gruppe von Aposteln, an die die Frohbotschaft der vom Grabe zurückkehrenden Marien gerichtet wird.

Ende des
11. Jhs.

Der Osterfeier werden noch weitere ‚Szenen‘ hinzugefügt: ein *mercator* verkauft Salbe an die Marien, Johannes und Petrus laufen um die Wette zum Grabe.
Dramatische Feiern der Weihnachtszeit werden erweitert: Krippen- und Hirtenspiele *(Officium Pastorum)* am 25. Dezember, Dreikönigsspiele *(Officium Stellae)* am 6. Januar.

um 1100

Freisinger Weihnachtsfeier, in der bereits der bethlehemische Kindermord dargestellt wird.
Auferstehungslied ‚Christ ist erstanden‘ wird in die Osterfeier eingeführt.

um 1160

Ludus de Antichristo. Dramatisierung einer religiösen Legende, jedoch mit ausgesprochen zeitpolitischer Tendenz.
Gerhoh von Reichersberg († 1169) eifert gegen Aufführungen innerhalb des Kirchenraums, die christenfeindliche Figuren wie den Antichrist und König Herodes vorführen.

1180/90

Vorauer *Ordo de Ysaac et Rebecca.* Frühestes erhaltenes alttestamentliches Spiel aus dem deutschen Kulturraum.

1194

Regensburger Spiel von „der Erschaffung der Engel und dem Sturz Luzifers und seiner Scharen“.

um 1200

Spielmäßiger Charakter der Osterfeier prägt sich immer deutlicher aus. Vielenorts werden neue ‚Szenen‘ eingeführt, in denen Christus als handelnde Person auftritt: erscheint zunächst als Auferstandener Maria Magdalena, danach dem ungläubigen Thomas und den Jüngern in Emmaus.
Straßburger Magierspiel.
Benediktbeurer Weihnachtsspiel, bestehend aus Hirtenspiel, Dreikönigsspiel und bethlehemischem Kindermord.

1204

Ludus prophetarum auf dem Marktplatz zu Riga aufgeführt, um „den Heiden die Grundbegriffe des Christentums klarzumachen“.

um 1205

Benediktbeurer *Ludus breviter de Passione.* Erster nachweisbarer Versuch auf deutschem Boden, Christi Leiden am Kreuz zu dramatisieren.

1207

Päpstliches Dekret gegen „ludi theatrales“ während der Weihnachtszeit, jedoch in erster Linie gegen das Feiern des Narrenfestes im Kirchenraum gerichtet.

um 1210	Klosterneuburger Osterspiel. Spieltext von etwa 220 lateinischen Versen, darunter aber auch einige deutsche Einsprengsel.
um 1220	Benediktbeurer Passionsspiel. Umfaßt bereits mehrere wichtige Themen der breit angelegten Passionsspiele der Spätzeit. Weltliches Treiben der Maria Magdalena mit volksliedmäßigen Einlagen, teilweise in deutscher Sprache gesungen.
Mitte des 13. Jhs.	Übergang vom lateinischen zum deutschen Spiel: lateinische Gesänge noch größtenteils beibehalten, dazu aber deutsche Übersetzung in Reimpaaren.
	Himmelgartner Passionsspiel. Fragmente eines niederdeutschen Spiels, das vermutlich das Leben Christi — von der Geburt bis zur Auferstehung — enthalten hat.
um 1260	Osterspiel von Muri. Umfangreiche Bruchstücke eines vollentwickelten Osterdramas mit rein deutschem Text, der sich in manchem der höfischen Dichtung verpflichtet zeigt. Wächterszenen und Höllenfahrt nahmen offenbar einen breiten Raum ein.
1264	Lateinisches Spiel von Joseph und seinen Brüdern im Kloster Heresburg bei Corvey aufgeführt.
	Fronleichnamsfeier erhält ihre erste offizielle Anerkennung durch Urban IV. Ausgangspunkt für prachtvolle Prozessionsspiele zu Ehren der Heiligen Eucharistie.
2. Hälfte des 13. Jhs.	Entstehung des rheinhessischen ‚Ur-Osterspiels‘, das — mit nur wenigen Ausnahmen — den späteren deutschsprachigen Osterspielen, darunter vor allem den Trierer, Innsbrucker, Wiener und Berliner Spielen, zugrunde liegt.
	Das erste deutsche Theophilusspiel, sehr wahrscheinlich am Niederrhein entstanden. Überlieferung jedoch vorwiegend norddeutsch. Drei Fassungen erhalten: Wolfenbüttel (um 1300), Trier (um 1450), Stockholm (spätes 15. Jh.).
1311	Fronleichnamsfeier durch das Konzil von Vienne für das ganze Abendland verbindlich angeordnet.
1322	Aufführung eines Spiels von den klugen und törichten Jungfrauen im Eisenacher Tiergarten vor dem Landgrafen von Thüringen. Von dem unerbittlichen Urteil Christi tief erschüttert, soll er fünf Tage danach einen Schlaganfall erlitten haben.
um 1325	Spiel von der hl. Katharina. Wohl das älteste Heiligenspiel in deutscher Sprache, in einer thüringischen Handschrift des 15. Jhs. überliefert.

um 1330	Frankfurter Dirigierrolle für eine zweitägige Aufführung der Passion auf der östlichen Seite des heutigen Römerplatzes. Haupthandlung durch ein Prophetenspiel eingeleitet, schließt mit einer Disputation zwischen Ecclesia und Synagoga.
1348/49	Privileg der Nürnberger Metzgerzunft, den Schembartlauf alljährlich zu veranstalten, erstmals erwähnt.
um 1350	Spiel vom Streit zwischen Herbst und Mai. Ältester erhaltener rein weltlicher Spieltext in deutscher Sprache. Fast ebenso alt — und ebenfalls ausschließlich weltlichen Inhalts — das kleine Schwankspiel ‚Neidhart mit dem Veilchen'.
1353/54	Vorläufer des Nürnberger Spiels ‚Des Entchrist Vasnacht' (15. Jh.) in Zürich aufgeführt. Frühestes Beispiel einer deutschsprachigen ‚politischen Moralität'.
1379	Lübecker Patrizier gründen die ‚Zirkelbruderschaft', deren Zweck u. a. darin besteht, alljährlich ein moralitätenartiges Fastnachtsspiel zu veranstalten.
1391	Innsbrucker Osterspiel (jedoch ursprünglich aus dem Thüringischen). Zunehmendes Eindringen weltlicher Elemente, vor allem in die derb-possenhaften Salbenkaufszenen, die jetzt gut ein Drittel des Dialogs (im ganzen etwa 1300 Sprechverse) ausmachen. Der Höllenfahrt schließt sich eine Ständesatire an.
um 1400	St. Galler ‚Spiel von der Kindheit Jesu'. Umfangreiches Weihnachtsspiel von über 1000 Versen mit rein deutschem Text. Nach einleitendem Prophetenspiel reicht die Handlung von der Verlobung Marias bis zur Heimkehr aus Ägypten. Beginn der Überlieferung von Fastnachtsspieltexten.
1426	Frühester Beleg für den Ausdruck ‚vasnachtspil' in einer Urkunde aus Bad Hall in Tirol.
um 1430	Erste volkssprachliche Dramatisierungen der Passion in Tirol. ‚Großes Neidhartspiel' im bayrisch-österreichischen Raum entstanden. Umfangreichstes weltliches Drama des späten Mittelalters in deutscher Sprache.
um 1450	‚Hessisches Weihnachtsspiel', vermutlich aus Friedberg. Beispiel eines deutschen Weihnachtsspiels im volkstümlichen Stil. Niederschrift des Erlauer Spielbuchs. Sechs Spiele zur Oster- und Weihnachtsfeier, allem Anschein nach kärntnischer Herkunft.
um 1455	Hans Rosenplüt: Des Turken Vasnachtspil. Schreibt in den folgenden Jahren mehrere Stücke dieser Art für seine Nürn-

berger Mitbürger. Erhebt das Fastnachtsspiel zu einer literarischen Gattung.

um 1460   Redentiner Osterspiel. Bedeutendstes religiöses Festspiel in der Volkssprache aus dem niederdeutschen Raum.

um 1470   Gründung der ‚Bekrönungsbruderschaft' in Luzern, um Aufführungen der Passion zu fördern und zu pflegen.
Hans Rosenplüt †

um 1475   Bordesholmer Marienklage.

1479   Niederschrift des zweitägigen Künzelsauer Fronleichnamsspiels. Handlung reicht von der Erschaffung der Engel bis zum Jüngsten Gericht.
Der Wormser Meistersinger Hans Folz läßt sich in Nürnberg nieder. Beginn seiner Wirksamkeit als Fastnachtsdichter.

um 1480   Niederschrift des dreitägigen Egerer Passionsspiels, eines der umfangreichsten Spieltexte des deutschen Mittelalters (8313 Sprechverse).
Sogenanntes ‚Spiel vom Sündenfall', eigentlich ein Marienspiel.
Das erste deutsche geistliche Spiel, dessen Verfasser in der Handschrift mit Namen genannt wird: Arnold Immessen, vermutlich ein Geistlicher aus dem Harz.
Spiel von Frau Jutten. Verfasser ebenfalls namentlich überliefert: Dietrich Schernberg († nach 1502), Priester in Mühlhausen. Dramatisierung einer im Spätmittelalter weitverbreiteten nichtkirchlichen Legende.
Anbruch des humanistischen Schuldramas in Deutschland. Jakob Wimpfelings *Stylpho* (1480) bei der Promotion von sechzehn Bakkalaurei der Universität Heidelberg präsentiert.

um 1485   Der Ingolstädter Benedikt Debs wird Schulmeister in Bozen und veranstaltet in den folgenden Jahren eine Reihe von eindrucksvollen Passionsaufführungen in Südtirol.
Text des Luzerner Osterspiels nach Donaueschingen und später nach Villingen übertragen.

um 1490   Spiel von Henselyn, in Lübeck gedruckt und wohl auch dort aufgeführt. Beispiel eines deutschen Moralitätenspiels.
Hans Folz: Spiel von König Salomon und Markolfo.
Spiel vom Tanawäschel, das stofflich auf einen schlimmen Pestausbruch von 1414 zurückgeht.

1493   Niederschrift einer erweiterten Fassung des Frankfurter Passionsspiels. Immer noch zweitägige Aufführung. Enthält über 60 Sprechrollen.

1497	Johannes Reuchlins erfolgreiche neulateinische Schulkomödie *Henno*. Private Aufführung in der Heidelberger Residenz des Bischofs von Worms.
1498	Nochmalige Aufführung der Passion in Frankfurt, an der „280 Personen wohl geziert mit Kleidern und Ähnlichem" mitwirken.
um 1500	Fronleichnamsdarstellungen in Zerbst, jedoch gänzlich ohne Dialog: prunkvolle Prozessionen von lebenden Bildern, die eines nach dem anderen vom ‚rector processionis‘ in Reimversen erläutert werden.
1501	Niederschrift des Alsfelder Passionsspiels. Umfang etwa 8000 Sprechverse, Spieldauer drei Tage.
um 1505	Spiel vom klugen Knecht. Fastnachtsstück mit unverkennbar humanistischem Einschlag. Vermutlich in Luzern entstanden.
ab 1510	Vigil Rabers vielseitige Tätigkeit als Maler-Regisseur, zunächst in seiner Vaterstadt Sterzing, dann in anderen Spielzentren Tirols. Dabei werden gelegentlich auch Fastnachtsspiele aufgeführt und seiner Spielsammlung einverleibt.
1514	Spiel von den alten und jungen Eidgenossen, vermutlich in Zürich verfaßt und aufgeführt. Setzt die Tradition der ‚politischen Moralitäten‘ fort.
	Heidelberger Passionsspiel. Umfangreicher, auf Präfigurationsszenen aufgebauter Text, vielleicht nur als erbauliches Lesedrama gedacht.
	Debs und Raber nehmen beide an einer glanzvollen, siebentägigen Aufführung der Passion teil, jener als Christus, dieser als Judas. Weibliche Rollen vielfach mit Frauen und Mädchen besetzt. Spielplatz: das Innere der Bozener Pfarrkirche, die mit besonderen Gerüsten dafür ausgestattet wird. Rabers Bühnenplan für den ersten Spieltag noch erhalten.
1515	Pamphilus Gengenbachs ‚Spiel von den zehn Altern dieser Welt‘ an der Herrenfastnacht „von etlichen ersamen und geschickten burgeren der loblichen stat Basel" aufgeführt.
	Benedikt Debs †
1516	Passionsspiel von Freiburg i. Br. nach mehreren Vorbildern zusammengestellt. Der Form nach jedoch ein prozessionsartiges Fronleichnamsspiel, dem die Freiburger Zünfte je ein Tableau beisteuern. Bis ins 17. Jh. erweitert und gespielt.
1517	Mehrtägiges Passionsspiel auf dem Marktplatz zu Hildesheim aufgeführt.

	Luthers Thesenanschlag in Wittenberg. Hans Sachs schreibt sein erstes Fastnachtsspiel.
ab 1520	Rasche Umwandlung des herkömmlichen religiösen Spiels in ein protestantisches Kampfdrama.
um 1535	Auflösung der Lübecker Zirkelbruderschaft.
um 1540	Hans Salat († 1561), Stadtschreiber, Chronist und Verfasser von Dramen, wird mit der Regie des Luzerner Passionsspiels beauftragt.
1552	Vigil Raber †
ab 1560	Deutliches Absinken des deutschen Fastnachtsspiels als lebensfähige Gattung.
1571	Prachtvolle zweitägige Aufführung der Passion in Luzern. Zumindest 400 Mitwirkende (davon 156 Musikanten) und vermutlich gegen 3 000 Zuschauer. Spielkosten betragen insgesamt etwa 1 500 Gulden (= DM 75 000).
1575	Renwart Cysat wird Luzerner Stadtschreiber und übernimmt somit die Leitung des Passionsspiels.
1583	Cysats eigenhändiger Plan zu einer zweitägigen Aufführung der Passion auf dem Luzerner Weinmarkt.
1614	Renwart Cysat †
1616	Letzte Aufführung der Passion in Luzern.
1623	Heinrich Schütz: *Historia der Auferstehung.*
um 1660	Oberammergauer Passionsspiel erstmals aufgeführt. Feierliches Gelöbnis der Dorfbewohner, künftig alle zehn Jahre „die Leidensgeschichte Jesu, des Weltheilandes, zur dankbaren Verehrung und erbaulichen Betrachtung öffentlich vorzustellen".

Bibliographische Hinweise

Eine vollständige Bibliographie des mittelalterlichen deutschen Dramas würde einen ansehnlichen Band für sich beanspruchen, zumal Veröffentlichungen auf mehreren verwandten Gebieten erfaßt werden müßten: Volkskunde, Kirchengeschichte, Liturgik, Musikwissenschaft, Kunstgeschichte, um nur die wichtigsten zu nennen. Im folgenden wird daher eine relativ bescheidene Auswahl aus der kaum übersehbaren Menge von Einzelforschungen geboten, eine Auswahl, die nach bestem Wissen und Gewissen getroffen wurde, jedoch notwendigerweise eine subjektive bleibt. Darunter befinden sich allerdings mehrere umfängliche Darstellungen bzw. grundlegende Untersuchungen, deren reiche bibliographische Angaben weiterführen werden; das war mit ein Grund, die ältere Literatur nur dann anzuführen, wenn ihr besondere Bedeutung in der Forschungsgeschichte zukommt oder ihr wissenschaftlicher Wert es sonst erforderlich macht. Dissertationen, die nur in Maschinenschrift vorliegen, wurden ebenfalls nicht registriert. Es sei ferner auf die am Schluß jedes Kapitels angeführten Textausgaben hingewiesen, von denen die neueren fast ausnahmslos eine ausführliche Bibliographie zu den behandelten Spielen enthalten. Die aufgenommenen Werke sind innerhalb der Kapitel nicht chronologisch oder alphabetisch geordnet, sondern folgen zwanglos dem Gang der Darstellung. Sie werden jedoch nur einmal erwähnt, auch dann, wenn sie noch in anderen Zusammenhängen Wesentliches beizutragen haben. Neben den üblichen Abkürzungen im Text wurden noch folgende für die Titel von Zeitschriften und Forschungsreihen verwendet:

ArchfnSp	Archiv für das Studium der neueren Sprachen und Literaturen
DtVjs	Deutsche Vierteljahrsschrift für Literaturwissenschaft und Geistesgeschichte
DU	Der Deutschunterricht
GermAb	Germanistische Abhandlungen
GermFsch	Germanistische Forschungen
GermSt	Germanische Studien
GLL	German Life & Letters
GR	Germanic Review
GRM	Germanisch-Romanische Monatsschrift
JbVndSp	Jahrbuch des Vereins für niederdeutsche Sprachforschung
JEGPh	Journal of English & Germanic Philology
MDU	Monatshefte für deutschen Unterricht
MK	Maske und Kothurn
MLR	Modern Language Review
PBB	(Paul und Braunes) Beiträge zur Geschichte der deutschen Sprache und Literatur
PMLA	Publications of the Modern Language Association of America
PSQ	Philologische Studien und Quellen
WW	Wirkendes Wort
ZfdA	Zeitschrift für deutsches Altertum und deutsche Literatur
ZfdPh	Zeitschrift für deutsche Philologie
ZfrmPh	Zeitschrift für romanische Philologie

Gesamtdarstellungen — Allgemeines

W. CREIZENACH, Geschichte des neueren Dramas, Bd. 1 (= Mittelalter und Frührenaissance), 2. Aufl., Halle 1911.

E. K. CHAMBERS, The Medieval Stage, 2. Bde., 2. Aufl., Oxford 1925.

H. H. BORCHERDT, Das europäische Theater im Mittelalter und in der Renaissance, 2. Aufl., Hamburg 1969 (= Rowohlts Dt. Enzykl. 322—24).

H. KINDERMANN, Theatergeschichte Europas, Bd. 1 (= Das Theater der Antike und des Mittelalters), Salzburg 1957.

G. COHEN, Le Théâtre en France au Moyen Age, 2 Bde., Paris 1928/31.

G. FRANK, The Medieval French Drama, 2. Aufl., Oxford 1960.

H. CRAIG, English Religious Drama of the Middle Ages, 2. Aufl., Oxford 1960.

C. J. STRATMAN, Bibliography of the Medieval Drama, 2., stark erweiterte Aufl. in 2 Bden., New York 1972.

E. Wilken, Geschichte der geistlichen Spiele in Deutschland, Göttingen 1872.

R. Heinzel, Beschreibung des geistlichen Schauspiels im dt. Mittelalter, Hamburg 1898.

M. Herrmann, Forschungen zur dt. Theatergeschichte des Mittelalters und der Renaissance, Berlin 1914.

K. Holl, Geschichte des dt. Lustspiels, Leipzig 1923 (= Nachdruck: Darmstadt 1964).

M. J. Rudwin, A Historical and Bibliographical Survey of the German Religious Drama, Pittsburgh 1924.

Fr. Michael, Das Mittelalter und sein Ausklang (in ,Das deutsche Drama', hg. R. F. Arnold, München 1925).

W. Stammler, Das religiöse Drama im dt. Mittelalter, Leipzig 1925.

E. Hartl, Das Drama des Mittelalters. Sein Wesen und sein Werden, Dt. Lit. in Entwicklungsreihen, Reihe Drama des Mittelalters, Bd. 1, Leipzig 1937 (= Nachdruck: Darmstadt 1964).

W. F. Michael, Das dt. Drama und Theater vor der Reformation. Ein Forschungsbericht, DtVjs 31 (1957), S. 106—53 u. Sonderheft der DtVjs 47 (1973), S. 1—47.

L. Schmidt, Das dt. Volksschauspiel, Berlin 1962.

G. Schöne, Tausend Jahre dt. Theater 914—1914, München 1962.

O. Mann, Geschichte des dt. Dramas, 3. Aufl., Stuttgart 1969.

H. Knudsen, Dt. Theatergeschichte, 2. Aufl., Stuttgart 1970.

W. F. Michael, Das dt. Drama des Mittelalters, Berlin 1971.

J. Janota, Neue Forschungen zur dt. Dichtung des Spätmittelalters (1230 bis 1500), Abt. X. Drama, Sonderheft der DtVjs (1971), S. 217—27.

Dazu auch einschlägige Artikel in den folgenden Nachschlagewerken:

P. Merker & W. Stammler, Die dt. Literatur des Mittelalters, Verfasserlexikon, 5 Bde., Berlin 1931—55. — W. Stammler, Dt. Philologie im Aufriß, 3 Bde., 2. Aufl., Berlin 1957—62. — P. Merker & W. Stammler, Reallexikon der dt. Literaturgeschichte, 5 Bde., 2. Aufl., hg. W. Kohlschmidt & W. Mohr, Berlin 1958 ff. — M. Buchberger, Lexikon für Theologie und Kirche, 10 Bde., 2. Aufl., hg. J. Höfer & K. Rahne, Freiburg i. Br. 1957 ff. — A. Spamer, Die dt. Volkskunde, 2 Bde., Leipzig-Berlin 1934/35.

9. Heiligenspiele und Legendendramen

L. Busse, Die Legende der hl. Dorothea im MA, Diss. Greifswald 1930. — H. Grunenberg, Die hl. Elisabeth in der dramatischen Dichtung, Diss. Münster 1928. — H. Lomnitzer, Das Verhältnis des Fastnachtspiels vom ‚Kaiser Constantinus' zum Reimpaarspruch ‚Christ und Jude' von Hans Folz, ZfdA 92 (1963), S. 277—91. — S. Beissel, Geschichte der Verehrung Marias in Deutschland während des MAs, Freiburg i. Br. 1909. — F. Ebbecke, Untersuchungen zur Innsbrucker Himmelfahrt Mariae, Diss. Marburg 1924. — H. H. Weber, Studien zur dt. Marienlegende des MAs am Beispiel des Theophilus, Diss. Hamburg 1966. — K. Plenzat, Die Theophiluslegende in den Dichtungen des MAs, GermSt 43, Berlin 1926. — Ch. Sarauw, Das niederdt. Spiel von Theophilus, Kopenhagen 1923. — R. Petsch, Der Aufbau des Helmstädter Theophilus, Festschrift für C. Borchling, Neumünster 1932, S. 59—77. — Wm. Hohnbaum, Untersuchungen zum Wolfenbüttler Sündenfall, Diss. Marburg 1911. — L. Wolff, Arnold Immessen. Bedeutung und Stellung seines Werkes in der Geschichte der geistlichen Spiele, Einbeck 1964.

10. Weltgerichtsspiele und Moralitäten

K. Reuschel, Die dt. Weltgerichtsspiele des MAs und der Reformationszeit, Leipzig 1906. — H. Jellinghaus, Das Spiel vom Jüngsten Gericht, ZfdPh 23 (1891), S. 426—36. — R. Klee, Das mittelhochdt. Spiel vom Jüngsten Tag, Diss. Marburg 1906. — R. Bechstein, Das Spiel von den zehn Jungfrauen, Rostock 1872. — O. Fischer, Die mittelalterlichen Zehnjungfrauenspiele, ArchfnSp 125 (1910), S. 9—26. — C. Walther, Zum Fastnachtspiel Henselin, JbVndSp 5 (1880), S. 173—79. — E. Deecke, Historische Nachrichten von dem lübeckischen Patriziat, Jahrb. des Vereins für mecklenburgische Geschichte und Altertumskunde 10 (1845), S. 50—96. — E. H. Fischer, Lübecker Theater und Theaterleben in frühester Zeit bis zur Mitte des 10. Jhs., Diss. München 1931. — C. Walther, Über die Lübecker Fastnachtspiele, JbVndSp 6 (1881), S. 6—31. — C. Wehrmann, Fastnachtspiele der Patrizier in Lübeck, JbVndSp 6 (1881), S. 1—5. — C. Wehrmann, Zu den Lübecker Fastnachtspielen, JbVndSp 27 (1901), S. 1—21. — K. Lendi, Der Dichter Pamphilus Gengenbach. Beiträge zu seinem Leben und seinen Werken, Bern 1926. — J. Zacher, Die zehn Altersstufen des Menschen, ZfdPh 23 (1891), S. 385—412. — D. M. van Abbé, Development of Dramatic Form in Pamphilus Gengenbach, MLR 45 (1950), S. 46—62. — W. Stammler, Der Totentanz. Entstehung und Deutung, München 1948. — H. Rosenfeld, Der mittelalterliche Totentanz: Entstehung — Entwicklung — Bedeutung, 2. Aufl., Wien 1968.

11. Spektakelspiele des ausgehenden Mittelalters

H. BECHTEL, Der Wirtschaftsstil des dt. SpätMAs. Der Ausdruck der Lebensform in Wirtschaft, Gesellschaft und Kunst von 1350 bis um 1500, München 1930. — W. MÜLLER, Der schauspielerische Stil im Passionsspiel des MAs, Leipzig 1927. — M. J. RUDWIN, Der Teufel in den dt. geistlichen Spielen des MAs und der Reformationszeit, Hesperia 6, Baltimore 1915. — O. KOISCHWITZ, Der Theaterherold im dt. Schauspiel des MAs und der Reformationszeit, GermSt 46, Berlin 1926. — O. SENGPIEL, Die Bedeutung der Prozessionen für das geistliche Spiel des MAs in Deutschland, GermAb 66, Breslau 1932. — T. MANSHOLT, Das Künzelsauer Fronleichnamsspiel, Diss. Marburg 1892. — A. SCHUMANN, Das Künzelsauer Fronleichnamsspiel vom Jahre 1479, Öhringen 1926. — P. K. LIEBENOW, Zu zwei Rechnungsbelegen aus Künzelsau, Kleine Schriften der Gesellschaft für Theatergeschichte 21, Berlin 1966. — FR. SINTENIS, Beschreibung einer im Jahr 1507 zu Zerbst aufgeführten Passion, ZfdA 2 (1842), S. 276—97. — W. F. MICHAEL, Die Anfänge des Theaters zu Freiburg i. Br., Diss. München 1934. — R. WILDHABER, Jakob Ruf. Ein Zürcher Dramatiker des 16. Jhs., Diss. Basel 1929. — K. WEIGAND, Friedberger Passionsspiel, ZfdA 7 (1849), S. 545—58. — H. LEGBAND, Die Alsfelder Dirigierrolle, Darmstadt 1904. — E. ZIMMERMANN, Das Alsfelder Passionsspiel und die Wetterauer Spielgruppe, Archiv für hessische Geschichte und Altertumskunde NF 6, Frankfurt/M. 1909, S. 1—206. — K. DREIMÜLLER, Die Musik im geistlichen Spiel des späten dt. MAs dargestellt am Alsfelder Passionsspiel, Kirchenmusikalisches Jahrb. 34 (1950), S. 27—34. — A. REINLE, Mathias Gundelfingers Zurzacher Osterspiel ‚Luzerner Grablegung', Innerschweizer Jahrb. für Heimatkunde 13/14 (1949/50), S. 65—96. — T. WEBER, Die Präfigurationen im geistlichen Drama Deutschlands, Diss. Marburg 1919. — W. FLEMMING, Oberammergau und das MA, Festgabe für K. Wagner (= Beiträge zur dt. Philologie 28), Gießen 1960, S. 61—78.

12. Letzte Blüte und Ausklang in Tirol und Luzern

J. E. WACKERNELL, Die ältesten Passionsspiele in Tirol, Wien 1887. — N. HÖLZL, Tiroler Passion: Das traditionsreichste Volksschauspiel des dt. Sprachraums, Österreich in Geschichte und Literatur 13 (1969), S. 129—38. — A. ROHDE, Passionsbild und Passionsbühne. Wechselbeziehungen zwischen Malerei und Dichtung im ausgehenden MA, Berlin 1926. — J. GREGOR, Das Theater des MAs. Seine Wirkung in der Grafik, Miniatur und im Tafelbild, München 1929. — L. SCHMIDT, Maler-Regisseure des MAs, MK 4 (1958), S. 55—78. — A. DÖRRER, Vigil Rabers Handschriftensammlung in Sterzing, ZfdA 83 (1951/52), S. 236—38. — A. DÖRRER, Schicksale des Sterzinger Spielarchivs, ZfdA 94 (1965), S. 138—41. — R. NORDSIECK, Der Bühnenplan des Vigil Raber: ein

Beitrag zur Bühnengeschichte des MAs, MDU 37 (1945), S. 114—29. — W. F. MICHAEL, The Staging of the Bozen Passion Play, GR 25 (1950), S. 178—95. — O. EBERLE, Theatergeschichte der inneren Schweiz, Königsberg 1929. — R. BRANDSTETTER, Die Regenz bei den Luzerner Osterspielen, Luzern 1886. — M. BLAKEMORE EVANS, The Passion Play of Lucerne. A Historical and Critical Introduction, New York 1943. — M. BLAKEMORE EVANS, Gundelfingers Grablegung and the Lucerne Passion Play, GR 4 (1929), S. 225—36. — G. DINGES, Untersuchungen zum Donaueschinger Passionsspiel. GermAb 35, Breslau 1910. — M. BLAKEMORE EVANS, The Staging of the Donaueschingen Passion Play, MLR 15 (1920), S. 64—76 u. 279—97. — J. W. KURTZ, An Interpretation of the Stage Plan of the Donaueschingen Passion Play, GR 10 (1935), S. 219—22. — TOM T. TASHIRO, The Donaueschingen Play: A Study of the Theme and Structure of Spiritual Blindness, GR 37 (1962), S. 5—23. — A. M. NAGLER, Der Villinger Bühnenplan, JEGPh 54 (1955), S. 318—31. — CH. RODER, Ehemalige Passionsspiele zu Villingen, Freiburger Diözesanarchiv NF 17 (1916), S. 163—92. — P. CUONI, Hans Salat, Leben und Werk, Diss. Zürich 1938. — R. BRANDSTETTER, Renward Cysat 1545—1614, der Begründer der schweizerischen Volkskunde, Luzern 1909. — W. FREI, Der Luzerner Stadtschreiber Renwart Cysat 1545—1614, Luzern 1963. — H. BESSELER, Musik des MAs und der Renaissance, Potsdam 1931.

13. Weltliches Theater: Frühlingsspiele

E. SIMON, The Alemannic ‚Herbst und Mai' Play and its Literary Background, MDU 62 (1970), S. 217—30. — E. SIMON, Shrovetide Plays in late-medieval Switzerland: an Appraisal, Modern Language Notes 85 (1970), S. 323—31. — A. DÖRRER, Tiroler Fasnacht innerhalb der alpenländischen Winter- und Vorfrühlingsbräuche, Wien 1949. — K. GUSINDE, Neidhart mit dem Veilchen, GermAb 17, Breslau 1899. — J. GÜNTHER, Die Minneparodie bei Neidhart, Diss. Jena 1931. — A. DÖRRER, Neidhartspiel-Probleme, Carinthia I 141 (1951), S. 160—71. — E. SIMON, The Origin of the Neidhart Plays: A Reappraisal, JEGPh 67 (1968), S. 458—74. — E. SIMON, The Staging of the Neidhart Plays with Notes on six documented performances, GR 44 (1969), S. 5—20. — H. VON ANACKER, Zur Geschichte einiger Neidhartschwänke, PMLA 48 (1933), S. 1—16. — I. GLIER, Personifikation im dt. Fastnachtspiel des SpätMAs, DtVjs 39 (1965), S. 542—87.

14. Fastnachtsspiele

E. LIER, Studien zur Geschichte des Nürnberger Fastnachtspieles, Diss. Leipzig 1889. — V. MICHELS, Studien über die ältesten dt. Fastnachtspiele, Straßburg

1896. — TH. HAMPE, Die Entwicklung des Theaterwesens in Nürnberg von der zweiten Hälfte des 15. Jhs. bis 1806, Nürnberg 1898 ff. — H. HOLSTEIN, Zur Topographie des Fastnachtspiels, ZfdPh 23 (1891), S. 104—08. — E. CATHOLY, Fastnachtspiel, Sammlung Metzler 56, Stuttgart 1966. — W. LENK, Das Nürnberger Fastnachtspiel des 15. Jhs., Berlin 1966. — G. SIMON, Die ersten dt. Fastnachtsspiele des 15. Jhs., GermSt 240, Lübeck 1970. — F. BRÜGGEMANN, Vom Schembartlaufen, Leipzig 1936. — A. SPAMER, Dt. Fastnachtsbräuche, Jena 1936. — H.-U. ROLLER, Der Nürnberger Schembartlauf. Studien zum Fest- und Maskenwesen des späten MAs, Tübingen 1965. — R. KÖHLER, Das Spiel von den sieben Weibern, die um einen Mann streiten, Germania 22 (1877), S. 19—20 (= Kleinere Schriften von R. Köhler, Berlin 1900, S. 476—79). — K. WEINHOLD, Der Tannewetzel und Bürzel, ZfdPh 1 (1869), S. 22—24. — P. M. HALM, Der Moriskentanz, Bayrischer Heimatschutz 23 (1927), S. 135 bis 55. — D. HUSCHENBETT, Die Frau mit dem Apfel und Frau Venus im Moriskentanz und im Fastnachtspiel, Festgabe für J. Dünninger, Berlin 1970, S. 585—603. — H. H. J. DE LEEUWE, Die dramatische Komposition des Fastnachtspiels vom Wunderer, Neophilologus 33 (1949), S. 150—60. — E. CATHOLY, Das dt. Lustspiel. Vom MA bis zum Ende der Barockzeit, Stuttgart 1969, S. 33—48 (zum ‚Spiel von einem Domherrn und einer Kupplerin‘). — CARL I. HAMMER JR., The Doctor in the late medieval ‚Arztspiel‘, GLL 24 (1971), S. 244—56. — W. STAMMLER, Die „bürgerliche" Dichtung des SpätMAs, ZfdPh 53 (1928), S. 1—24 (= Kleine Schriften zur Literaturgeschichte des MAs, Berlin 1953, S. 71—95). — H. ROSENFELD, Die Literatur des ausgehenden MAs in soziologischer Sicht, WW 5 (1954/55), S. 330—41. — F. MARTINI, Das Bauerntum im dt. Schrifttum. Von den Anfängen bis zum 16. Jh., Halle 1944. — H. SCHELSKY, Soziologie der Sexualität. Über die Beziehungen zwischen Geschlecht, Moral und Gesellschaft, Hamburg 1955 (= Rowohlts Dt. Enzykl. 2).

15. Fortdauer und Wandel des Karnevalsspiels

H. BRINKMANN, Die Anfänge des modernen Dramas in Deutschland. Versuch über die Beziehungen zwischen Drama und Bürgertum im 16. Jh., Jenaer Germanistische Forschungen 22, Jena 1933. — J. DEMME, Studien über Hans Rosenblüt, Diss. Münster 1906. — R. HENSS, Studien zu Hans Folz, GermSt 156, Berlin 1934. — I. SPRIEWALD, Hans Folz, Dichter und Drucker, PBB/Halle 83 (1961), S. 242—77. — H. FISCHER, Hans Folz. Altes und Neues zur Geschichte seines Lebens und seiner Schriften, ZfdA 95 (1966), S. 212—36. — W. ANDERSON, Kaiser und Abt, die Geschichte eines Schwankes, Helsinki 1923. — E. CATHOLY, Das Fastnachtspiel des SpätMAs. Gestalt und Funktion, Tübingen 1961 (besonders S. 13—138 zum ‚Spiel von Salomon und Markolfo‘). — D. HUSCHENBETT, Von dem König Salomon und Markolf und einem Narren,

ZfdPh 84 (1965), S. 369—408. — Fr. Rauhut, Fragen und Ergebnisse der Pathelin-Forschung, GRM 19 (1931), S. 394—407. — L. Geiger, Johann Reuchlin, sein Leben und seine Werke, Leipzig 1871 (= Nachdruck: Nieuwkoop 1964). — A. Dörrer, Die Volksschauspiele in Tirol. Mittel und Beiträge zur Erforschung ihrer Vergangenheit und Gegenwart, Tiroler Heimat NF 2, Innsbruck 1929, S. 69—126. — B. Könneker, Wesen und Wandel der Narrenidee im Zeitalter des Humanismus, Wiesbaden 1966. — U. Gehre, Das Theaterpublikum zwischen MA und Neuzeit, Eisenach 1956.

Register

Die Hauptstellen sind durch halbfett gesetzte Seitenzahlen hervorgehoben. Es helfen auch die Kolumnentitel und die Verweise im Text.

I. Spiele

II. Biblische Personen und Ereignisse

III. Namen und Sachen

Das neue Standardwerk!

Volkserzählung und Reformation

Ein Handbuch zur Tradierung und Funktion von Erzählstoffen und Erzählliteratur im Protestantismus

Unter Mitarbeit zahlreicher Fachgelehrter
herausgegeben von Wolfgang B r ü c k n e r

904 Seiten, 11 Abb., Gr.-8°, Ganzleinen mit Schutzumschlag, DM 195,–

Dieses lange angekündigte Handbuch ist das Ergebnis intensiver Forschungsarbeiten. Der um den Herausgeber versammelte Mitarbeiterkreis hat hier wissenschaftliches Neuland in umfassender, vielfältiger Darstellung erschlossen.

Der Handbuchcharakter des vorliegenden Werkes ergibt sich aus der systematischen Aufbereitung einer Quellenbasis für alle weiteren Arbeiten auf diesem Gebiet. Ausführliche Literaturkapitel zum Forschungsstand ergänzen die zum Teil monographischen Beiträge über einzelne Autoren, exakte Oeuvre-Kataloge und bibliographische Bestandsaufnahmen spezieller Büchergattungen. Hinzu treten zwei umfangreiche Motiv-Kataloge der Luther- und Teufelssagen und aus allen angesprochenen Bereichen ausführliche Leseproben der einschlägigen Texte sowohl für das Selbstverständnis der Autoren wie die Art ihrer Geschichten. Ein Gesamt-Motivregister führt das hier vorgetragene Erzählgut systematisierend zusammen. Ein ausführliches Namenregister ermöglicht den schnellen Zugang für eine Benutzung des Bandes als Nachschlagewerk. Diesem Ziel dienen ebenfalls die beiden Gesamtverzeichnisse aller zitierten Quellen- und Sekundärliteratur mit über 1400 Titeln.

Das nach vielen Seiten ausgreifende Werk stellt ein unumgängliches Handbuch zur Historisierung der volkskundlichen Erzählforschung dar. Es bringt für die Literarhistoriker, zumal die Germanisten, die Entdeckung von nun kaum mehr zu ignorierendem Neuland und es leistet zugleich für die Frömmigkeits- und Kirchengeschichte die Erschließung eines lange vergessenen oder unterbewerteten Bezirks. Dem Historiker der frühen Neuzeit bietet es wichtige Ergänzungen für die Beurteilung der geistes- und kulturgeschichtlichen Auswirkungen einer praxisbezogenen Theorie der Geschichte auf die breite Masse der Bevölkerung.

 ERICH SCHMIDT VERLAG